京剧谭门

须生泰斗谭富英

【卷二】

陈本豪——著

人民出版社

序

　　四卷本《京剧谭门》，洋洋百万余字，历经十多年艰难采集与打磨，终于要完整出版了（第一卷已先于2017年"纪念一代宗师谭鑫培诞辰170周年"之际荣誉出版），在此深表祝贺！陈本豪先生系中作协会员，作为谭门故里江夏籍作家，由他执笔该著，自然厚出一分故域风情。

　　谭鑫培祖父谭成奎，童年习武后入公门，因破案神速，屡破积案要案，在江城享有"快手神捕"美誉。其父亲谭志道系汉戏名票，擅长老生和老旦表演，年轻时即唱响武昌城和邻近多省市，曾与早期在汉的余三胜和多位汉剧名家同台献艺。他宽广洪亮的嗓音可声传数里，人送雅号"谭叫天"，为中国戏剧界老旦第一人。

谭鑫培出生于武昌八埠街，根系江夏流芳谭左湾，少年的足迹烙印了古老的江城土地。谭左湾，一块神奇的凤凰宝地；谭氏家族中人，世代经营一门独有的米业生意——打贩挑。写不完的民俗古风，道不尽的趣闻轶事……其据可考，其闻可信，其情可感。在《京剧谭门》这部鸿篇巨制中，字字有声处处动人，那些鲜活的往昔拾遗，填补了众多文本中北京谭家故土根系的空缺，实为难得。

1853年，为避战火与灾祸，谭鑫培六岁随父离汉北上，一步步走上艰难而光辉的戏曲之路。他登台于天津，艺成于北平，成名于上海，唱响于皇宫，开创了中国京剧第一个门派——谭派，营造了"天下无派不谭"的千秋气象，为京剧成为国剧做出了不可磨灭的历史贡献！谭鑫培自幼酷爱戏曲，深受父亲影响，先后拜师程长庚和余三胜，这种得天独厚的条件，在中国戏曲史上实属罕见。

谭鑫培采百家之长，文武昆乱不挡，将中国戏曲引上一条由单一唱白到立体表演的宽阔之路，实现了由听众到观众的华丽转身。谭鑫培融智慧和胆略于一身，锐意创新，一改高声大嗓的传统老生唱法，独辟韵味派先河，使戏曲演唱艺术得到破茧蝶变。他不忘童稚记忆中的家乡情结，深受地域文化熏陶，成功地将家乡母语融入戏曲唱白之中，使湖广音中州韵成为京剧艺术的典范。《秦琼卖马》和《空城计》中的经典唱词，风靡北平的街头巷尾，使国运衰亡中的民众，一时骤发"国家兴亡谁管得，满城争说叫天儿"的感叹。

谭鑫培六下上海，使京派和海派戏曲艺术有机地融合，极大地推动了中国戏曲艺术的全面发展，获得了"伶界大王"的国民加冕。他勇于破冰，出演中国第一部无声电影的主角，创造了中国戏曲演员主演电影的崭新历史。谭鑫培打破世俗偏见，接受法国人乐邦生的请求，灌注了七张半唱片，成为京剧戏曲教育的稀世宝典。他能戏数百出，是继关汉卿、汤显祖之后的一代戏曲宗师，经他创作与改编的谭派代表剧目，至今被戏曲界宗法，视为经典。梅兰芳曾说过"我不是梅派，我是谭派""谭鑫培的名字代表了中国戏曲表演体系"。谭鑫培对中国戏曲贡献卓越，堪称东方莎士比亚。

谭鑫培自幼受母亲信佛的熏陶，他落地访庙，进寺烧香，每年都去戒台寺静修，常与方丈彻夜长谈，情到深处皆忘日月轮转。佛教与戏曲，一为苍生从善于修，一为万民寓教于乐，佛域伶界，禅意艺理，两归一统，既无上下之分，更无雅俗之别。他们深信伶人的卑贱地位不是历史的选择，终究会有光耀高台的一天。谭鑫培将深奥的佛学原理融入高雅的艺术表演之中，使谭派艺术至达出神入化之境，成为华夏文明的瑰宝。

谭鑫培善恶分明，艺德传家。他演出所得丰厚，却不忘节俭持家，留德不留财是谭家不变的古训。他爱戏爱才又爱家，是一位备受众生膜拜的戏曲艺术宗师。谭鑫培从不吝于救灾义演，大笔捐赠慈善事业，每遇寺庙修缮甘愿倾囊捐助。他虽风光于皇宫舞台之上，深得慈禧太后青睐，却不惧个人安危，暗助维新变革。他乐为黎元洪就任深情演出，却不愿上演袁世凯的《新安天会》。他率先登台为义贞女校试演新戏，却被军阀江朝宗持枪逼演《洪洋洞》，乃至血溅高台，铸就了千古绝唱！

谭小培为谭门中少见的奇才，他知识渊博智慧过人，擅长多国语言，人缘绝佳，在传承谭派艺术和培养后辈上进中功不可没。他年轻时在戏曲舞台上，早已博得"三小一白"的盛誉。后来逐渐从舞台隐退掌管一个偌大谭家的各项事务，为此倾注了大量心血。为谭派艺术的发扬光大，他不计名位地做出了巨大舍弃，着力培养儿子谭富英，使其成为中国京剧界一颗光辉灿烂之星。

谭富英享有京剧四大须生美誉，为北京京剧院创始人之一。他高举新谭派大旗，成功地将谭派艺术推向又一个顶峰。在戏曲艺术之外不喜言辞的他，处处与人为善，尤其在戏曲行业中从不与人争锋，甘为人梯地培养后进，深受戏曲人的崇敬与钟爱，是中国京剧界艺术与品德传承的表率。谭富英是中国京剧界第一个共产党员，他坚守戏曲艺术，不为政治高位而屈膝，用他不变的本色捍卫了戏曲与人品尊严。

谭元寿是在新旧京剧变革中成长与成熟的京剧表演大师，在光耀谭派经典剧目之外，将多派艺术兼收并蓄，一出《打金砖》，使他在京剧界名声大振，广受同行崇赏与赞许。在"文化大革命"的冲击中，他不为政治升迁所动，沉浸于戏曲艺术钻研与表演。一部样板戏，唱响一个时代，《沙家浜》中郭建光的精湛演绎，成为国人心中永不凋谢的艺术之神。步入古稀之年后的谭元寿，依然身怀国剧深情，对后生们不吝赐教，抑或亲自登台献艺，为中国京剧界罕见的常青树。

谭孝曾自幼沐浴谭门光辉，却从不以本门光彩自染，深信业精于勤的至理名言。少小即登台表演，同享谭门三代亲受毛泽东主席接见的荣光。在新时代的先进文化传播中，他多次携京剧艺术走出国门，捧回了由美国颁发的艺术成就奖杯，成为传播中华文明的文化大使。他不忘谭门与京剧之根，致力于京剧舞台表演与传承，乐于在全国政协平台上为艺术和人民发声，是一位广受民众喜爱的京剧表演艺术家。

谭正岩为谭门第七代传承人，在爷爷谭元寿、父亲谭孝曾、母亲阎桂祥的京剧艺术和家风美德的哺育中成长。他从小苦练童子功，专心于京剧舞台表演艺术，一举斩获中国青年京剧艺术大奖赛金奖，使京剧谭门传承光照华夏。谭正岩倾心于京剧改革，广邀各界艺术名人同台，尝试将京剧和歌舞甚至是说唱艺术在跨界中融会贯通，创作出民众喜闻乐见的多种表演形式，前程不可限量。

我特别想提一提第四卷《谭门千秋　古郡风流》，每每读来让人心潮涌动而热泪盈眶。江夏的历史，江夏的人文，江夏的风物，尤其是江夏的戏曲艺术之风，无不让人眼亮与惊叹。读了第四卷，厚积了我的人生书页，慰藉了我对家乡故园和京剧之根的感念。在谭家与故乡阻隔一个半世纪的寻根中，是这部《京剧谭门》，让读者在完整的叙述中驱散历史迷雾，一切都在谭家人重回故土的深情眷念中释怀。近年来，江夏致力于打造谭鑫培京剧文化品牌，无论是工程建设还是活动展演，均在古风今韵中大步前行，吸引了众多文艺爱好者和旅游观光者。

　　一位本土作家，深具家乡情结，满怀对国粹艺术的虔敬崇尚之心，走进历史，走进京剧，走进谭门，书写了《京剧谭门》这部让无声的汉字散发出生命芳香的力作，让人兀感意外又实在意料之中。作者以智慧和良知，在正本清源中写人写事，既尊重历史事实，又充分展开文学描写，使该作品耐读耐品且回味悠长。身为谭门中人，并非自说自话的溢美，完全是阅读该作品后的有感而发，特诚荐各位读者打开书页，濯足字里行间，沐浴谭门光泽，重温艺术经典，获取无边的惊叹与快感，是为序。

谭元寿

2020 年 7 月

目录
Mu Lu

目录

气贯长虹

Qiguan Changhong

富英出世

一颗启明星升起，注定照亮拂晓的天空。

谭富英，谭小培长子，原名豫升，后入"富连成"科班第三科学艺，排名"富"字辈，即改名富英。从此，富英这个名字伴随了他一生，并随着他的大红大紫成为国人皆知的响亮称谓。

光绪三十二年（闰四月），农历丙午年八月二十八日（公元 1906 年 10 月 15 日），对谭家而言是一个特殊的日子，谭富英出世，满门上下一片欢呼，整个大外廊营都沸腾起来。不仅英秀堂的人感到秋高气爽的快慰，连大外廊营门前的路人，均被不同于往日的热闹所感染。那些爱打听消息的人，不免探身门里讨个吉利，得知谭小培喜添长子，即拱手祝福！虽说那时候没有现在这么便捷的通讯工具，但一个人接一个人地传递，不到半天工夫，与谭家相近的亲戚朋友都知道了消息，一拨接一拨地登门道贺。谭鑫培乐意站在院子内与人招呼，感觉身子比往日轻了许多，精神特别饱满，一股压不住的劲头从内直往外冲，浑身舒坦极了。谭小培更不必说，喜得贵子，初为人父，人生能有多少这样的喜庆时刻？看父亲在院子里转了好半天，他忙从屋里搬出一把靠椅，劝老人家坐着歇一会。谭鑫培轻轻地把手一挥说："你去忙你的吧，我不用人照顾。"他用手一拍胸脯对儿子说："这点精力都没有，那还能指望将来教我的孙子吗？"

自从遭到袁世凯禁戏之后，也许身心受伤太深，也许岁月催人，老爷子的身体每况愈下。伤痛之余，谭小培深感肩头的担子越来越重，无论是做戏、做事，还是做人，他都得更加努力。如果有一天，老人家真的天不假年，那该怎么办，他能担承父亲的重托，扛起谭家和谭派两面大旗吗？谭小培真不敢往深处想，却又挥之不去地常常被如此想法深深地裹挟。有时，他真的有些恨起自己来，前些年原本可以更加努力，只是在老爷子的荫庇下略有乘凉之惰。近年来，面对父亲的日渐力不从心，他才陡然意识到那份从天而来的压迫感。必须趁父亲还能帮衬一些日子，一日千里地追赶，不管是否为时已晚，毕竟走一步进一步，积一分多一分嘛，再不能浪费一分一秒。看到小培近来的快速进步，谭鑫培由衷地感到一丝欣慰。

虽然老爷子从不对他说什么，更未对他交代什么，但父子间的心灵感应他无法漠视。每当听到父亲练功时的粗重喘息，他由衷地感到心痛；每当看到父亲微微有些苍老的背影，他总是尽力阻止盈眶的泪水外流。特别是在自己取得一点进步时，父亲眼里那份灼热的光芒，他知道那是一种怎样的欣慰。而在那份欣慰的背后，他敏锐地觉察到一分潜在的信任和希望。多年来，父亲从不强迫儿子们学戏，但他骨子里生长的那份谭家人永不服输的精神，绝不会熄灭。他对戏曲的钟爱胜于生命，怎能任由谭派艺术如逝水东流呢？看着余叔岩、梅兰芳他们如日中天，他恨不能谭家儿郎一夜速成。于是，小培带着内在的自我加压，在艺术道路上奋力直追，虽说暂时无法抵达艺术之巅，起码要让老人家看到一线希望。所以，小培不仅在台上加力，在台下他几乎也没有一刻停止思考。也许是自己长进了，也许是老爷子在暗地里给他支助，也许是大家给他的一份鞭策与鼓励。近年来，他在戏场的人气与日俱增，演压轴和大轴的场次逐渐增多。为此，他不能怠慢京剧艺术，更不能怠慢那些关爱他的人。

那天，中和戏园日场，谭小培的大轴《巴骆和》，由他主演骆洪勋。依照惯例，他应该早半个时辰到达，好在后台扮戏候场。每场戏的主角就是擎天柱，其他角色均可临时派人顶替，主角则不能。但那天确实有点不同往常，一贯守点的谭五爷（鉴于谭小培在京剧界的地位，行内行外都习惯地尊称他"五爷"），却迟迟没有到来。假如是其他人，戏园早派人清点催促了，因谭小培一是头牌人物，二是他从不误卯，根本没有人去惦记或担心他。直到大戏快开锣时，还不见五爷的影子，戏园这才急了。戏园的大管事急派催戏的"交通"，已先后去谭家催过几次，谭小培总是挨挨擦擦地走不出门。昨天晚上，妻子（德珺如的女儿）忽感身子有些不适，肚子一阵接一阵地开始疼痛。早晨起床后，妻子更坐不住了，一直在屋里不停地来回转悠，且哼声不断。因预产期已到，孩子随时可能降生。谭小培担心妻子分娩，又急盼新生命降临，早知今日妻子临产，再大的戏他也不会接。但这出戏早些时候已经定好，又是他的大轴，肯定不能推，更不能误。戏大于天，这是伶界行规，更是一份戏德。他没有半分推却和误场的打算，只想多待一分钟算一分钟，如果看到妻子顺利解怀，哪怕一路跑步赶到戏场，他也不怕累。眼看妻子即将分娩，他不放心早早出门。

谭德氏看着丈夫满心关切的样子，又听外面几次来人促催，知道丈夫放心不下，她从内心里十分感动。尽管自己是个妇道人家，终归是梨园家庭出身，父亲也是清末民初在戏剧界叫得响的名小生德珺如。她深知剧场演戏规矩，更知道丈夫所扮角色的分量，绝对不能误场。再说，生孩子他在家也帮不上忙，便帮着来人催促丈夫说："五爷，你就放心快去吧，别担心我，不就是生个孩子吗？谭家这么多人在家，稳婆也来了，你还有什么放不下的呢？"虽说妻子说得轻巧，但谭小培一颗既关切又担忧的心怎么也放不下来。看着丈夫不愿出门，谭德氏真的急了："五爷！你就放心扮戏去吧，真要误了场，那可不是闹着玩的。快走快走，看你站在这里我更急。也许就是你站在这里，孩子害怕才不出来。说不定你一走，孩子真的就落地了。"妻子一边说，一边用手去推丈夫。戏园派来谭府催促的人，这回索性站在门外不走了。谭小培焦急地看看手里的怀表，实在不能再耽搁，否则真的赶不上场了，这才恋恋不舍地出门随来人而去。

谭小培一赶到戏场，戏园里的人揪着的心才放了下来，醒事的人赶快过来帮忙，让五爷尽快化妆。虽说唱戏化妆，熟门熟路，但时间一紧，就得更加心细，一旦粗心，无论是哪一笔不出彩，不仅影响角色形象，更怕对不起观众。再出名的角都得靠戏迷捧场，尤其那些铁杆戏迷，任何一场都带着深情而来，且不能让他们冷着心回去。所以，虽说时间有点赶，但五爷依然认真地勾画与装束，生怕疏忽任何一点。刚刚化完妆，五爷正要提步上场，有一家里人气喘吁吁地赶到了后台。隔老远就高声叫喊："五爷，五爷，祝贺您弄璋之喜啊！"谭小培一听自己得了儿子，立即眉开眼笑，恨不得抱起来人与他分享喜悦。我谭小培有儿子了，谭家香火有望啰！得此喜讯，后台的人都一齐围到五爷身边，不仅送恭贺，还讨酒喝。同事们都知道谭小培盼子心切，在纷纷祝贺谭家喜降麒麟之时，还不忘借机调侃一下说："五爷，切莫小气啊，一定要风光风光，让我们喝点上品的好酒。否则，大家都不依你。"小培忙向大家拱手回敬说，一定一定！人逢喜事精神爽，那天的一出《巴骆和》演得格外精彩。谭五爷浑身是劲，一开腔，一出手，一投足，一转身，处处带着神风。尤其是唱腔，格外地流畅，似乎受一股内在的暗流冲击，五爷那天真是铆了顶了。谭小培自是唱得声传数里，余音不尽，那道声腔直往人心里钻，还不住地在心中浪花冲击似的回旋，真让戏迷们过足了瘾。观众们好像都知道五爷喜得贵子，竟然一个劲儿地喝彩鼓掌，那天的戏场真可谓乐翻了天。

谭小培一下场，便三下五除二地卸了妆，来不及收拾场面，即快步出场，连连催促骡车快点，快点，再快点。骡车一抵大外廊营门口，不待停稳，五爷便飞身跳下，直往产房跑。稳婆早已收拾好屋里的一切，怀揣着鼓胀的回馈，喜眯眯地站在门外，隔空向老爷道贺！小培转身塞给稳婆一个早已预备好的红包。稳婆一边摆手一边伸手去接说："给了，给了，太爷早都给了。"五爷说："太爷给的是太爷的，我的一份肯定不能少。"虽说口里推却，但她站在门边，那么大声地报喜，所为何来，还不是为了那一份喜钱吗？五爷径直走近床边，见儿子早被花毯子包好，静静地依偎在母亲怀里。小培先朝妻子投去感激和关切的目光，四目相对，一份初为人父的快慰和母子平安的喜悦，足以洗刷生活一切苦痛。佣人轻轻抱起新生儿，送到小培身前。双手接过儿子的那一刻，谭小培整个人就像泡在汤池中一样，万千毛孔都在欢乐中开放。因不便进屋，身为爷爷的谭鑫培，见小培回来，快步跟到屋门边，真想早一刻看到孙子那张嫩嫩的小脸。小培理解父亲此刻的心情，急忙抱着儿子走出门外，将儿子递到父亲手中。谭鑫培接过孙子，止不住心花怒放，他转过身子，背对风向，将孙子贴紧在胸前。只看一眼，便知足地将孙子递给儿子说，快快抱进屋去，莫着凉了。

谭富英九朝那天，大外廊营人流如织，各路人马早早到来，今天的谭家自是人气冲天。整个英秀堂里外张灯结彩，处处都是大红的装饰，所有器具和用具都焕然一新，连佣人都统一着装，光鲜地在人流中往来穿梭。每拨客人到来，都有司礼燃放鞭炮迎接，按登记名册，由专人引领对号入座。谭鑫培和谭小培父子俩，一大清早就站在门前迎客，相互致敬的双手一直高抬不下。那天不知开了多少桌宴席，竟然还两次翻台。谭鑫培当时在戏剧界的影响无人能及，谭小培近年来的地位也日益提高，许多未被邀请的人都闻风而至，那天的宴席一直开到下午才勉强收桌。自从谭富英出世，谭鑫培没有一天不去抱抱，常常在孙子醒来的时候趁机将他搂在怀里，横看竖看就是两个字"舒服"。天庭饱满，地阁方圆，五官端正，眉清目秀，一张红红的脸蛋，就像那颗清晨升起的太阳。他在孙子的脸上，似乎找不出一丝缺陷，天生的帅气，谭家的福分啊！特别是在谭富英周岁的那天，谭鑫培特地搬来一把用红绒布蒙着的太师椅，他抱着孙子对门坐在椅子上，特将孙子的两脚分开，得意地向来人露出那条生命之根。谭富英满月的那天夜晚，在谭家晚膳的时候，谭鑫培突然对小培的媳妇说，你现在也是为人之母了，今天就坐下吧。听了这话，一家人都感到震惊，尤其是谭德氏，听了公公的话，机械地坐下，又惊慌地站起来，差点连椅子都绊倒了。谭门家规历来较严，女人和下人不能与主人同时上桌，只能等主人用膳完毕离开后才能用餐。一因谭家世代注重家规；二因谭鑫培长期在宫廷进出，无时无刻不体现上下等级的区分，在身临其境的影响下，家规越来越严；三因谭小培娶了旗人的妻子，家规更加趋向满清规范。所以，听了谭鑫培让儿媳妇与他同桌落座的吩咐，自然被人视为一种稀罕的荣耀。也许时局变化，谭鑫培的思想逐渐解放，也许因谭德氏生了谭豫升而母以子为贵吧！

谭富英从小话不多，是个典型的乖孩子，更是家里人人喜欢的小精灵，特别受爷爷宠爱。谭鑫培常常把他抱在怀里与人说话，孙子却乖巧的从不插嘴，更不打断大人间的交流，即使爷爷偶尔当场问他或挠他，大多时候即以微笑作答。虽说他不爱言语，但对别人的话均能认真倾听，更愿意琢磨，有时候没弄懂大人的一句话，隔上两三天还不忘再去问问爷爷，谭鑫培当然是知无不言。他特别疼爱这个孙子，喜爱他打小就爱琢磨的特性，认为他将来一定会有主见。小培是谭鑫培几个儿子中最有艺术天赋的一个，他一直将传承谭派艺术的希望寄托在他身上。富英是小培的长子，自然爱屋及乌。中国有句俗语，爷奶疼的长孙子，爹妈疼的顺头儿。谭富英不仅是五房中的长孙，又是典型的顺头儿，自然博得爷爷和爸爸两代人的偏爱。

入科学戏

　　旧时中国的戏曲界，有个不成文的规定，但凡没从过师的演员，均被人轻看一等。尤其是年轻演员搭班较为困难，一提起师门，没有从过师，人家就说你是"剽学"的，没有根基。只要是从过师的人，身价则高人一等，如果进过科班就更不用说了。演员们在攀比师门时常有人说，他是某某科班出身，自然显出一份荣耀。而科班之间更比名称，在京剧界的科班里，富连成当仁不让地排位第一。从谭志道的儿子谭鑫培开始，谭家几代人都为科班出身。谭鑫培进入的是京郊外的金奎社班，约定六年学期，因学得快，提前一年出科。谭小培为"小天仙"（小荣椿、小天仙，都为杨隆寿所办）的学员。

人生的走向与成就，在天时、地利、人和之外，还得靠基因和天赋，是什么样的材料，就做出什么样的成品。假如硬性逆向地选择，再大的付出也是枉然。小时的谭富英就显露了爱唱戏的基因，在他刚刚能走稳路的时候，只要爷爷或父亲在家里一哼，他就蹒跚着走过来，不仅聚精会神地听，且常常举起双手用力地拍打着身子，一副深受感染的样子，让爷爷和父亲心里乐开了花。谭鑫培蹲下身子将孙子抱起，再轻声地接唱。谭富英便目不转睛地望着爷爷，伸出小手抚摸爷爷的脸，让爷爷疼到了心尖上。在他开始咿呀学语的时候，最初开口叫的不是父母亲或爷爷的名字，而是在含混不清中跟着大人哼戏，且乐此不疲。谭鑫培最爱用唱戏来逗孙子玩，不仅是哼唱连连，而且是边唱边演在屋里或院子里游动。小富英却一个劲地跟着爷爷后面撵，一个兴奋劲上来，只顾眼上看和嘴上哼，却顾不得底盘不稳，一个趔趄便摔着了。爷爷赶快将孙子牵起搂在怀里，轻轻地拂去他身上的灰尘，抚摸着富英的头，不忘亲一下孙子的脸颊。只要看到富英和爷爷在一起，小培便自觉地将时间与空间都让给爷爷，从不跟父亲争夺对富英的爱。只是晚上归屋睡觉时，这才将儿子紧紧地抱在怀里狠狠地亲上一口。

看着小富英对戏曲的痴迷，谭鑫培打心里喜爱。虽然他注重谭派艺术传承，却无一丝强扭的意思，孙子天生爱好，这是上天给谭家送来的一个宝贝，祖师爷给饭吃，将来一定会强宗胜祖。一生在戏曲场中摸爬滚打，看得多也看得准，他确信孙子是谭家最理想的接班人，有心从小启发和引导。虽说对孙子又疼又爱，却从不娇惯他，绝不在屈就中随声附和。尤其是一字一音，一腔一板，虽说，小富英还不能完全领会，但爷爷决不会变声变调地去逗孙子。要唱好戏，第一个是音，第二个是韵。音不准，直接影响自身对作品的表达和观众的艺术接收；韵不足，味出不来，失去魅力，影响就大打折扣。还有那份发乎心灵深处的湖广音中洲韵，更不能向水流舟地任其游走，那些关键字中的母语发音，他一个字一个字耐心地教，直至孙子读准为止。一个戏曲集大成者，知识与能量的积淀是为内在的修为与根基，而手眼身法步则为外在表达与传递，任一点都不能疏忽。富英还小，只能先帮他定好调子，一切有待慢慢成熟，再心切也不能拔苗助长，必须因材施教，绝不能强行灌输。小富英虽说老爱黏着爷爷，打心里对爷爷却有一份说不清的敬畏感。尤其是那一双无声的眼睛，在不怒自威中发出的灼热光芒，令一颗无邪的心灵，也学会了默默地服从。看着孙子一腔一板地哼唱，在一招一式中走稳脚步，越来越有点那份模样，谭鑫培似乎抹去了那份谭派传承的忧虑。虽然说，他曾经在儿子们谁能独挑大梁的思虑中痛苦地徘徊过，又在恨铁不成钢的叹息中焦虑过，但小富英的到来，使他心中的阴霾顿消。他感谢上苍派来了一位天使，让谭家和谭派后继有人。打从小富英降生后，他的身体和精神似乎又年轻了，因为他看到了希望。

虽说谭富英自小没少得到祖父和父亲的传教，但谭鑫培认为，自家传教，毕竟太过自由，不忍严厉呵斥，更舍不得下手。经过父子俩一番交流，决定给富英请个师父，来家里教授更合适一点。于是，由谭鑫培提议选定了陈秀华。提起这位陈先生，外界知之甚少，但是提起他的学生，却是个个赫赫有名，例如王少楼、杨宝忠、孟小冬、贯大元、杨宝森、李少春、杨菊芬、刘宗杨，还有打本子的名家范钧宏等，都曾得到过他的教益。他不但会的戏多，更具有丰富的舞台经验，而且还有一套甚为科学的教学方法，不仅教得透，更能使学生在领悟中学得快。他师从贾丽川，所学谭派艺术非常精到，这也是他被谭鑫培相中的一个重要原因。为了聘请陈秀华，那天，谭家专门备办一桌丰盛的酒席，特地约请了富英的外祖父德珺如，还有金秀山、陈德霖、张洪林等老前辈作陪。陈秀华谦逊地对谭鑫培说："你谭大王的孙子，我只怕是教不好。"谭鑫培说："小孩子开蒙，先学会规规矩矩就得啦。你的教学大家都信得过，能当你的学生，那是谭家的福分。"经谭鑫培如此一说，陈秀华的确有点受宠若惊："经您老人家如此一说，我还真不敢不教。如教不好，只有向您负荆请罪了。"看着两人相互谦让，德珺如忙出言相和："一个诚心请，一个理当教，没什么可说的，大家别冷了谭大王的酒啊！来来来，我们先喝一杯，祝贺祝贺再说。"后来，谭富英娶了宋继亭的姐姐为妻，而宋继亭的母亲，就是陈秀华的姐姐，因此，陈秀华便成了谭富英妻子的娘舅，他们两家便走得更近了。在梨园界，像这样亲上加亲的例子数不胜数，这也是北平戏圈里的一大特点。

开始，陈秀华每天都来谭家教两个小时的课，循序渐进地教，因势利导地诱，成果较为显著。谁也没料到，就这么被谭大王一请，陈秀华在梨园行中一时便走俏起来，大家便争先恐后地上门来请，学生越来越多，他来大外廊营的时间便越来越少了，谭富英只好改上陈先生家里去学。经过一年多的时间，一共学了《黄金台》《文昭关》和《鱼肠剑》三出戏。那天，谭鑫培在家试看孙子连唱带比画地来了一遍《黄金台》的头场，高兴地点点头抚摸着孙子说："好小子，还真是这么回事。师父没少教你，你也没懒学，不错。"说完还不忘奖赏孙子一个大拇指，谭小培凑到父亲身边问："老爷子，您觉得这么学行吗？"老谭则反问儿子："你觉得呢？"经父亲这么一问，小培一时真还没有准备好如何作答。谭鑫培看看儿子接着说："下一步怎么办，总得上场吧，再好的功夫也少不了场上历练。我连服装道具都替他办好了，场面更好说。可让谁来陪他唱，怎么搭班？这就是现实问题。"小培一听，难得老爷子考虑得这么细，知道父亲要拿主意，如果要自己来安排，真还不那么简单。于是说："老爷子，您就吩咐吧。"谭鑫培微闭双目沉默了一会儿说："只有一条路，进富连成。让人砍得边角圆润，这才成得了角。看来，不坐科肯定不行。"

谭小培接着父亲的话说："进富连成好是好，可您知道，富连成从来不收名家子弟。"

"我们可以跟春善好好说一说，咱们的孩子进去与人同等，决不摆名人子弟的谱儿。"

"我曾跟叶春善这样提起过，他却没理这个茬。"

"这好办，明儿个你把他请到咱们家里来，我要见见他。"

"好吧，如果您能当面跟他说说，兴许还行。"

"说还得你去跟他私下说，我只能是见个面，如果我一开口，就让他为难了，答应不是，不答应也不是，这样不好。"

"好吧。"

谭小培虽说满口答应父亲说好，可他的心里却真犯了愁。

谭小培回到自己屋里，先跟富英一说，儿子自是满心高兴，因为他还不知科班里头的苦，只为送他去学戏而乐。然而正像谭小培所预料的那样，他的夫人谭德氏一听说要将自己的儿子送进科班，急得直瞪眼，脑子里嗡的一声巨响，半天说不出话来，接着泪如雨下。那天，谭老爷子屋里一晚亮着灯，送孙子进富连成，这要多大的决心，只有他自己知道。虽说他跟儿子交流时说得那么轻巧，其实是怕自己一软，小培就更撑不住了。第二天早晨天还没亮，谭老爷子就在院子里转开了。今天是为孙子进富连成定夺的日子，希望没有风波就好。他知道，小培和媳妇一晚上未眠，先前的声音很大，后来渐渐地低了，最后只剩下啜泣声。哭吧，哭吧，发泄一下，免得憋坏身子，天下哪有不疼儿的娘呢？他理解为父为母之心，更知道戏班的苦，这不都是为了谭家吗？儿媳是梨园家庭出身，既知其中的苦，更该知道为了将来的甜，付出是必须的，也是值得的。但最苦的还是谭小培，一边要安抚妻子，一边要顺从父亲，但自己心里流血还一时顾不上医治。谭小培一晚没睡，看见老爷子走进院中才开门出来请安，他不愿早早去打扰父亲，知道老人家此刻心中的滋味。看到老爷子的眼睛红红的，他什么都不用问，只依常理请安。谭德氏的眼睛比父亲更红，她不敢对视父亲，怕自己的情绪影响父亲的立场。其实，谭鑫培不想让儿子他们看到自己一丝的苦痛或软弱，故意避着身子。谭德氏知道事情不可逆转，只是心里的疼痛无法减弱。再说，在大外廊营里，老爷子的话就是"圣旨"，丈夫从不敢违背，何况她一个儿媳。旗人出身的德夫人，更注重礼节。再说，她也知道老爷子的心里也不好受，怎忍心再给父亲的伤口上撒盐呢？第二天请安，她将一切苦痛都装在心里，恭敬地对父亲说："孙子的事让您老人家费心了，一切但请老爷子做主。"

谭小培按照父亲吩咐，第二天约叶春善来家里跟老爷子见面，先把他请到自己屋里说："老爷子让我把您请来，还是为孩子到您那坐科的事。他说了，不能让您为难，咱家的孩子进去，与别的孩子全一样！"叶春善说："话是这么说，可我要是从您谭家这儿开了例，往后就堵不住了，你让我怎么办呢？"小培说："那咱们就约法三章，您瞧怎么样？"叶春善见谭小培说得甚是恳切，为一颗诚心所动，又碍着谭大王的面子，再不好推却，于是说："那好，咱们就先约法三章！第一，与所有学生同等待遇，决不搞特殊照顾；第二，家里人不能常来看望，也不许随便回家；第三，够什么材料学什么行当，不能挑拣。"随后速战速决，由谭小培立下"关书"：

> 立关书人谭小培，今将长子豫升，现年 11 岁。情愿投叶师门下为徒，学习梨园，六年为满。言明四方生理，任凭师父代行。六年之内所进银钱，归叶师收用。无故不准告假回家，倘有天灾病孽，各由天命。如私自逃走，两家寻找。年满谢师，但凭天良。日后若有反悔者，由中保人一面承担。空口无凭，立字为据。

科班常规一般为七年，即俗话中的"七年大狱"。谭富英因入科前跟陈秀华学了一年戏，为带艺入科，所以减少一年，便定为六年。1917 年立关书的第二天，谭豫升即正式进入富连成科班。谭豫升进富连成，正好排在"富"字辈一科，即起名为"谭富英"。因与谭家有约，谭富英入科后照例先学武生。但富英的嗓音清脆甜亮，老师们即行调整他改学老生，先后得萧长华、王喜秀、雷喜福等先生传授。谭富英因家学渊源加上天赋又好，一坐科学戏，就在实习演出中担当主要角色，极受观众喜爱，迅速成为"科里红"的尖子生。

富连成

1907 年夏季的一天，在紫禁城内的一场演出之后，皇家依例要对参演艺人给予赏赐。那天得到赏赐的对象却出人意料，均不属于那些惯常的名角与内廷供奉，而是一群跑龙套的科班弟子。从光绪皇帝亲笔手书"乐善好施"的牌匾，到赐予太后慈禧坐过的两把椅子，这等丰厚的赏赐，让"喜连成"科班和叶春善班主，一夜之间风靡京城。叶春善为梨园世家出身，幼年进入小荣椿科班（与谭小培为同学）习艺，出科后即在北平四喜班专为要角配戏，为二路老生。

喜连成，为关东首富牛子厚创办，叶春善为老板聘请的带班人，类似今天的艺术总监。凡京剧科班的班主均为行家，大多是舞台上的名伶要角，要负责教戏，不是内行绝对拿不住。在名角云集的北平，当年声名并不太响的叶春善，为何被牛子厚相中？据说，主要得自他的人品。喜连成招收的首批弟子，实为叶春善平日收留的六名北平城里的流浪孤儿。那时，都城科班林立，喜连成还只刚刚成立，谁愿意将自己的子弟，送进名不见经传的喜连成呢？叶春善收留流浪孤儿，起初实为爱心善举，后来却在不经意中，使这些孩子成了班社最早的学员。一群孤苦伶仃的孩子被人收留，万般感激中萌发生活的希望，他们不仅视叶班主为师父，且将他当作父亲，是叶春善和喜连成给了他们如家的温暖与爱。吃苦耐劳对这些孩子来说，根本算不得什么，专心学戏，都是他们自愿与对前程的渴望。叶春善不仅精于教戏，而且还专于理财，东家交与他的二百八十八两白银创班费，不到万不得已，他绝不动分文。他一边教戏，一边谋求以唱戏的收入来维持日常生计，还让妻子帮忙操持缝补浆洗的杂活，以节省外请人员的薪水。比如拉煤和做饭等科班后勤杂务，他从不雇人，均由叶春善亲自领头，徒弟们一齐动手，孩子们个个听话而且勤快。

一年之后，经师徒共同努力，叶春善自觉弟子们初学有成，便开始外出联络业务。他带着心爱的六名弟子，去京城各大茶楼戏院帮人跑龙套，抑或在堂会中串演一些开场小戏。只要有活他就接，只要有戏他就演，戏位和收入高低暂不计较，一为大伙的生计，二为喜连成名声。虽然说暂时唱不了主角，更演不了大戏，喜连成的弟子却得到了舞台锻炼，在边演边学中渐渐扩充队伍。时至1906年，喜连成中"喜"字辈的科班弟子，已经达到七十多人，具备了一个像样的班社规模。1908年秋天，光绪皇帝和慈禧太后相继驾崩，禁演期从此开始。京城里的科班，不得不在心寒中散班关门或让学员出走，伶人们纷纷外出跑码头。无力支撑大局的叶春善，只得倾班离开京城闯关东，逢戏就唱，有台就上。在漫长艰苦的演出生涯中，一个名叫梅喜群的孩子渐渐崭露头角，得到东家牛子厚的赏识而召见。此后，由牛子厚亲自为其取名为梅兰芳，尔后在京剧舞台上一展新颜。梅兰芳，时年十五岁，进入喜连成带艺坐科仅一年。即使是慧眼识才的关东首富牛子厚，也许不曾料想，仅仅在短短的五六年以后，梅兰芳这个名字，便传遍祖国的大江南北，成为梨园行中一朵奇葩。

1912年，不知何故，喜连成由一位名叫沈玉昆的山西财主接管，东家悄然易主，叶春善依然担任社长，班社即更名为富连成。清末民初，京剧演出市场日渐红火，戏班、科班、戏院、茶楼在全国应运而生。京剧中的西皮二簧腔，已然成为时代的主旋律，渴望学戏成名而改变生活的孩子们络绎不觉。在巨大利益驱使下，由来已久的科班"打戏"之风愈演愈烈。作为一个传统科班的富连成，"打戏"也属顺理成章，但对于叶春善来说，那些出于科班私利拔苗助长式的"打戏"，他历来对其深恶痛绝。叶春善常对富连成的教习们说，不论哪个班主，都不应以发财致富和争名夺利为目标，应该为培养梨园后起之秀而创科班。为了树立严谨自爱的作风，为了培养好科班弟子，叶春善与总教习萧长华，共同制定了富连成学规，即四要与四戒。他规定弟子们每天早起练功时，必须集体朗诵学规，以学规检点各自的学艺和做人。人生在世须有一技之能，凡我富连成弟子，务必专心用功，为以后名扬四海而不误青春年少，特别要注重童子功练习，梨园行没有捷径可走。不练不成，这是铁定的规律。不论日出日落，不问春秋寒暑，紧紧地抓住一个字——练，这是所有京剧科班弟子绕不过的学训。

科班弟子们练功可谓披星戴月，每天天蒙蒙亮就悉数被轰起床。比如耗顶，最短的十五分钟，或者半个小时，有的弟子，甚至一个钟头还被耗在那里。那时，没有手表和时钟，就在燃起的香杆上画上黑圈，师父在旁看着香，等香杆燃到了预定的黑圈才能下顶。没有力量和功夫别想成名。民国初年，富连成东家便把广和剧院包下来，作为对外演出的固定戏楼。从前门外的大栅栏延伸到天桥，各种档次的戏园不下二三十个，每一座茶楼都拥有自己的戏班，而每一个戏班都占着自己的茶楼，也就是固定的台口。每逢科班演出，叶春善就端坐现场，细心观察舞台上的学生演出。只要让他眼前一亮的弟子，演出后便叫人将其传唤到跟前，送上一个红包，以示奖励，俗称小份儿。在富连成的弟子中，得过小份儿的人难计其数。每当拿到小份儿，学徒们都满脸喜色。有些没能拿到奖赏的孩子，站到班主跟前一脸的沮丧。叶春善即语重心长地对他们说，孩子你倒仓了，如果短时期里恢复不了，再这样演下去也无益，另谋生路吧。

到了 20 世纪 20 年代初，"喜""连"两科弟子相继出科，富字辈和盛字辈的入科人数急剧增加，为了教学方便，班社便搬迁到今天北京的虎坊桥一带。此时的富连成，已经成为全国首屈一指的著名科班。谭富英恰好赶在编排富字辈的时候进入富连成，初入班，叶春善就将他安置住在萧（长华）老的屋里。后来，谭鑫培得知消息，觉得这是一份不是特殊的特殊，便嘱咐谭小培前往与叶春善交流，让谭富英搬出来与同学们共住一房。有一天，趁富英难得被批准回家过年，谭鑫培将孙子叫来身边问，你在科班学了些什么戏哎？谭富英回答说《仙圆》。谭鑫培抚摸孙子的头说，昆曲扎根最好，你要好好用功啰。那时刚入科的学生，都被安排偏重武戏和昆曲学习，因为京剧演员不管文戏武戏，身段都很重要，有了武功基础，尤其能拉几出《探庄》或《宁武关》的学生，即使是唱《二进宫》，站着不动也好看。演个《武家坡》，拿起马鞭一扯四门，也是顺眼的。在富连成，还有一条，不管你唱什么行当，每天早晨都得拿顶、下腰、踢腿、劈叉、翻前后桥，以及飞脚、旋子等等，而且一天不落。练完武功后，有的吊嗓子，有的请先生说戏。唱老生花脸的都得蹬上厚底靴，唱旦角的就得绑上跷，一天都不能脱，只有出门上戏园子演出，才能脱掉厚底靴和解下跷来。

后来，谭富英主攻文戏，一些跟头和武功也就练得少了些，但是压腿、踢腿、拿顶、跑圆场，还是一点不能少。起初，叶春善让他哥哥叶福海亲自教谭富英学昆腔戏，为的是从嘴里和身段上给他打好基础。昆曲被称为百戏之祖，具有五百余年历史，从吐字发音到手眼身法步都非常讲究，由昆曲名家曹心泉亲自吹笛给他吊嗓子。谭富英一共学了三出戏，一是《仙圆》，也就是《邯郸梦吕祖度卢生》中的一折。他学的是卢生，唱大嗓，但不戴髯口。二是《宁武关》，包括上寿、焚火、别母、乱箭四折，这出戏载歌载舞，非常吃功夫，是当时科班的必修课。三是《弹词》，即《长生殿》中李龟年弹琵琶卖唱一段。在昆曲中，这出戏比较难，演出非常吃力，谭富英每演出一次，就得哑三天嗓子。他的爷爷听说孙子学了这三段昆腔戏，心生赞许，认为富连成用昆腔给学生打基础，这个路子走对了。谭富英第一次登台演出老生戏《黄金台》中的"巡城搜府"一折，二月入科，闰二月就登台演出。在草市精忠庙唱"行戏"，谭鑫培虽然没能亲自去看，但听说孙子将在富连成中所学的戏登台演出了，感到非常欣慰。

入科不久，谭富英的演出越来越多，大多是富连成总教习萧长华亲自排演。演出的地点就在前门外的广和楼，这个戏院被行内人称为"炼人炉"，很多名演员，例如侯喜瑞、马连良、于连泉、叶盛兰等都是在广和楼"炼"出来的。谭富英自然也不例外。有一年夏天，他唱《珠帘寨》，唱完戏，前胸的痱子都成了大泡，现买痱子粉去擦，整整用去了一大包。每逢唱《珠帘寨》，总是谭富英唱前部，马连良师兄唱后部。如果由他和马连良合演《群英会·借东风》，那时就由他演鲁肃，马连良演孔明。算来他们师兄弟这出戏合作了将近40

年。他们在科班的演出团队，竟成了后来闻名全国京剧舞台上的最佳阵容。

1934年冬（后话），古老的京城被覆盖在皑皑白雪之下，但京剧带给人们的温暖和激情，依然强盛不衰。叶春善突然得到一个令他震惊的消息，富连成东家的万荣祥银号，因大掌柜卷款外逃，银号在一片挤兑风潮中倒闭。由此，沈家被北平市政府查封，富连成的全部资产也很快被法院查封拍卖。拥有三十年历史的京师第一科班富连成，面临就地散班的灭顶之灾。这场突如其来的劫难，几乎彻底地击倒了年过花甲的叶春善。在此后的几个月里，他不停地东奔西走，将在科的弟子们一一安置进入京城其他科班后，他拖着病体，一次次前往法院跪辩。无论天气阴晴，每逢外出，叶春善与萧长华必带着一把布伞，谐意为"不散"。三十年的风雨同舟，使这两位梨园知己于内心的暗示诉说中，共同撑起一份从不动摇的事业信仰与坚守。

1935年12月19日，富连成首任班主叶春善因病逝世，蜚声梨园三十余年的历史画上了悲惨的句号，这份撼人心魄的哀荣，时常勾起人们回顾这位六十一岁老人曾经的誓言。在组建科班的当初他说，二十年后，我要让全国的戏班没有我富连成的子弟就开不了台。他的确实现了宏伟的梦想，后来的富连成，可谓桃李满天下。三十年的富连成，先后培养出喜、连、富、盛、世五科弟子，总计超过八百余人的专业人才。雷喜福、侯喜瑞、梅兰芳、周信芳、马连良、于连全、谭富英、叶盛兰、裘盛戎、袁世海、李世芳，无一不是赫赫有名而自成一派的中国京剧名家。

　　只要是京剧人，没有不知道富连成的，它的前身为喜连成，那是一个京剧人才的摇篮。班主叶春善真是一个了不起的人物，因受人之托，从零开始，一直维持了三十余年，培养出了那么多京剧人才，其中不乏名家与头牌。富连成培养出来的戏曲人才，成了中国京剧界的基本骨干，戏曲界里的人都敬佩他。后来富连成停办，不能不说是京剧界的一大损失，但历史不会忘记曾经的富连成！

三代同台

　　谭富英在富连成坐科，主要跟萧长华和雷喜福学戏，这是叶班主的安排，不能改变。萧长华和雷喜福两位老师，在富连成的地位很高，一般安排在他两人门下的学员，必须事先经得他们同意，否则就不带。为带学员的事，两人真还没少与叶班主产生过小小的分歧与摩擦。但谭富英则不同，虽说是叶班主下的铁令，不能更改，其实并不然。萧雷两人并非尽看在谭家和叶班主的面子上接收谭富英，而是他们开始还没带几天，就从内心里喜欢上这个既聪明又好学的孩子。从艺术上讲，每个当老师的都深怀敬业之心，更愿自己的学生将来出成就。徒弟越有出息，师父脸上越有光彩。再说，大凡师父都有识才之能，萧雷两人对谭富英的认识高度一致，从来没有对富英的未来发展产生过一丝疑虑，只是在如何引导和课程安排上常常相互讨论。

富连成在教学上有两大特点。一是特别严格，这是行内人通晓的奉行"打戏"的传统，动辄打通堂，确实有些用功不力和脑筋转动稍慢的孩子，为此吃过不少苦头。谭富英虽然是谭鑫培的孙子，进科时一样由父亲谭小培当面立了关书，不能因家庭地位得到任何偏袒和照顾。不过话说回来，谭富英相比其他孩子，在富连成里确实有点普遍受宠的倾向，曾经也有学生为此私下嘀咕过，他几乎没有受到过大的处罚。富连成的第二个特点就是演出多，实践多，学生每天基本都没有离开舞台。一为赚钱计，除了庞大的班费开支和老师薪金外，还得要有适当的盈余。二为历练计，无论多好的学生，绝不能常年只在学堂里学，必须拉出去上台，理论不与实践结合绝对不成，没有历练就难成大器。三为富连成的名声计，任何科班，一旦声名起来，业务就跟着来了，想挡都挡不住。业务越多，收入越高，影响越大，而对学生的教学影响越深，于他们的成长和未来的发展则越有利，谁不乐意呢？所以，富连成是逢戏必接，有台就上，除非真的忙不过来。否则，精明的叶班主，绝不会轻易将上门的生意往外推。由于学生几乎整天都泡在剧场里，舞台经验逐渐丰富起来，学生们在实践中学会了临场应变、临时补台等戏场常事，都能应付自如，根本不用老师和班主操心。所以，富连成的戏越演越顺畅，学生越带越称心，兴旺发展自在其中。

1922 年，谭富英年满十六岁，一个大多数人避不开的厄运突然降临在他头上，谭富英倒仓（变声）了。那几天，谭富英的情绪一度相当低沉，陡然的嗓子不适，在身体的痛苦之外，倒仓期究竟会有多长，将来能否恢复，他甚至不敢想象，从来不哭的他，当着老师和父亲的面流泪了。他看过很多学兄倒仓的过程，虽说大多数都能通过练习而得到恢复，但并非百分之百都是这样。尤其是那些不能恢复的学兄，原本具有光明前途，皆因无情的倒仓而不得不放弃演出去跑龙套，且影响终生。更有那么几位，在撕心裂肺的哭喊中离开富连成，与自己心爱的舞台告别。不管老师和父亲怎么安慰，谭富英心中那一丝阴云一时无法驱散。当然想归想，但他依然带着强烈的渴望更加刻苦练功，按照老师和父亲的指教，坚持不懈地在努力恢复。无论学员的家庭条件多好，无论富连成的老师对他多关爱，但生活往往对人是公平的，正如风霜雨雪世人都得经历一样。对于倒仓的事，老师和家长都无法预计，更不可能任由人意地避免。幸好上天怜悯，谭富英的倒仓期并不太长，经过几个月的科学训练，嗓音不仅逐渐得到恢复，似乎较前更加宽厚了。这正印了中国的一句古话"塞翁失马，焉知非福"。谭富英是幸运的。

谭富英顺利地度过了倒仓期以后，谭小培一颗提着的心也放了下来。从这个时候起，谭小培开始给谭富英归工归路，让他正式步入继承谭派艺术的轨道。在这方面，余叔岩先生果不食言，他看在谭余两家的渊源上，曾经答应过谭小培，会尽心竭力地协助谭小培，让富英从戏路和演唱规则上，早日归入谭派的艺术正统（这时，谭富英还没有正式拜师余叔岩），完整地教他几出戏。他一段段、一出出地现场观看谭富英的演与唱，只要有时间，尽量来看谭富英的演出。无论在舞台上，还是在家里或科班里，余叔岩从不轻言撒手。他将富英从科班里学到的许多戏，经过和谭小培共同探讨，进行精心的改造和加工。在富连成科班的《四郎探母》中，谭富英开始只学到"探母"一折，"回令"还没学过。余叔岩亲自给他说"回令"，从一句一句的唱腔，一个一个的动作和台步，再到人物的内外表演神韵，无一疏漏地给谭富英说个遍。令余叔岩最满意的是，无论是唱腔还是表演，谭富英从来不用余叔岩说两遍。特别是，谭富英有时加上自己的理解，能从中产生一些新的思考向余叔岩求教。由此，余叔岩更加坚信了谭富英未来传承谭派的信心，他高兴自己没有看错这孩子。经过谭小培和余叔岩一年多的回炉再造，使谭富英在艺术上得到脱胎换骨的蜕变，完全具备了搭大班演出的资本。

后来，随着马连良和高百岁几位唱老生的师兄相继毕业，谭富英的演出更多了，加上父亲和余叔岩的悉心教导，谭富英逐渐有了小小谭的派头。他几乎天天演戏，没有一点空闲，戏场不允许，科班里也少不了，叶班主更是对他青睐有加。比如《南天门》《盗宗卷》《打棍出箱》《桑园寄子》他都能唱全本。不但文武昆乱不挡，而且生行、净行、丑行角色派什么就演什么，似乎已经成为一个全能的演员，所有的学员们都唯他是学。尤其是新来的学员，有些不懂的事不敢随意向老师张口，便私下里求教于他，谭富英更是关心和体贴师弟们。于是，那些学弟即从内心里早将他当作小老师了。谭富英入科六年，除了没有贴过片子扮过旦角外，连文武小花脸的戏都敢应，而且演得很受人欢迎。后来演大义务戏，或者年底演封箱戏《八蜡庙》，他反串开口跳应工的朱光祖，白口脆爽，每段念白准能赢得满堂彩。萧长华根据谭富英的条件和天赋，在教学课程中，主要引导他尽量遵循老谭家的戏路，以唱谭家的代表剧目《碰碑》《卖马》《洪羊洞》等戏为主。虽说他们不能完全把握和教授谭派戏的戏路和精髓，却让富英常演以上谭派代表剧目，起码有了对剧本内容和情节的掌握，将来只需从技术上校正，便少去一段从头开始的路程。有一次，谭富英竟然从头一天的白天，一直唱到第二天天亮，一个人就唱下来五出戏。有时，谭小培将儿子从科班里接出来，去应一些堂会戏演出，使他在舞台上得到充分锻炼，又拓宽一下社会面，走好生活和艺术两条路，不要成为专一于艺术而脱离生活的人，那不是谭家的希望所在，也不符合谭派的艺术要求。从谭志道到谭鑫培，再到现在的谭小培，他们不仅在舞台上光芒四射，在处世为人上也是人缘甚佳。

那一次，谭小培有意带儿子去了金鱼胡同的那家花园，和外祖父德珺如一起，共赴同仁堂乐家老太太的生日堂会。按那天的安排，压轴戏是谭富英和外祖父德珺如、父亲谭小培，三代人合演的《四郎探母》。可说这是一个全新的尝试，更是一个全新的阵容。外祖父和父亲都想给富英营造一个崭新的氛围，有意给他加点压，以利于他的艺术成熟。那天的大轴是余叔岩的《珠帘寨》，当时的余叔岩在后谭鑫培时代，早已是无可争议的老生第一人，与他同台是所有京剧人的向往和荣幸。只要头天与余叔岩同了台，第二天别人看他的眼光似乎就不一样。除了同行中人的同台向往之外，也不是哪里想请就能请到的。尤其是堂会，不仅要给得起价，还要有请得动的面子。同行中人，真有人私下喊他为余大老板。能被人称为大老板的人，以前只有程长庚和谭鑫培，即使是排在当时老生三鼎甲中的余三胜和张二奎，也未曾享受过如此尊荣的称呼。余叔岩的造化，对京剧世家而言，真为余派增添了光辉。其实，余叔岩成名特别早，在比谭富英现在还小的年龄，就像众星捧月似的被人称为小小余三胜。只是后来倒仓和成熟后，艺术上的无法超越，确实低潮了好一段时月。再后来，他潜心学习和深研谭派艺术，从中吸收养分，最终被谭鑫培收为门徒，这才得以走入一片新的天地。那天，余三爷一到后台，就冲他们祖孙三代一拱手，说："厉害呀，你们一家三代都来了，爷仨一块上，德先生，五爷，我给你们道喜啦！"德珺如和谭小培忙起身回首说："哪里，哪里。我们爷仨加在一起，也不能与你三爷相比啊！"相互之间自是一番敬贺与谦让。愉悦兴奋的谭小培，随时不忘为儿子铺路说："三爷，今天这种场面实在不多，您一定要帮我瞅着富英点，我先行在这里拜托了。"说着还不忘给余叔岩拱手。无论是什么关系，都不能忽略场面和礼节，为了儿子，为了谭派的发扬光大，谭小培一切都铭记在心。

那时，谭富英的确很用心，前边的戏演完了，也不去玩，赶忙来到化妆间里，静静地守在在一旁，细看余三爷勾脸。余三爷看着文静憨厚的谭富英，打心里疼爱，无须他用话去掏，主动对他说："豫升，知道这出戏为什么勾脸吗？"谭富英忙回答说："我不知道。"余三爷说："你坐下，听我慢慢跟你说。"他赶紧坐下，还把椅子稍稍地往跟前挪近一点，余三爷接着说："这出《珠帘寨》，原来是一出花脸戏，名叫《沙陀国》，是经过你爷爷改编，才成了老生戏。这出戏里很多腔，其实都是花脸腔，你要认真地琢磨琢磨，花脸的扮相跟徐延昭一样勾老脸。咱们戏班里有个规矩，要改什么东西可以，但总得给他留下点根基与脉络。咱们老生不能开脸，就得揉脸，只要勾出纹路就行，让人一看就知道，这出戏原来是由花脸戏改编而来。我唱的戏，都是你们谭家的，我规规矩矩地按你爷爷的路子走，你爷爷永远是我的法帖。等你正式出科后，就到我那里去，我保证有一说一，有二说二，把从你谭家学来的那些，都再一一还给你们谭家。咱们余谭不分家，在京城戏剧界里，没有比咱们两家走得更近的了，知道吗？"余叔岩朝谭富英递过去一个会心的微笑。"知道了，谢谢您！"谭富英答得很甜，直让余叔岩感到醉心。在那天的演出中还有一个插曲：举办堂会的乐十爷知道谭小培来了，忙到后台看望，一见谭富英如此老成文雅，就对谭小培说："真是将门虎子，我看令郎将来一定会青出于蓝而胜于蓝，谭家一定会越来越兴旺。"谭小培忙说："谬奖，谬奖，一个后生晚辈，怎当得起您乐十爷如此高抬呢？莫不让小孩子听到乐而忘形了啊！"乐十爷一手拉过谭富英，从自己的手指上褪下来一个碧绿晶莹的大扳指，即给谭富英戴在手指上说："我今天当作你父亲和外祖父告诉你，这个扳指原来是西太后送给你爷爷的，你爷爷又将他送给了我。今天，我让你戴着它上台，希望你好好地继承你爷爷的那些本事，我是打心里喜欢得不能自拔。不过，今天这个扳指还不能让你带走，我要等你自己挑班的那天，再亲自给你送过去。只有这样，才对得起你爷爷这个扳指。"谭小培一听，知道同仁堂乐家向来以信誉闻名于世，也知道乐十爷的一番良苦用心，转脸对谭富英说："豫升，这是十爷对你的真心栽培，还不赶快谢谢十爷。"谭富英听话地马上作揖答谢。后来，在谭富英组班后的第一次演出中，乐十爷即带着那枚翡翠扳指赶赴戏场。一待剧终，乐十爷即将扳指回赠给谭富英，以玉成完璧归赵的佳话。

舞台父子兵

　　1915年，谭鑫培的艺术人生已经步入晚年，逐渐减少登台的频率，多在英秀堂中享受天伦之乐。那天，他倒背着双手悠闲地在院中遛弯，恰好见小培在戏前化装，也许是一时"老夫聊发少年狂"，戏瘾一下蓬勃兴起。于是问小培，你今天演什么戏哎？小培边化装边答《战太平》。谭鑫培即走近前一扯儿子说，别化装了，今天让我来替你唱一出。小培见父亲主动提出顶替他上场，心中无限喜悦，可见老爷子身体和心情都不错，只是不无关心地还是探问一句："爸，您担得下来吗?"谭鑫培即答:"没事,不就是一场戏吗? 别看我这把老骨头,离敲鼓的日子还远着嘞!"至此,小培不再说什么,暗地里却为老爷子高兴,难得啊! 于是,谭鑫培即兴顶替小培上场。《战太平》一名《花云带箭》。元末,大将花云辅佐朱元璋的侄子朱文逊镇守太平,陈友谅率兵前来攻城,花云虽然奋力抗战,却因采石矶没有能将把守,亦被陈友谅攻破。花云劝朱文逊不要惊慌,表示愿保他杀出重围,往金陵求救。无奈朱贪恋家眷而贻误战机,致使二人双双被擒。面对陈友谅劝降,朱文逊屈膝求生,却死于刀下。花云宁死不降,并在法场上拼力挣脱绳索,反夺兵刃奋力厮杀。终究寡不敌众,身负重伤而自刎身亡。

这段唱腔,实为花云被擒后押解去往陈友谅的大营途中而唱。谭鑫培在西皮导板中,以豪迈的激情,铿锵有力的声调,唱出了花云出战失利的慷慨之情。他那"叹英雄失智"一句咬字格外有力,行腔转折不多而极受听。"入罗网"三字,他采用江河一泻而止的直腔,这"壮"多于"悲"的嘎调,听起来让人激昂不已。剧中的西皮原板,谭鑫培直唱得酣畅淋漓。比如他在"大将难免阵头亡"的"亡"字上,尾音稍向上一挑,这种唱法是何等的潇洒,表现了花云将生死置之度外的大无畏精神。在见孙氏时他唱的西皮快板,那是快而不晃,快中见稳,抑扬顿挫而层次分明,直如布谷穿云般动听……一出下来,谭小培在后台口忙迎上去双手搀扶着老爷子。谭鑫培却爽朗地笑着说,没事,没事,今天真还似有神助般,现在还觉余力未尽嘞。看老爷子说话中气充足，谭小培打心里放下了。因谭鑫培晚年不常登台，偶然出演使观众收获了意外惊喜。那天，场内掌声和喝彩声连连不断。戏后，入场观众竟然相互转告，让那天未去看戏的戏迷们抱憾不已。

插一段后话，有一次，谭小培应邀陪同程砚秋出演《大登殿》和《武家坡》，因突然感冒高烧不止，服了药也一时不见效果，谭小培急了。自谭鑫培病故后，谭小培便挑起了"谭"字大旗，搭云华社，请徐兰沅操琴，坚持出演谭派经典剧目。据当时《北洋画报》等报刊记载："小培家学渊源，自能尽善尽美，但时运不佳，且登台演剧，其唱工则因嗓音有限，以致不能充足发展。唯白口、做功甚佳，而私下歌腔行调有强于余（叔岩）、王（又辰）焉。他主演的《秦琼卖马》《打渔杀家》《捉放曹》《黄鹤楼》《伐东吴》等均有父风。"程砚秋早已是享誉剧坛的四大名旦之一，贴了戏绝不能回，即使临时换角，也会影响舞台效果，抑或直接影响观众情绪。四大名旦程砚秋与谭小培合演，对观众而言，这并非是天天拥有的机会，戏票早已被人抢空，据说剧场临时还卖出了一些加座。再则，程砚秋与谭家的关系已是深不可解，他约的戏能回吗？这场病来得真不是时候，给谭小培出了一道不小的难题。谭小培勉强从床上爬起来，拼命地喝了几碗开水，在院子里拉开架子打了一套拳，企图发发汗，减轻一点症状，却一点劲道都使不出来。以小培的舞台经验，这样上台绝对会失却风采，无力的表演怎能对得起观众呢？以此看来，今天确实不能登台，还得尽早给程砚秋递话过去，要么回戏要么换人。见父亲焦急的样子，谭富英对父亲说："我看您跟程先生说一句，要不我替您顶一回，正好我今天没有戏份。"听了儿子的话，谭小培禁不住心喜。平心而论，他知道富英的身体一直不太好，频繁的演出真怕他累着了，宁可给程砚秋多说两句，也不愿给儿子添负。儿子今天主动提出代父亲上台，看他精神饱满，谭小培由衷地感到高兴，这下就不会对不起程砚秋和观众了。他不由得想起木兰替父从军的故事，打虎也要亲兄弟，上阵还得父子兵啊！他深情地向着儿子说："为父今天为你加负了。"谭富英知道父亲此刻的心情，忙回复说："爸，你看我这不正好闲着吗，替您老人家上一次台，不也给我填补一下时间空白吗？"谭小培用右手轻轻地拍着儿子的左肩，什么话都不用说了。得到消息的程砚秋，即让人将广告改为由谭富英替演薛平贵，竟然全场爆发掌声。

谭小培虽说感冒不能上台，但他还是坚持与儿子一起去了戏院，只要有时间，每次他都争取亲临现场看完谭富英的每一场演出。人说当局者迷，旁观者清，何况是父子，谭家的戏，没有人比自己更清楚。谭小培他不会放过哪怕是一个细节，一句唱词和一个动作，都得仔细琢磨，要替儿子把好关。凡经典剧目，都是历经无数次演绎和改进而趋成熟与完美的。即使是老爷子，唱一生的戏，从来都不满足，不断地在演出中琢磨。否则，谈何进步。天才也得历练，好钢都是炼出来的。那天一进场，氛围就让人感觉不同凡响，戏院里坐得满满的，戏还没开场，观众们都已悉数入场。早年的程砚秋，身材还没后来那样发福，优美的身材扮相，伴着婀娜多姿的步态，一出台便听到观众发自内心深处的欢呼之声，观众眼里的光芒像火焰一样炽热，周身的血管都在激烈地膨胀，掌声直拍得手痛还不止歇，未开腔就使全场热烈起来，注定今天是一场好戏。待谭富英扮演的薛平贵出台之后，与程砚秋相比，则另是一番景象。谭富英天生一副风流倜傥的容貌，用现代的话说简直是酷毙了。上海的翁思再曾经这样评价谭富英的扮相，假如谭富英的票价为一块二毛的话，那么，他一出场就值八毛。谭富英不仅扮相帅气，表演精彩，而且嗓音清亮甜脆，吐字行腔从不过分雕琢，更不追求花哨，他用气充实，行腔一气呵成，听来情绪饱满痛快淋漓。所以，他的演唱被人称为"新谭派"。因谭富英幼年学过武生，武功和身段动作颇为灵巧、利索。由于他在艺术上唱做兼能，文武具备，是继马连良之后，成就显著，舞台生涯最长的"四大须生"之一。他擅长剧目有《失空斩》《战太平》《定军山》《桑园寄子》《奇冤报》《击鼓骂曹》《洪羊洞》《搜孤救孤》《四郎探母》《桑园会》《珠帘寨》《打棍出箱》《御碑亭》《群英会》《大登殿》和《武家坡》等。

喜欢听谭富英唱腔的人，那天一连两场，如饮琼浆玉液，要多美就有多美，比如他在《大登殿》中"二梓童搀岳母待拜见"一段。《大登殿》为全本《红鬃烈马》中最后一折。薛平贵得代战公主相助，一举攻破长安，自立为帝，登上金銮宝殿。为报前仇，他命马达、江海拿下王允、魏虎，并将魏虎斩首。宝钏再三替父求情，使王允终得赦免。薛平贵为了封苏龙、王宝钏和代战公主，特将王母迎请到养老宫奉养。谭富英在这《大登殿》里，开头还是唱闷帘《赶三关》的导板，《武家坡》也有导板，但他在这几出戏中，因人物情绪不同，在演唱中的处理迥然不同。《赶三关》中的"见血书不由人泪流满面"，唱得让人悲切难忍。《武家坡》中的"一马离了西凉界"，唱得欢畅如云。而《大登殿》中的"龙凤阁里把衣换"，他却唱得春风得意。他能够发其声而哀其中，做到"言悲色不喜，言喜色不悲"，主要为他能从内心的体验出发，做到以声传情，声情并茂。这种内外统一，不留丝毫痕迹的唱腔，符合剧中人物情绪的需要。他唱的这三个导板，能让人听出明显不同的滋味感受，其精彩纷呈，气氛各别，这就是谭腔的魅力所在。谭富英"尊一声老岳母细听儿言"的西皮二六唱腔中，"儿"字上的润腔委婉细腻，情感真挚，让人心暖。他在唱"请、请、请老岳母您请下金殿"中的三个"请"字，唱的是那样清越潇逸。尤其是第二个"请"字，最令人称道，直像万山丛中的奇峰突起。这"提了起来"的立音唱法，使这三个"请"字的唱腔，尤为显得有起有伏、有快有慢、有简有繁。从这些得心应手、瞬息万变的唱腔中，对谭富英的唱功足可窥斑见豹。那天的剧场果然不同以往，热烈、酣畅，韵味十足，散场的观众依然沉迷在戏曲之中难以自拔。

同样是替补的"即兴表演"，演出效果却有着千差万别的层次区分。那种临时即就，却能获得上佳的剧场效果，甚至让人眼界一新，这就是高质量的"即兴表演"。而另一种则是，连普通观众都能觉察出好像是文官上场杀敌，只能假扮不能当真，行家更不必说了。真正的硬角和名家，大多都能信手拈来而依剧情发挥得恰到好处，甚至添彩。比如谭小培和谭富英父子，20世纪30年代同台演出《草船借箭》，小培扮前孔明，富英扮前鲁肃。谭富英当时已经成为谭家戏班的小老板，在戏里扮前鲁肃后孔明，而谭小培这位大老板，只能在儿子身上过一把戏瘾而已。按正常情形，在"借箭"前夕，孔明打算向鲁肃借几样东西，鲁肃则说："不用借，早给你准备下了。"孔明问道："什么？"鲁肃念："寿衣、寿帽、大大的一口棺材……"一般演员念到此处，如果两位演员之间没有什么"瓜葛"，观众也只是微笑不语。但谭家父子念到这两句时，观众就忍不住笑出声来。谭小培觉得儿子当众表示要给他这个父亲准备丧事是一种孝道之举，于是又忍不住加上一句"这也是应该的呀"。这一来，台下顿时大笑不止，连台上的谭富英也忍俊不禁。这样的加词，几乎等于善意的"开搅"，层次虽说不高，但剧场效果极好。无论什么作品，都是来自于生活的加工，任何艺术效果都离不开生活再现的升华。如果脱离了生活，即成为无根之木，经不起风吹浪打。戏曲更是这样，超强的艺术表现，绝不能成为无垒土之台的空中楼阁，否则就得不到观众认同，更得不到掌声和欢笑。谭派中的谭鑫培、谭小培、谭富英，乃至今天的谭元寿和谭孝曾，他们都有在台上临时加词的智慧和艺术，因为艺入化境的随心所欲，没有哪一次不被观众鼓呼叫好。如果究其根源的话，还是对生活深刻的领悟和炉火纯青的艺术结合，并非低俗的搞笑和取闹。谭富英为"四大须生"之一，谭小培为"全能贤士"，双双获益于"伶界大王"谭鑫培的嫡系祖传，只要他们开口或出手，必见精彩，没有十足把握，绝不会为博取笑闹而取巧，这不是一般演员所能轻易驾驭。平心而论，即使是今天，让我们再来仔细聆听谭小培的唱片，字的讲究，腔的韵味，均具有他的独到之处，绝非庸庸碌碌之辈。新中国成立之初，谭小培与王瑶卿、萧长华、郝寿臣等一起出任中国戏曲学校教授，受到同行们的尊崇。随后，他又重登舞台，连续参加为抗美援朝捐献飞机的义演和庆祝"天兰铁路"通车演出，受到毛泽东、刘少奇、周恩来等中央领导同志的表彰。谭家代有人才出，谭派艺术可谓中华文明的瑰宝。

月冷星河

Yueleng Xinghe

血洒《洪羊洞》

　　晚年的谭鑫培，演唱中吐字行腔，早已抵达炉火纯青之境，尤其是"拿尺寸"的本领，整个戏剧界，无一人能望其项背。譬如《碰碑》里的反二黄，《洪羊洞》里的快三眼，恰如天马行空，不具备谭大王那样的功夫，无法表现出那种神韵。谭鑫培的嗓子越到老年越亮，就像陈年老酒一样，那种醇厚的悠香，唯有岁月才能酿造。陈德琳曾说过，谭老板在五十岁的时候，嗓子绝对没有现在这样清亮，干净得像洗过的蓝天一样，没有一丝浮云，是世间少见的天籁之音。听过他的一曲戏，整个人就醉得像一团泥一样酥软。徐兰沅也说，谭老板的晚年不退反进，调门不仅直往上长，还更为清脆洪亮。像谭老板这样的超越现象，简直让人不可思议。于是，他相信了奇迹。1917年初春，谭鑫培依然活跃在心爱的舞台上，为福建赈灾与梅兰芳同台演出，梅的压轴《嫦娥奔月》，谭的大轴《捉放》。跟着又去总统府唱堂会，他依然领衔主唱《天雷报》。恰巧谭鑫培的扮房与后台较远，几趟来回走动，衣衫挡不住春寒料峭的风袭，不觉着了凉，回家就病了。话说谭鑫培的病，实有病根所在，早在两年前就染病难愈。

1915年，谭鑫培第六次南下上海，返回京城时，因携带了些许烟土、烟具、烟膏等物，被前门车站查抄罚没，心中一时难以接受。他心想，清朝的慈禧太后都准我吸大烟，天下人都知道，我谭某人只吸不卖，从来不做烟土生意，为什么要强行没收呢？他确实有点想不通，吸了一生的大烟，实在割舍不下，不吸几口烟，上台就没劲，长久的习惯，确实有了那分嗜骨的深沉依赖。前门查烟的事，使谭鑫培忧愤成疾，家人忙请名医调治，虽然病情有所缓解，终因年事已高时愈时发。加上烟土管理越来越紧，谭鑫培虽说还没有因此断炊，但并不能像原来那样量足，想抽就抽，有时掉缺一两顿也是常事。烟土质量更不能与前相比，为了那点烟土，家人常私找门路，不得不托人去黑市上购买，怎比得原来宫中那些王爷所赐的极品呢？因烟土一缺量，二劣质，无疑影响了谭鑫培的身体与情绪，整个人似乎被掏空了一样，病恹恹的一直难以恢复。此后两年中，一沾风寒或劳累就病根复发。

1917年2月，谭鑫培感染风寒又病倒了，经名医周立桐诊治，嘱其安心静养，千万不可劳累。三月初八，时遇陆荣庭进京，当朝政府借用金鱼胡同那桐府的大戏台演戏表示欢迎。先期命戏提调到谭家送达戏单，拟约他出演《珠帘寨》中"收威"一折。谭鑫培回复说："我因病体未愈，确实不敢承允，请你代为转告，万望大人见谅。"听了戏提调的回复，江朝宗等人很是不满，认为谭鑫培依仗伶界大王地位，无视陆大人身威，这还了得，绝不能任由他来。转眼欢迎陆荣庭的演出之期抵近，谭鑫培的病情依然没有半点起色，江朝宗数次派车前往谭宅联络未果。听说谭鑫培不来，观众大失所望，江朝宗觉得大损颜面，便派军警前往并暗嘱，今天就是押也要把他押来。进门的军士胁迫说："我们劝你不要以大王自居，给你面子你不要，今天开车来接，如你拒绝，明天就把你的儿子抓进大牢，你就准备去送牢饭吧。"谭鑫培知道，世上最不讲理的莫过于杀人不眨眼的军阀，他们没有什么不敢做的，他不怕自己遭罪，拼着一死又有何妨，但儿孙的安危却深深地牵系着他的心。事已至此，谭鑫培无路可退，悲叹中被众军警押上军车开往剧场。谭鑫培一路上气血难平，一个卧床不起的老人，却被带枪的军警押去登台唱戏，真是千古奇闻。这是什么国民政府？简直比封建朝廷还黑。

谭鑫培被江朝宗派兵持枪押往了金鱼胡同那家花园。在为陆荣庭进京迎演的那天，梅兰芳也登了台，他唱的压轴《黛玉葬花》，大轴还是谭鑫培的《洪羊洞》，他带病上场。谭鑫培原本身体欠佳，医嘱不能登台，只能在家静养，当天不仅带病上场，而且是被人押解而来，心中愤懑至极，唱得十分苍凉凄婉。如此场面，格外贴切杨延昭垂危的情景，真乃人间绝唱。那天，徐兰沅为他拉琴，对现场情况一目了然。因为跟谭大老板拉琴，徐兰沅到得较早，他先到后台一打听，觉得有些不对劲。打鼓的刘顺闹脾气不来，打大锣的陈宝生病重不能干活，打小锣的汪于良告假，弹南弦子的程春禄压根儿就没得到消息，弹月琴的孙惠亭却去赶了另一个场子。看到这种情形，徐兰沅真急了，他不知道谭老板今天怎么能唱下来。其实，这些人都从内心里不愿来给军阀捧场，于是有的借故逃离，有的甚至干脆躲掉了。只是他们不是主角，来与不来，并不被军阀看重。谭鑫培如果不是被持枪的军士以抓他的儿子所胁迫，以他的性格，绝对不会来给军阀唱这场捧场戏。徐兰沅看谭鑫培披着斗篷，戴着风帽，跟着步军统领右堂袁德亮一起走进后台。徐兰沅抢前一步悄声告诉他说："老爷子，你的场面今天都没有来。"谭回答说："没来就没来吧，洪羊洞打病房是大路活，我对付得了。"其实，谭鑫培无心来唱戏，只是被逼无奈，哪还有心情管唱得是好是坏呢。看他满脸病容，一肚子委曲，看着让人心寒，徐兰沅再无话说。不管谭老板今天是何打算，他无法猜测，但无论如何，他都不能怠慢了谭大王，一切只能尽心而为。他还是精心地先将胡琴定准调，静静地等待谭老板上台。那时的徐兰沅还只有24 岁，每次给谭鑫培拉琴都战战兢兢的，不敢有丝毫大意，如果出一点差错，深觉愧对前辈。再说，他跟谭小培一直关系融洽，正因为小培的极力推荐，才有幸成为谭大王的琴师。否则，老爷子不一定认可与接受，他更不敢前来。

因为谭鑫培唱大轴，轮到他出台，时间就很晚了。其实，并不一定懂戏或爱戏的陆荣庭，早已离开戏场，但戏还得继续往下演，场面不能冷。谭鑫培上场的第一段二黄"咱杨家投宋主心血用尽……"，徐兰沅定的六门调，有心调得比往常略低一些，怕老爷子心伤难扛。想不到的是，谭鑫培那天的嗓子非常痛快，直唱得满宫满调，出奇的劲头十足。那段快三眼，一气贯到底，那是谁都办不到的，给徐兰沅的印象极深。当谭鑫培唱到"三更时梦见了年迈爹尊"的"迈"字时，行腔只比平时变动了一个工尺，听得让人更觉哀婉。后来，徐兰沅曾将此技法告诉过谭鑫培的孙子，谭富英在台上真还沿用过祖父的唱法。杨六郎临死的那个身段，谭鑫培将其琢磨得玲珑剔透，给他拉过四次胡琴的徐兰沅没有丝毫遗忘，终生铭刻于心。他先把身子蹲下，双脚盘成"罗圈腿"形状，两手分扶膝盖，唱到去见先人的"人"字时，原本是个长腔，他就随着身子慢慢往上长，直长到两腿都伸直的时候，再把脚跟提起，脚尖着地，脖子再往上挺，让人真切地感觉到，他好像只剩下了一口气才倒下地去。这样描写一个临死病人的形态，似乎刻画得剔肉见骨，满堂的喝彩声像江海大潮一样轰响。可是，那天却总让人感觉有些不对劲，虽说戏演得妙到毫巅，但到末端之时，他似乎不该在草草了事间就倒了下去，这不符合谭鑫培的演出风格。那天上台，他确实是拖着病体又被押解，一开腔就让心中的愤懑冲击而出，整个人一直都被裹挟在那种极恨之中，直到最后精力耗尽不能支撑，这才真正地倒下了，恰好与剧情相合。所以，起初并没有人看出谭鑫培即将油尽灯枯的征兆。就在谭鑫培倒地之时，一股鲜血如箭一样从他口中狂喷而出，瞬间染红了舞台，他整个人都卧在血泊之中。这时，沉迷在戏中的人们才如梦方醒，顿时惊呼四起，戏园里顿时乱成了一锅粥。台上台下的人都慌了，后台的几个人，赶快抢上前将奄奄一息的谭大王扶起，将他架到了后台。

谭鑫培匆匆卸了妆，趴在桌上抬不起头来。徐兰沅难过地替他披上斗篷，再戴上风帽，慢慢地半抱着将他扶上马车。谭鑫培的身子一直在发抖，徐兰沅似乎被感染了一样，他的手也在不听使唤地跟着颤抖。一代宗师，就在这一腔怒火的燃烧中，唱完了人生最后一曲，再也没有起来。后来，北平人私下里传说一句愤愤不平的话"欢迎陆荣庭，气死谭鑫培"。人们相互传递对恶势力的愤恨，相互倾诉对一代宗师的同情与悲悯。谭鑫培回家后，躺在床上面无人色，一家人见状，悲痛中都被吓得六神无主，立即聘请名医蔡希民医治也不见效，不得已又请来了日本的原田和川田医士联合会诊，亦不见减轻。时至3月17日，谭鑫培自知时日不多，有气无力地尽早安排后事。他嘱咐子女们在他去后不可分居，"我给你们所留的金钱不多，同聚则可维持家计，分居则供给不足，你们要切记我的话，不可使谭家散了"；他对小培说，"一定培养好富英，谭派就指望他了；如有机会回武汉，一定要查到江夏的谭家湾，这是你爷爷交给我一件未了的事，如今为父只有望你代为完成了。"谭鑫培最宠爱的幼女萃珍（王又宸之妻），得知父亲病危，随姐姐（谭鑫培长女，夏月润妻）急赴北平。看着一生于舞台叱咤风云的老爷子，此刻却奄奄一息地躺在床上，儿孙们均不敢也不忍出声，只揪着心让血泪往肚子里流。眼看满堂儿孙都来到了近前，谭老爷子得到了人生最后的一丝满足，他拼着最后一口气露出一丝微笑，便轻轻地放下了双手，3月20日寿终，享年七十一岁。

一代宗师伶界大王含愤离世，不仅是大外廊营满院的凄风苦雨，整个北平城都笼罩在悲痛的阴霾之中。一连数日，前往吊唁的人沿途排队至大外廊营外的铁树斜街，后来的车辆只能隔街停放步行而至。灵柩停于家中至21日，自有和尚与道士在大院里分帐做法事。谭鑫培的灵柩后迁至松筠庵，其仪仗队列长达几里之遥，堪比皇家出殡之盛。灵柩均用寸蟒棺罩，64个人扛抬，天津、上海、武汉，凡梨园行稍有头面的人，都赶到北平执绋送殡。灵前的童男童女均穿用绸缎衣饰，车马一律用黑绒制成，其余白活、亭杠和各教经忏之多，为京城前所未有。沿途的家宅店铺，都在门前摆上香案和水果茶水，灵柩未到就响鞭，一待近前即躬身下拜，以万分沉痛的心情，敬送谭大王人生最后一程。领袖群伦数十年的伶界大王谭鑫培，终于彻底地解脱了，离开了他心爱的舞台，永别了万千戏迷与观众。依照中国传统旧俗，伶人尸骨不能还乡，为京剧耗尽所有心血的谭鑫培，按他生前约定，安葬在今北京门头沟区永定镇的栗园庄村。车队一路穿过繁华的北平大街向门头沟进发，那是由戒台寺方丈义缘出手的一块宝地，是为谭老爷子永久的陵寝。那块地不仅仅蕴含风水之脉，更有一份福佑的佛光朗照！

谭鑫培被军警押上舞台演唱而血溅三尺，以一出《洪羊洞》谢幕人生舞台，无独有偶的是，他的师父加义父程长庚，在舞台上演的最后一出也是《洪羊洞》。两个伶界泰斗，均以《洪羊洞》为告别人生之剧，冥冥之中似有天定。伶界大王谭鑫培，舞台上的至尊，集智慧、艺术和观众爱戴于一身。无论是艺术还是爱心奉献，文化之功，德善之至，亦为万世师表，却穿不透重重的黑色夜幕而死于非命。这是一曲舞台上也无法唱尽的悲剧，更是正义与国人永久的哀伤。不管岁月过去多久，谭家，谭派，京剧，国人，都记住了一个伟大的名字——伶界大王谭鑫培。

风袭英秀堂

"英秀堂"，坐落在北京前门外铁树斜街大外廊营胡同一号（谭鑫培老宅）。清朝同治九年（1870年），谭鑫培不惜花重金，经过多处勘察与选择，最终为谭家购置了该处独家院落。经过精心修缮与扩建，一家人正式迁入该宅。搬进新家安顿好一切，是夜，谭鑫培久久没有睡意，独自一人提着一盏小风灯，从里屋走到外屋，在每个房间独自欣赏一回，拥有自己的家的感觉真好！每当走进大外廊营北口，镶嵌在靠西侧灰墙内的两个拴马桩，十分醒目地跳入眼帘，拴马桩上分别吊有一个铁环，是为谭鑫培当年进宫乘坐的马车而设。现在已有一个被后来居民修建房屋砌入墙壁之内。顺着胡同口往前走几步，抬首即见一扇朱漆大门，门前筑有三层台阶，大门两边各有一个雕刻的石兽门墩，在门楣的上端有四个圆柱形红色木桩，门框左面悬挂一块墨色木牌，上书绿色楷体"英秀堂谭"四个大字。比邻大门的南侧，还有一座黑色小门，门上刻有"腰藏三尺剑，腹内五车书"的隶书楹联。这座门专供婚丧嫁娶所用，平时从不打开。在大外廊营北墙外，即临铁树斜街（原为铁拐斜街）那边，还有一道门，为东西两院的分隔。为了一家人同进同出，搬入之前谭鑫培让工匠将此门封闭，不愿将自家的两宅分开。"文化大革命"后，英秀堂被没收，成了多家居住的民宅，此门又被重新开启，方便了两院各自进出。站在这条街上看去，坐落在院宅西端与平房相连的那栋中西合璧式的两层小楼，历经百余年风雨，依然见证着谭家兴旺的历史。这座小楼乃谭鑫培的杰作，在院落购置之初，原本没有该栋小楼。自谭家迁入后，正值谭鑫培唱红宫廷的年月，经他自己设计画图，自己现场监理建造，这栋小楼竟成了院落中特有的标志。

推开那扇厚厚的朱漆大门走进英秀堂，首先映入眼帘的是大约十几平方米的门道。走过门道，从厨房门前穿过，入眼即见谭家最为庄严的北屋。北屋有五间半房，原为谭鑫培的居室，在后谭鑫培时代，这里成了谭小培的栖身之处（东头两间被隔为东跨院，其中一间不知何年何月，被辟为专一存放戏衣的行头房，并另开屋门）。这里是英秀堂的决策中心，就像一台戏最重要的大轴。正房的屋门为棕褐色，门中间镶嵌着长方形玻璃，左右门框的玻璃均为条形。门西侧有两扇长方形玻璃窗户，上半部为带窗纱可向外开启的纸窗。门外左右，各放置一个六角形灰色石墩。廊下两端的墙壁均绘有彩画，西侧为荷花池，东侧为林荫小路。中间两根柱子上书有抱柱字联，可惜，上面的一副楹联，随着先人远去和记忆流失，至今已无人记起。

冬季里，廊下有一层用磨砂玻璃门窗封起来的避风阁。上面标有上下东西的记号，便于随时拆卸与组装。冬天的阳光毫不吝啬地照在避风阁的玻璃上，屋内暖和了许多。如此设计真好，既避风又透光，还节能。推开正屋的门走进客厅，一张硬木八仙桌和两把太师椅，简朴中又彰显庄严之雅。桌上供奉一尊玉白色的观音菩萨，外面还罩着一个漂亮的玻璃罩子。谭家几代女主人都为虔诚的信徒，每天早起净手敬香。每逢年节，特别是观音菩萨生日，更得即时添加水果和糕点供品。她们用小砍刀将檀香木劈成一根根小小的木条，用火柴点燃插在盛有檀木锯末的香炉里，香灰慢慢地覆盖其间，那股灰末和檀末混合的香气布满客厅，渗透出几分神秘的味道。桌子后面贴着北墙为一张红木条案，案上摆着几对瓷瓶，最漂亮的当属那对天蓝色底的彩色蝴蝶瓶。墙体中央悬挂着一幅画，名曰《渔翁蓑笠图》。这幅画为晚清名画家之作，以谭鑫培为原型，画面上一位老渔翁，头戴斗笠，身穿蓑衣，双手抱着一条大鲤鱼。老翁嘴边两撇挺拔的胡须，平添几分沧桑感（谭鑫培平时不留胡须，该画突出写实又极显创意）。

画中背景为一片烟雨朦胧的天空，波光粼粼的湖面漂有一两只渔舟，远处江边隐约可见山峦起伏，微风吹拂，山水之间妙然衬托出渔翁年年有余之境。

民国五年（1916年），曾经参与光绪年间维新变法的梁启超为其父祝寿，在京城湖广会馆设宴，特请名伶演戏助兴，谭鑫培应邀出席，当天演出剧目为《一捧雪》。一出谢幕，梁公却余兴未尽，亲自执笔要为谭鑫培题诗。这时的谭小培，即将早已备好的一幅《渔翁蓑笠图》展开，梁启超看后略加思索便一挥而就："四海一人谭鑫培，声名廿纪轰如雷。如今老矣偶玩世，尚有俊响吹尘埃。菰雨芦风晚来急，五湖深处一烟笠。何限人间买丝人，枉向场中费歌泣。"谭家儿孙们，不知道多少时候伫立该画之前观瞻与深思，虽然昔日已去，记忆犹新啊！（这幅被谭家人视为珍宝的画卷，却被"文化大革命"的狂风席卷而不知今昔何处，每每想起，不禁令人发出扼腕之叹。）客厅与卧室之间的东屋隔扇门楣上，悬挂着谭鑫培的巨幅便装照。在西面一间为敞开式蝴蝶状的隔扇门楣上，与东屋对应地悬挂巨幅的谭鑫培扮演杨四郎的箭衣剧照，这张照片即以英秀堂西院东房为背景。

在谭鑫培便装照的左侧窗棂上，却奇妙地挂着一个十分别致的日本小木房子，房子顶端悬着一个梅花鹿头。房子正面开有左右两个门洞，按男左女右分别设置两个小木人，他们同时踩在一条狭长的木板上，木板中间即为一根小木棍，紧紧地将两个小人脚下的木板和房体连接一起，可自主地转动。房子中间有个较小的气温表与湿度表，晴天时，小女孩则站在门洞口。每逢变天时，小女孩则躲进门洞内，随着脚下的小板转动，左边头戴草帽的小男孩，就站在了门洞外边。这个晴雨表，是谭家小孩们最喜爱观看和着迷的物件，他们每天都不忘跑到这来观察变化，看看今天究竟是男是女，试图揭开这个能预报天气的小房子的秘密。靠近屋门一侧，却摆放着一个较窄的长方形的硬木桌子，上面横向站着一只黄铜大象，象背上镶着圆形钟表，它不分晴雨地嘀嗒着时光的脚步。

在客厅靠西墙南侧，有一个尺寸不大的凹陷空间，里面刚刚容下一张带抽屉的桌子，里面装着一些民国的新纸币，还存放一些准备过年燃放的"二踢脚"和"麻雷子"，大约是为谭鑫培戏外的爱好收藏。桌子上安放着谭鑫培的遗像，香炉里的香天天燃着。桌子上还放着一个较为精制的小碟子，里面整整齐齐地摆放着十来支香烟，家人知道，这是老爷子生前最爱吸的品牌。供桌旁的墙上，挂着一架较原始的电话机，话筒呈喇叭状。在室内条案的一端，摆有一条方凳，那是一件洋玩意儿——留声机，端端正正地摆在上面，喇叭状的音箱上叠放着好几张旧唱片。每当放唱片时，首先要手动操作右侧的摇把，像给钟表上弦一样必须上满，不然，机器就会在无力中跑调。每换一张唱片，就得更换一根唱针，钢针都为钻石牌，在此机上放得最多的自然是谭鑫培的七张半唱片。唱片转动后即发出报幕员的声音："百代公司有请谭鑫培老板演唱×××"，或曰"某某二段"。留声机也常播放余叔岩的唱片，还有"鼓界大王"刘宝全的京韵大鼓《宝玉探晴雯》和金万昌、花四宝等名家的梅花大鼓等。唯有那碟如泣如诉的《秦雪梅吊孝》，不知是何曲种。偶尔也有一段对口相声，谁说的不太清楚，但题目听得明白是《财迷回家》。

进入谭鑫培的卧室，里面陈设比较简单，靠北墙是一张四根立柱的铜床，靠脚一端上下叠放两只樟木衣箱。一只暗绿色的立式保险柜紧靠床头，深色的台布上为一台约八寸的精美珐琅质长方形座钟。谭鑫培时常盘腿在铜床中央面南而坐，无声中极似一尊佛像。谭鑫培曾告诉他的子孙们，这叫五心朝天，默默中让头顶之心和双手双脚的心全朝上。谭鑫培一生信奉佛教和道教，不仅常去戒台寺找方丈交流，只要时间允许，也不忘去白云观烧香。床头柜外侧有一个方凳，外面罩着淡雅的座套，这是家人和来客近距离与谭鑫培交谈的位置。床脚也有一个同样的方凳，他的妻子也喜欢坐在床上与人聊天。

靠近窗户放着一个长方形带有小抽屉的硬木桌，左边即为一个落地式长方形铁柜，几乎没见他打开过。旁边的桌子上有一架日式电子管收音机，当时人们管它叫话匣子或无线电。每当吃过早点后，午觉起床至晚饭前，谭鑫培在此收听他喜爱的评书、单弦、大鼓和北平琴书等曲艺节目。收音机两侧对称地放着两个瓜瓤型绘有金色花纹的红色漆器——捧盒，据说这为慈禧赏赐，当时里面装着宫廷糕点，现在仍然盛放一些点心。其中的花糕又叫重阳糕，为两层酥皮带枣泥馅的圆饼，中间夹着各种干果料，因为制作工艺繁复，市场并不多见，唯有在重阳节时，像稻香村这类的老字号才会限量出售。在谭鑫培的卧室里，冬季才摆上一只并不见豪华或怪异的洋炉子，上面的确刻有外文。炉子旁放着一只元宝形可手提的铁筒，里面盛着硬煤块。他每天都自己动手往炉子里添加煤块并时常抖出煤渣，若发现未燃尽的红煤，定会用火钳重新夹回炉子里。

北墙上挂着白底绣着彩色花鸟的四扇屏风，做工精细，形态逼真，说不清是苏绣还是湘绣。西边墙上挂着一幅晚清画家沈蓉圃绘的同光十三绝的横幅画卷，前排右边的黄天霸，即为当时谭鑫培扮演的武生戏装像。后来，玻璃门的墙上挂上了一个狭长的相框，上面端写着杜家祠落成典礼。民国二十年（1931 年），上海青帮头面人物杜月笙，他家的花园洋房落成，特邀京津沪艺人到场演出助兴，该照片即在上海某花园草坪上拍摄。剧照中都为当时上海社会和戏曲界的一些头面人物，有谭小培、谭富英还有姜妙香（谭富英的岳父）。谭小培在前排靠中间坐着，谭富英和马连良紧靠在一起。奇怪的是，姜妙香却站在第二排靠右的位置，主人杜月笙则站在最后一排与黄金荣比邻。

谭大王走了，多少人在禁不住的回忆中追思他的音容笑貌，那些曾经鲜活的表情，在挥之不去的回放中滋长。古老胡同那头飘来的那句"店主东带过了黄骠马"的唱词，令多少人蓦然回首，却又在缥缈而去的声腔里发出一声叹息。父亲走了，没有人能完全体会谭小培心中的痛，那种感觉就像梦中的深渊一样，任他的身体无限地下坠而总不能着地，他宁愿重重地摔上一跤，哪怕是粉身碎骨也好。大树倒了，天塌了一边，他感觉一时无力支撑，却知道自己千万不能放弃，更不能跟着倒下。父亲对谭家倾尽了心血，对戏曲倾尽一生所有，他爱谭家爱戏曲，任哪一头老人家都放不下。老天不由分说地将他带走了，留下一盘寄托着他生前予以重任的残局，自然而然地落在谭小培肩上。谭小培无可选择，更不能推却。青出于蓝而胜于蓝，这是父亲的渴望，也是为人之子应有的担待。谭小培不怕吃苦，更不吝啬付出，只是面对路无向导，黑夜无灯的境况，举目不见路标，伸手却又四大皆空。父亲，请您夜来托梦，给我一线指引，只要脚下有路，任他刀山火海，儿子定然义无反顾。为了谭家，为了谭派，我该怎么办？我能怎么办？一贯被人视为大智慧的谭小培，只能面对一院孤寂和落寞。走进父亲的寝室，他不敢细看老人家的卧榻。走进老爷子的烟室，他不敢拿起那杆浸润着父亲体温的烟枪。在夜半的寒风里，他独自站在院落中间，整个大外廊营都满满地装在他心里。英秀堂，谭小培出生与成长的摇篮，闭着眼睛他都能一一画出其中的每一个细节，情感之深无以言表。但今天走进来的谭小培，却感觉不到往日的暖意，物是人非，一切温情和荣耀似乎都被父亲带走，他伤心欲绝。他知道这样低沉并非父亲所愿，也相信自己会重拾信心，带着谭家人让英秀堂再度发出光彩，这确实需要时间。谭小培双手合十站在父亲遗像前，愿老人家赐他一点灵光与热力，使他尽快地走出心灵雨幕，走进灿烂的阳光里。

三小一白

民国之初的上海，几十家新型剧院相继开业，昔日的传统戏园舞台和十里洋场的花花世界，几乎了无踪影。亮如白昼的舞台灯光，新奇的舞台布景，真刀真枪的舞台交锋，鲜活地演绎着情节曲折的连台本戏。传统戏曲舞台的一桌二椅，在形单影只中逐渐褪色，从听戏到看戏的改变，经历了数百年的艰难转身。眼前的这一切，使人如有隔世之感。服装更新，角色转换，形式改革，一切都在变中求新，京剧在登临这座城市近半个世纪之后，终于在这崭新的舞台孕育生长，浮现出别样的生命印记。"海派""梅派"以及其他众多派别繁茂纷呈，同在"谭派"基座上拔地而起。

1919 年 9 月，应上海天蟾舞台之请，杨小楼组班南下，老生谭小培，青衣尚小云，杨小楼力排众议，指定了年纪轻轻的荀慧生为刀马花旦一角。他认为"白牡丹（荀慧生当时的艺名）很有前途，是青年中的佼佼者，也许，将来或不亚于梅兰芳"。这是荀慧生头一次到上海，年纪不过十九岁。9 月 9 日，头天打炮戏开锣，前场由上海班底承演。依次上场的是费应奎的《五雷阵》，张宏声的《黄金台》，沙香玉的《游西湖》，张德俊、李永利、王益芳的《双收关胜》，赵君玉的《千金一笑》，白牡丹（荀慧生）、李桂芳、何金寿的《花田错》，谭小培、尚小云的《汾河湾》，大轴杨小楼等的《新长坂坡》（带汉津口）。第二天主要戏码为荀慧生的《贵妃醉酒》，谭小培的《秦琼卖马》，尚小云的《苏三起解》，杨小楼的《盗御马·连环套·盗双钩》。

受杨月楼临终之托，杨小楼被谭鑫培收归谭门并赐谭姓，他与谭小培的关系非同于一般师兄弟。这次受邀，小培自必出尽全力，一为小楼之情，二为谭家之艺，三为上海观众于谭家之赐。当第二天排到谭派代表作时，正是谭小培一展身手的最好时机。《秦琼卖马》是谭派经典剧目，自从谭大王在北京唱开之后，该剧便成了观众的舞台向往，只要一贴出《秦琼卖马》的海报，戏迷们就像疯了一样涌向剧场，拿不到票的则想尽一切办法去找票。据说，曾经有些戏迷为了看一场谭鑫培的《秦琼卖马》，不惜花去五倍价钱劝人让票。谭小培唱

《秦琼卖马》，完全走父亲的路子，一路唱下来，场内的掌声无数次响起，似乎将剧场淹没了。谭小培那天情绪十分饱满，真正"铆上了"，整个人就像一艘鼓足风帆的航船，劈波斩浪全速航行，后台的杨小楼暗暗地为五爷叫好。那一段唱词深深地打动着观众的心，很多人在回家的路上还沉迷在戏词与唱腔里："家住山东历城县，秦琼的名儿天下传（哪）（呃）。我本是顶天立地男儿汉，好汉无钱到处难。无奈何出门（哪）（呃）我就（哇）卖、我卖、我卖锏（哪）（呃），两骑马跑的似飞发。叫声店家你快来吧，还你的店钱就是他。"虽说剧名为《秦琼卖马》，实际还有另一出叫《当锏卖马》。秦琼先计划卖马还钱，而马却被单雄信骗走，身边只剩下仅有的一把锏了。于是，就有了当锏一节。这段唱腔即发生在秦琼的黄骠马被单雄信骗走之后，王老好再三催逼秦琼补交店钱，无奈的秦琼只好含泪拿出自己心爱的"锏"去典当。那把锏在店主东眼里，似乎没有一点值得稀罕的地方，但在秦琼心中，却是他的神物，甚至看得比命还重。看着这把随身多年的锏，今日却因他一时贫困潦倒，要忍痛割爱出手，不由得心中血泪成河。秦琼在长街卖马时，谭小培早已情陷其深，他唱的西皮摇板与快板，唱腔韵味十足，情感充沛，好似谭鑫培复活，给观众带来久违的快感。

谭小培那天精神高亢，内在的蓄积使一腔真气喷薄而出，余音就像高山挤压下的清泉一样源源不尽。"家住在历城县"一句，他的摇板在紧拉慢奏中，显得格外稳重大方，似如一根定海神针似的镇住大海风浪，使秦琼内心的悲伤极度内敛，更加扣住观众的心。英雄虽然落魄，却满具方寸不乱的大将之风。"秦琼的名儿"这第二句唱腔，却一下被压下来，整句表面唱得平淡无奇，醒目之处却在于"天下传"的那个"天"字上。在腔随情走，唱表情真里，抒发人物的内心感慨，将内在的极度悲伤化为表面的云淡风清，这种功力非大家不能掌控。"天"的行腔，只有2、3、4、6四个音符，但经过谭小培的精确处理，却在这寥寥无几的音符中焕发出神采，让人享乐不已。从"4"间音的拖腔，到"4、6"的高音骤然向上拔起，随之跌落至"6"的低音。虽说短短一句，其间却有下行高六度的旋律跨度，恰好与人物的情感起伏同步而行。这句唱腔与剧中人此时此刻的心情十分贴合，听来像杜鹃啼血的悲凄。当音符落到"下"字的唱腔时，却像抻面一样，又柔又长又韧。"传"字后面的衬字"哪"和"呃"，唱得干净洒脱，就像白云飘过，不留余痕。"我本是"唱腔中的三个字，又转入千斤重压的稳，后面"顶天立地"字字千钧地承接。他把其中的"顶"字用低音来处理，便有了平地起高山的艺术精妙。"天"字唱得高亢有力，与前面形成了鲜明对比。"立地"二字，竟然唱得字正腔圆，有筋有骨。"男儿汉"三字，在朴实无华中内含一腔正气。"好汉无钱到处难，无奈何出门我就卖——我卖——我卖锏"，这两句唱腔，情感处理极为细腻。一个"钱"字，似断似连的行腔，使人物此时的内在伤感得到真切的体现。后面颤音连唱的"难"字，难度之大，无论行内行外人均能体察，谭小培却一口气唱出，功力之深不言而喻。在"难"字的颤音越唱越弱时，紧接而来的便是"无奈何"三个字，随着"难"字的尾音则重唱而出。前面的颤音和"无奈何"的切分音，他以气托音，气驾腔行，气息运用自如，更是妙不可言。这种婉转悱恻而细致入微的演唱，充分表达了秦琼被困天堂州，饱尝世态炎凉之苦，心中具有说不出的心酸和悲叹。还有那份人在屋檐下，被人曲解的耻辱无以伸张，是人世间真正的"无奈何"。随后，谭小培又在"三卖"的唱腔上，做出了一篇秋水华章。头一个"我就卖"，他鼓足了十二分勇气，在极想大声呼喝的意向中，但"卖"字一出口即戛然顿住，彰显出秦琼碍于脸面的窘态。第二个"我卖"，在语气中透着虚音，把秦琼难于启齿的尴尬神情表现得惟妙惟肖，似如一幅泼墨写意的画卷，让人情牵其中。第三个"我卖锏"，谭小培竟唱得神完气足，使一时迫于无奈的秦琼，终于鼓起勇气，将心中之气大声地吆喝出来，从而得到释放中的精神缓冲。在这"三卖"的唱腔中，人们不难想象出如剥笋衣的艺术处理，剥去一层还有一层，直至皮净笋现。

第三天则为荀慧生、林树森的《梅龙镇》，谭小培的《打棍出箱》，尚小云的《玉堂春》，杨小楼的《状元印》。演出极为轰动，使天蟾舞台一时好像成了上海的演艺中心，观众如风起云涌般扑来，引得其他剧院不得不纷纷动足脑筋来争取观众。新舞台排出了描写欧战的时装戏，大舞台则约请了老生名家刘鸿声唱对台戏。原本四十天演期，杨小楼于10月19日至21日贴出临别纪念海报，后来竟一直演到四个月期满。由于上海观众的特别青睐，"三小一白"的响亮名头由此传开，被戏剧界传为佳话。荀慧生因在上海具有特殊号召力，被天蟾园主倚为台柱，坚留订约，一直演到 1920 年 6 月 15 日。除了演出传统的刀马花旦戏外，受上海观众和海派影响，荀慧生还排出了一系列新戏，其中《荀灌娘》、全本《拾玉镯》（又名《双姣缘》，荀慧生在前面饰演孙玉姣，后面又饰演宋巧姣，还兼演花旦、青衣），《西湖主》等剧均成为他后来常演的剧目。

1919 年，正值谭鑫培逝世两年之际，谭小培的一腔思父之情无以释放，而小小的谭富英还在科班受教，人们对谭大王和谭派艺术的双层思念，均压在谭小培一人身上。虽说他暂时无法达到父亲的功力和水准，但老爷子的精神和潭派的根还在他身上，无论何种理由，他都不能让观众失望，更要让谭派大旗高高举起。这就像战场一样，人可以倒下，阵地不能丢，战旗不能倒。振兴谭家和谭派，这是他的使命与职责，更是父亲的期望。他不仅是谭家人的主心骨，更重要的是，天下人的眼睛都看着他。谭小培天生就是个不认输的人，他相信自己能撑住这艰难的局面，他相信一句话"走过长长的雨幕，那边依然是万里晴空"。尤其是他极力培育儿子的苦心，只有自己最清楚。虽说他内心里把未来光耀谭派的宝全押在富英身上，但当一枚青果还不到成熟的时候，谭小培必须自己勇敢地冲上去，不能让谭派的传承在他这里断层，要给儿子树立一个标杆。这回的上海之行是一个极好的机会，他绝不能放过，必须使尽浑身解数一展谭派风采。他从内心里感谢杨小楼，也深知他力邀自己一同来沪的良苦用心。即使是老爷子在世时，兄弟之间唯有他和小楼走得最近，不仅常在舞台上联袂，且常在舞台下同进同出，哥俩约好了今生并肩同行。杨小楼非常理解谭小培的处境和心情，否则，他这回就不会将身上背负重压的小培邀来上海。一是让他完全走出老爷子逝世的伤痛；二是让他来上海沾沾谭大王被宠的那份福气，从中找回谭家的荣耀。他相信谭小培，更相信上海是让谭小培重整旗鼓的理想之地。经过这次上海连演，果然不出他所料，谭小培"铆上了"，这不就是他想要的效果吗？上海之行一是激发了谭小培积压两年的内在动力，二是滋润了上海观众久违的渴望，三是领头在上海掀起了一场风暴。看着这回演出超越预期效果，听着上海观众呼喊"三小一白"的艺名这种高扬的昵称，这些都是在他杨小楼的策划与带领下创造的，为人为戏，还有什么比赢得观众爱戴与推崇更重要的呢？杨小楼的内心是既激动又满足。

连续四个月的上海演出暂告一段落，唯荀慧生被人强留而不得不继续在上海演出外，其他人都得暂别这块使他们心爱又心悦的舞台。那天，由谭小培提出，他们一同邀杨小楼去喝上几杯，解一解几个月来的疲乏。不等小培说完，大家一拍即合。于是，谭小培、尚小云、荀慧生三人一同走进了杨小楼的房间。刚刚一坐下，还没来得及开口，杨小楼却先开了腔，"今天难得空闲，大家都聚齐了，我正想去找你们。"前来的三人都一齐望着杨小楼，不知他有什么吩咐，便安静地听其下文。杨小楼接着说，"这次上海之行，也算我没有白请大家来一趟，如此圆满结局，离不开我们四人的共同努力，我从内心里感谢你们。"他这话还没落音，三个人都霍地站了起来说，"要感谢的是我们，杨老板太谦虚了。"杨小楼却对他们一摆手说，"我说的是真话，并非一般客套，你们说，假如我们中间减去一位，还能喷发如此能量吗？"杨小楼的这句话，既像是自己的感慨，又像是在发问。没等他们回答，杨小楼却自己接上说，"肯定不能。所以，我想今天邀你们一起去酒楼好好喝几杯，我做东，你们谁都不准跟我争啊！"待杨小楼的这句话一出，同来的三人相互对望了一眼，还是谭小培抢先开了腔，"你的心真比我们多长了个窟窿，不等大家开口，你却捷足先登了。其实，我们三人是约好前来请你的，这是大家的一片心意，你不能'无情地'给剥夺了。"站在一旁的尚小云和荀慧生连忙点头与谭小培呼应。看到如此场面，杨小楼开心得爽朗地笑起来，"原来你们早早就将我'算计'了！我想，这肯定是小培出的点子，对吧？"尚小云和荀慧生忙摆手说，"不是，不是，我们是共同商议。"谭小培赶紧接着话，他对杨小楼说，"我看今天你就别争了，我们三请一总比你一请三重些吧，你就听我们一回吧？"杨小楼还想再往下说，尚小云却迫不及待地走上前，一把将杨小楼拖着边向外走边说，"地点我们都选好了，今天要在上海最豪华的酒店风光一下。"一阵脚步声伴随着笑声，"三小一白"一同走出房间。那天，他们都喝高了，戏外的呼喝完全没有了舞台腔调，完全还原了生活中的他、他、他，还有他。

大管家

DA GUANJIA

　　谭小培的确是个大忙人，他管的事又多又细，忙了外边还要忙家里。在他的管理下，英秀堂内井然有序，和谐安宁。全家的日常开销，柴、米、油、盐、酱、醋、茶、煤、电、水等，谭小培天天都能做到心中有数。佣人、厨师的工钱，锅盆碗灶的修理费，加上年年的房屋修缮与大修等，一应杂务都落在他这个"大管家"身上。谭小培从不让谭富英管家务，只让他一心唱好戏。

　　谭家不说大富，但绝不贫穷，自从老爷子走了之后，由谭小培一手掌管的谭家，向来颇为节俭，他常常亲自去大栅栏或观音寺一带购物，手杖一提步行来去。谭小培的持家之道就是"勤俭节约"，例如用电，每天晚上，要待屋中几乎快看不清对方面孔时才许开灯，没有人敢在五爷之前先把灯打开。家中用煤，他必须检查燃烧后的煤渣，如有未燃尽的得重新拣回炉子里。在冬季来临前，家中必备足柴与煤。最初是由骆驼运，后来则用骡车拉，卸货时五爷用一个带钩的大秤钩起盛煤的竹筐，两边用人抬起，他得亲自看秤，并将每一筐数字分别记在账本上。在采暖用煤外，质量差一点的便用于厨房做饭。以前谭家用的煤，不知是口外还是山西的。自从谭元寿完婚后，就由他的岳父定期供应房山县琉璃河的煤。谭元寿的岳父为煤场股东，由他供应的煤块质优、价廉、量足。煤块运输和使用当中剩下的碎末，得雇用人工摇成煤球，这些摇煤球的工人，以来自河北定兴县一带的居多。一般两人为伴走街串巷，他们自带做煤球的工具，一边走一边吆喝"摇煤球儿嘞！"谭家用的是季节工，到时候便叫人来干活，在小门内院的空地上作业。厨房的笼屉坏了，锅漏了，吃饭的碗裂了，盛菜的盘子碰掉一片，都不能丢弃，要一一修理。甚至连搓板、雨伞、竹帘子等，都得修好再用。解放前，京城的修理业相当发达。胡同里经常会有人吆喝"栓笼屉哟！""焊洋铁壶哦！""修理搓板儿！""修理雨伞！"其中，锔锅锔碗的工艺具有一定的观赏性。只见工匠坐在板凳上，两腿铺上垫布，现将摔成两半的瓷碗对齐，用布条捆绑固定，根据碗的大小选好锔子（类似订书针一样由铜或铁制成的钉子）。

先用带有工业钻石的钻子钻眼，打好孔后便将铜子安上，用小锤子轻轻地敲打结实，再用腻子两边一腻，碗就算铜好了。真不知"没有金钢钻，别揽瓷器活"这句话，是否就出于此处。

英秀堂里，从来不允许有剩饭和剩菜，吃多少做多少。谭家人口较多，每日除早点外，中午和晚上均分三批用餐。第一批由五爷带着儿孙们用，侍立一旁的儿孙媳妇要细心观察，适时地询问"您还添饭吗？"特别忌讳"您还要饭吗？"一旦说错，即会受到长辈训斥。女眷们要求站相规范，不能斜倚墙壁或门框，也不能将脚踩在门槛上，更不能两腿岔开站在门槛的两侧。有一次，谭凤茹费力地爬到走廊边的站台上，恰好被五爷看见，他装作没看清人，只是大声地喊："谁站那么高哎？一个女孩子家成何体统？"吓得谭凤茹几乎是滚下来的。她悄悄地将自己藏在门柱后面，直待五爷走后才敢出来。谭家用餐规矩很多也很严，人人遵守不得违犯。吃饭时不能发出吧唧嘴的声响，不许边吃饭边说话，谨遵"食不言，寝不语"的家训；不许用筷子敲打桌面或饭碗，也不能先将筷子放在嘴里嘬一下，再伸进盘中拣菜；不许站起身来去夹桌子对边的菜，也不许用筷子平行伸出去夹菜，只能将筷子稍微倾斜地向着下方去夹。据谭寿昌回忆，有一次，他站起身来去夹了较远的一盘菜，顿时受到祖父用筷子打在他的筷子上的"训斥"，还狠狠地白了他一眼。他立即低下头，一声不吭地扒着碗里的饭，委屈的泪水强忍着才没流出眼眶外。不论是谁，如一不小心将米粒落在桌上，要立即捡起来吃掉；盛饭时吃多少盛多少，绝不许剩下"碗底子"。如果晚辈先用过餐，得站起身来跟长辈和同辈说一声"偏您饭"（这是北京的普遍习俗）。第二批为女眷们用餐，最后才轮到佣人。那时，谭家的生活比较简单，一年四季均为米饭和炒菜。偶尔有人过生日，大家才跟着吃上一顿面条，面粉也不够白。面条均由袁师傅负责，用三尺来长的擀面杖在案板上现擀现切。夏天一般都吃炸酱面，冬天则多为卤面。虽说炸酱面早已成为当今的普通面食，那时，却是谭家的美食之一，至今还让谭家人常常惦念。饺子比面条更难得，只有在过年时才能吃上一两顿。谭小培平时在家并不常饮酒，只有偶尔在吃螃蟹时，才喝上一两小盅白酒，这时，便是谭家孩子们最有口福的时候。谭小培管理再紧，却特别疼孩子，只要家里做了孩子们爱吃的，得尽量先满足他们。在吃螃蟹时，肉与黄大部分都给了孩子们，谭小培则多用佐料蘸着吃儿孙们留下的螃蟹脚和那双钳子。

谭家先后用过多个厨师，贾师傅用工时间较长，其次是他的兄弟，谭家人都叫他二贾。老贾师傅负责炒菜兼管记账，他识字不多，但写数字却用当时极少见的苏州码子，好在谭小培能看懂。在英秀堂戏曲环境的熏陶下，贾师傅时常在院子里比划几下戏曲身段，亦求过过戏瘾。贾师傅还风趣地用他厨房的调料花椒、大料、小茴香，分别冠名谭家的孩子们，大家都不计较，他与小主人们相处得十分融洽，谭家历来没有将一干杂役人等当作外人。做主食的袁师傅，身材较高，皮肤较白但很粗糙，平时话不多，人很憨厚，据说年轻时当过兵。晚上空闲，袁师傅常在大门走道的空地上，关灯给小孩子们表演他的魔术绝活"小鬼拨香"。他用一个小碗，底朝天地放在小板凳上，再将几根点燃的香平放于上，让小孩子们蹲在离香火两三米远的地方注视。只听他口中念念有词，像《射雕英雄传》里的周伯通一样，两手互搏不停地掰扯着。不一会，那碗上的香，像有人用线扯动一样，便一根根地从碗上滚落下来。偶尔有一根香半天不动，袁师傅便说，今儿有一个小鬼竟然不干活。时至今日，谭家人还没弄明白其中的奥秘。另一个伙计叫洪世武，是个干杂活的，比如外出采购，看家护院，打扫卫生等。他身材不高，有些驼背，消瘦的脸显得眼睛较大，下巴较尖还有些上翘，他却会讲故事，孩子们常爱缠着他。尤其是故事中那个身背宝剑日行百里的小老道，至今还给谭家孩子们留下极深的印象。老洪一边抽着烟袋锅子，一边绘声绘色地描述故事中人，每当讲到吃饭喝酒的地方，他就极力模仿，甚至还学着打打醉拳，夸张有趣的动作，撩得小哥们大笑不止。

谭小培在英秀堂中不仅做事多，管事细，还乐意别人向他请示。无论是询问还是打报告，他都用心倾听，从不感厌烦。对于谭家人，五爷就是一个全能的活字典，无论什么稀奇古怪的事去请教询问，几乎没有他不懂的。谭小培不仅管自己孩子的事，如他二哥的孩子谭世英结婚，所有的事均由他全权办理。按照北方习俗，在洞房花烛夜，得专程吩咐厨师煮一大碗半生不熟的饺子，让新郎和新娘两人按时在洞房里吃，待他们咬上一口后则自然停下来。这时，早就等候在外面的谭元寿和一群孩子们，即大声地向屋里发问"生不生哎？"屋里的新郎便大声地回答说"生"，屋外的人群即一齐爆发出会心的欢笑。厨子即将那碗半生的饺子收起来再回锅，真让孩子们又有了一餐美美的口福。每逢春节到来，特别是除夕夜，谭小培都带着孩子们放鞭炮，什么"二踢脚""毛雷子"都有。为了孩子们自身安全，也为了唤醒儿时的记忆过一把鞭炮瘾，不在五爷的带领下，绝不允许孩子们私自燃放。每逢有孩子生病，家人都赶快去请五爷给瞧瞧。如是头痛，他就拿瓷条勺蘸着温水给他刮额头，再用两根大拇指，从额头上分两边直推到太阳穴的耳根边，如是反复多次。如是肚子痛，他便将手伸到孩子的背部，在肩骨下摸到那根凸起的筋，用拇指和食指捏住筋，用力地往上一提，只听见"嘣"的一响。痛得龇牙咧嘴的孩子们，还得含泪忍着让五爷反复提几下。尔后，五爷再深吸一口大烟，对着孩子的肚脐，猛吸猛吐三口。一般小孩的头痛肚痛，十有八九五爷都能治好，在英秀堂的女人们心里，他就是保护孩子们的活神仙。谭小培很喜欢小孩，不仅乐意为他们服务，且记忆特别好，他能清楚地记住英秀堂里每一个孩子的生日，每每提前三天，他就提醒孩子他娘，儿女的生日到了。谭小培必定安排袁师傅买些白面条来，不仅小寿星能够吃到一碗长寿面，所有的孩子都能饱饱地吃上一顿肉丝面，这是孩子们感到最快乐的事。每个孩子的衣包，他都亲手用陶罐装起来，罐内上截塞上女人那件小血衣，不准罐子空荡着。外面用红布封口，再用麻绳缠住，埋在自家院子里 50 公分以下的地底层。他说，衣包是谭家人的精血凝成的，关系到孩子的命脉，绝不能随意抛在外面。

孩子出生几乎都由他起名字，他喜欢给女孩起些水果名，比如谭凤茹的小名叫橘子，谭凤云小名叫苹果，谭凤霞的小名叫橙子。他说，女孩叫水果名，显得十分甜美。那天，凤茹从门外进来，孩子们齐声对爷爷喊"橘子来了"，五爷答："橘子来了，买啊！"他以为是外面的橘贩子来了。正好孩子们抓住这一句口实"买啊！"便缠着五爷派人买回了好多橘子。虽说谭小培节约，但家中却常备水果，小孩子们只准吃，绝不准浪费，没有哪个孩子敢吃一口或将半个水果抛弃。否则，受罚很严。

谭富英从小体质不好，他不仅不爱吃水果，且对水果极为拒绝。为了让富英多吃水果，谭小培真操够了心，常常亲自拿刀为儿子削苹果，还用心地切成一小块一小块的，尔后盛在一个精制的蓝花小碟里送到富英面前，满脸堆笑地鼓励富英吃一两块。每当这时，富英也显得有些乖巧，他确实不忍心父亲这样服侍自己，再不想吃也得强迫自己拣起一小块，放在嘴里慢慢地嚼。有一次，富英想讨父亲欢心，吃了一小块苹果之后假装说，爸，这苹果哪买的，真还蛮好吃。谭小培望着儿子，笑得比灯光下的水珠还晶莹。谭富英常年小病不断，隔三差五地就要请医生，每次医生都特别对陪护看病的谭小培说，作为父亲你要多管管儿子，让他多吃点水果，你看这检验结果，还不是缺少维他命吗，典型的营养不良嘛。谭小培听了医生的话，并不感到委屈，他愿意医生当着富英的面批评自己，以此提高富英的认识，起码自己具备了劝富英吃水果的足够理由。无论是真的习惯了，还是自发性的强迫加压，富英真的慢慢在改变，每天饭后必吃两小块水果，生病的概率确实降低了。后来，他一直将这种习惯维持终生。谭小培曾说过，富英的身体远比儿时好了些，特别是嗓音较前更加清脆，水果不无功劳，更要感谢医生的叮嘱。

谭小培，一直担任同庆社的内务总管（名义上另有他人担当），他不仅在演戏方面指导和帮助谭富英，在生活上更加给予无微不至的关怀和照顾。无论谭富英与谁搭班，唱什么戏，外出去哪里，谭小培都得一一过问。尤其是有人来邀角或订戏，有关时间、戏码、价格等，都与谭小培交流，谭富英从来不过问，只管唱戏，真还落得清闲。久而久之便有了依赖，无论谁找富英联络剧务事宜，他就一句话，请找我父亲说。按现代人说，那时的谭小培，是谭富英称职的经纪人。有人曾撰文介绍说，同庆社外出前，有人上谭家看望小培父子。此时，谭富英还在酣睡，可谭小培早已起床，他看见是一位穿着皮鞋的人走进来，生怕惊了儿子的梦。于是，不论与来人的交情厚薄，即摆手小声说："轻点啊！"他说这话时，不仅身上有身段，且脸上极富表情。来人见谭小培竟然这样细心，果然把脚步放轻了……

全能贤士

20 世纪 30 年代初，北京一家报上刊登了一幅漫画，上面画着三个人，一边为谭富英，一边为谭鑫培，中间是谭小培。画中的谭小培对谭鑫培说："你的儿子不如我的儿子。"又对谭富英说："你的爸爸不如我的爸爸。"初看该画，多认为是讥笑谭五爷无能。细细琢磨，不难觉察谭小培承上启下的功德，诙谐幽默中展现了谭小培背后的博大胸襟。当时有人将这幅画当面呈给了谭五爷，原以为他会生气，不料谭小培看后却笑了，而且还伸出大拇指连说了三个"画得好！"据说，谭小培不仅将这幅画小心地卷起带走，还特意去了一趟裱画坊，将该画裱好挂在书房里。只要知道此幅画的人，想起来都会津津乐道一番。而谭家人都像画中的谭小培一样泰然处之。笔者为书写本书，有幸与谭家人就此话题碰撞出火花，由此引发下文书写，以作该画注释。

谭小培，生于1883年，是谭派第三代最具代表性的老生演员。幼年曾入小荣椿科班学老生（又一说是入"小天仙"科班，后转入小洪奎社），班主为著名武生杨隆春。当时与谭小培同科的学员有杨小楼、许德义、钱金福、程继仙、蔡荣贵等。学戏几年后，突遇倒仓变故，一度改行进入同文馆学德文（他会五国语言，与外国人对话从不用翻译）。待他嗓音恢复后再度学习老生，谨遵父教曾向许荫棠学过戏。谭小培的演唱风格醇厚大方，擅演《碰碑》《闹府》《卖马》《戏风》《失街亭》《战蒲英》《黄鹤楼》《八大锤》《武家坡》《乌龙院》《捉放曹》《天雷报》等谭派名剧，演唱遵循谭派风格。当时，戏剧界中曾有人如此评说过谭小培的演唱："不愧家学渊源，声调不亚叔岩，而嗓音之清越过之，视又宸不可同日而语矣。"谭小培曾经搭过尚小云、程砚秋的班社，为他们助演老生，特别是与程砚秋合作长达十年之久，一时盛名于剧坛。1919年，谭小培与杨小楼、尚小云和白牡丹（荀慧生）赴上海演出，大受欢迎，从此"三小一白"享誉大江南北，声名如日中天。谭小培与他的父亲一样，天生一副好嗓子，只是变声后未能恢复原有的天籁之质。大家不曾忘记，谭鑫培变声后的嗓子，也终生未恢复原有特质，后在孙春恒的引导下，根据自己现有的声音条件，在后半生创造出独步天下的谭派韵味唱法，以此登顶"伶界大王"之位享誉千秋。谭小培的武功、表演，对戏曲的理解和创新，均有乃父之风，而智慧且有过之而无不及，深为业内人所推崇。假如他能像父亲一样继续用功于业，相信也会创造出一片属于自己的艺术天地。后来，他为了专心培育谭富英而退居二线，全力辅佐儿子，奠定与成就了新谭派的历史地位。

谭小培很喜爱滑冰，什刹海滑冰场，是他经常光顾的一方快乐天地。中年后的谭小培，一旦滑起冰来，依然迸出年轻的激情。他双手平伸后剪，像一只穿云雨燕，仿佛重回双十年华的岁月。那天冬日暖阳，谭小培不由得心中热流涌动，便叫上徒弟龙怀愚一起去溜冰场疯一下。那天冰场的人不少，谭小培滑了几圈感觉很好，他伏身前倾并跷起一脚，想玩一个金鸡独立，还不由自主地发出尖叫。如不是年高自抑，他真想飞身跃起，转上两圈。徒弟紧跟其后，看师父滑得欢快，便加速冲到前面，想借身暗减其速，唯恐师父消耗过度。没想到突然"砰"的一声巨响，谭小培摔倒在冰场上，横卧的身躯在冰面上滑出好远才停下。见此情景，徒弟慌了，快速滑近师父身边，谭小培却一屁股坐起来，徒弟暗中庆幸没有大事，他双手扶着师父忙问："师父，没摔到哪里吧？"谭小培笑笑说，好像没有。说着他就想撑手站起来，这时才知道一只脚已经不听使唤。他向徒弟说："我的脚可能崴了，你来扶我一把。"徒弟连忙伸手帮扶，师父依然站不起来，看来问题有点严重。一会儿，冰场里的人都围了过来，不乏很多与谭五爷相识的人主动相询，均不知如何是好。还是徒弟脑子灵活，他请人先将师父搀扶坐着，接着人就一溜烟地跑出了滑冰场去弄担架。躺在担架上的谭小培这才感觉腿部传来一阵阵扎针似的隐痛。几位小伙子抬着担架，飞速地朝附近的医院奔去。因为天气暖和冰面融化，冰刀一卡进融冰层就容易摔了。往日滑冰，谭小培多半都带徒弟龙怀愚和次子谭韵寿同往，两人一边一个，双伴滑行较为安全。但那天韵寿不在家，龙怀愚还是得知消息后才赶了过去。虽说不几天就出院了，但五爷那只左脚，还是稍稍短了一些，脚下的路不再显得那么平坦。

谭小培喜欢遛鸟，家中通常养有两只，金色的那只名叫"黄桥"，嘴大的那只叫"骄子"，那是一只专门玩"打蛋"的鸟。他家中的鸟笼特别精致漂亮，据说有好几只鸟笼乃王爷赠送的宫廷之物，每每在公园遛鸟时，总被那些同行们爱不释手地赏玩。真还有人曾出高价诚请主人割爱出售一只鸟笼，以慰爱慕之心，谭小培总以祖传之物不可予人为由而婉拒。一贯人缘极好的谭五爷，只要一提鸟笼前来，遛鸟的人即相继围过来。一为谭小培睿智多才，二为他手中的珍贵鸟笼，三为心中至爱的谭派之风。常常抵不过老哥们热情，他也轻轻地哼唱几句《卖马》，大家一边听一边附和着那句"店主东带过了黄骠马"，心情愉悦至极。那天天气晴好，谭富英前晚有戏回得晚，今儿个不睡到午后也不会翻身，谭小培正好趁机提着他的"黄

"桥"和"骄子"去园中一遛。一入园，大家便相互寒暄，谭小培轻轻地开启鸟笼，将"骄子"放出站在自己肩头，他把一颗彩色的圆木球，放在握于左手上缠着彩绳的木棒顶端的凹槽里，然后用右手迅即用劲敲击木棒的末梢，猛力将彩球抛向空中直插云端，口中还发出"吁……"的一声长嘘，右手朝天直指高空中的彩球。骄子应声飞起直扑木球而去。只见它张开大嘴，一下将彩球叼入口中飞回，张口一吐便将木球放在主人手上。于是，得到主人的鸟食奖赏。如是往返数次，直到谭小培觉得该回了，这才提起鸟笼挥手与众人告别。要论打蛋，谭小培和他的"骄子"皆为此中佼佼者，一待小培玩起，大家总是举目围观五爷的风采。据不玩鸟的谭富英讲，他曾经在家中翻出过一大捆红木鸟杆，木棒周身缠着各色漂亮的绳子，杆头较粗一些，捏手的部分十分光溜。他也曾听父亲高兴时给他叙说过此中滋味。如有几人在园中同时玩"打蛋"，彩色的鸟和彩色的球在空中飞翔追逐，好看极了。

谈起摩托车，似乎早已引不起今人的兴趣和新奇，在每个城市的每条街道上，几乎无处不见摩托车行驶。如果翻开发黄的史册，查一查中国拥有第一台摩托车的时光，就不得不为谭小培叫一声好。大约在上世纪初，谭小培是当时北平城里为数不多的拥有摩托车的人之一。那时的摩托车，还是让人感到惊奇的时髦玩意。人一坐上去，头盔一戴，帅气又时髦，跑起来就显得更加威风了，"轰"地一声从身边飞驰而过，瞬间就在几十米开外。看着那个屁股上会冒烟的家伙，路人还会伸出大拇指。据说，谭小培那台蓝色的摩托车为英国进口，无论功率和式样在北平城都数得上。谭小培不仅会骑摩托车，还会修车，小小毛病，扳手一拿，螺丝一扭，几敲几打就好了，神奇得让人不可思议。胆大心细而技术又好的谭小培，还时不时地带着儿孙跑上几圈兜风，让孩子们也过过车瘾。伴随着尖叫与喜悦，儿孙们与五爷更亲近了。五爷在谭氏门中，不失为一个最时髦、最敢冒险又最会享受生活的人，智和勇集于一身。

在本书落笔之前，谭家人特意叮嘱，千万不能把谭小培写小了。从艺术层面或从社会层面看，谭鑫培和谭富英都可视作谭派的符号，而谭小培似乎还差一点意思。但在谭家人看来，则另当别论。尤其在英秀堂的管理上，谭小培是谭门第一人，无人能出其右，其承前启后，掌管谭门的功德无愧于谭家先祖。谭小培在后谭鑫培时代，要经营与管理好一个偌大的英秀堂，他的付出难以用文字和数字来评说与计算。再论谭派艺术，不言发扬光大，即使是传承，曾经令多少人期盼和担忧。后来谭富英一飞冲天，被国人视为新谭派，其成就的取得绝非顺理成章。大家知道，谭家人更知道，这里面饱含了谭小培的心血。人说"富不过三代"或"一代英雄一代衰"，艺术传承更是这样，放眼当今世界，一门七代承接祖传艺术，还能代代登顶续写辉煌，谈何容易！谭家的代代传承可谓书写了崭新的历史。谭鑫培所以成功，没有谭志道行吗？谭富英所以成功，没有谭小培行吗？谭志道和谭小培的付出是睿智和自觉的。单就智慧而言，谭小培可谓谭家一百多年来唯一全能全智的人。他会的多，爱得广，懂经营，会交际，善谋略。他在维护和光大谭家与谭派中，在巨大的付出中不知忽略了多少关乎自己的荣辱冷暖。他不仅是谭家的智神，更是谭家的福神，在谭家人心中，永远都供奉着这位传神的"五爷"。

春上枝头
Chunshangzhitou

初涉上海滩

1923 年 3 月 28 日，十七岁的谭富英，在富连成坐科正式毕业，科班为他举办例行毕业演出。地点选在前门外广和楼，演出剧目和他入科演出的第一出戏一样，还是《黄金台》，所不同的是"搜府"后再带"盘关"一折。当然，这台演出与他当初入科时的艺术水平，已经不可同日而语。无论是科班内还是他自己，要求都较前更加严格。尤其是父亲会亲临现场观看，这对谭富英而言，是为一次大考。前几天，父亲曾告诉过他，可能还会邀约几位剧界名角前来，估计有余叔岩和杨小楼等。入科几年来，虽说谭富英没少在舞台上演出，并获得了很好的观众缘，也是班内的红科生，老师们对他青睐有加。但他一直期待出科的日子到来，好早早地投入到他将终生奋斗的舞台上，去开辟自己的前程，去更广阔的天地里历练，去接受更大的观众群检验。虽然自己感到信心满满，还积累了那么一点点舞台经验，但当真正出科来临的时候，他却真有点怦怦心跳的感觉，说不清是激动，还是紧张。也许激动多过紧张，也许各取其半，但愿不是紧张多过激动吧。他努力告诫自己，一定要稳住，千万不能出错，要给所有临场和关心他的人，交上一份合格的答卷。再说《黄金台》这出戏，他演过不止十回，甚至闭着眼睛都能背出全本来。尤其是自己扮演的角色，一句台词，一句唱腔，一个动作，他都了然于心。即使是这样，头天晚上，他还是没有睡好，所有的场面，都在他的脑海里一一闪现。据一位当年现场看过演出的人说，在演到"搜府"时，当伊立呵斥道："田大人，这话可不是这么个说法吧！"扮演田单的谭富英接着慢悠悠地跷起二郎腿，笑嘻嘻地问："呃，公公，但不知要怎么样地讲法呢？"只这样一句念白就获得了满堂彩。那场毕业演出，的确很成功，拔高一点，确还有些精彩，一剧演毕，大家都对谭富英表示祝贺。由此可见，谭富英的表演已超越了同科生，艺术水准早已提高到搭班出演的要求，未来的前程不可估量。

按照科班规矩，每个学员毕业后，一两个月才能领到戏份。可是，谭富英那天刚刚演完戏，富连成就当场给他发了戏份，显然是有心挽留，希望他能在科班里领头多唱几年，因为谭富英已经具备带领一班学员的能力，可挑起科班里的大梁。然而第二天，谭五爷还是把他领走了，开始了搭班唱戏的艺术生涯。当然，谭五爷自有他的想法，科班里演戏，自不能与外面的舞台相比，他并非为儿子的戏份多少而计，只是着眼于未来的发展。五爷也不想让人留下话柄，科班的老师们带了儿子几年，虽说富英较为优秀，依然少不了老师们的关爱，心血付出是不可计算的。于是，谭五爷专程设家宴，并请了乐十爷和德珺如作陪。那天，谭五爷将所有教过谭富英的老师都请来了，场面相当气派，好酒好烟好话自不必说。酒后，谭五爷还给每一位老师，备了一个红包，以谢几年来对儿子的教育之恩。那天，富连成破例当场给儿子开戏份的事，谭五爷当然心知肚明。所以，他借用设宴之机，特请德珺如当面陈情想让富英提早搭班的事，外公的身份自比父亲高出一辈。事已至此，台面话和人情两份功课都做了，富连成的老师们也无话可说，众口一词地说"应该的，应该的"。所以，谭富英一出科，谭五爷便安排儿子搭班演出。谭富英出科后第一次正式搭班演出，那是在王蕙芳的班社。王蕙芳是梅兰芳姑姑的儿子，专工旦角，功夫很深，曾与梅兰芳在舞台上并驾齐驱，享有"兰蕙齐芳"的美誉。不过，当时在这个班社挂头牌的是五大名伶之一的徐碧云，老生为贯大元。贯大元的妻子是徐碧云的姐姐，二人是郎舅，能唱对儿戏。那时，谭富英与徐碧云还没有对儿戏，只能在前面演出一些《捉放曹》《南阳关》等戏。演出一个月后，谭小培感觉这么演下去，对儿子没有什么益处，没能给富英过多的压力，锻炼不够，似乎有点浪费光阴。于是，他开始谋划让儿子离开王蕙芳的班社另觅他途。

辞别王蕙芳班社后，谭小培通过一番思考与联络，决定亲自带着儿子去上海搭班。大凡一个京剧演员，天津和上海是两处必到的舞台，迟去不如早去。见见不一样的世面，感受不一样的舞台，亲近不一样的观众，领会不一样的风情，对儿子特别重要。谭富英从小在北平长大，他所接受的文化，传统有余改革不足。上海，中国最开放的前沿，政治文化和经济市场都与北平不一样。尤其是吴侬软语的地域之风，人的习惯和品味都不一样。谭鑫培的韵味派唱法，首站即在上海试水，得到了上海观众认可，站稳了上海舞台，再回北平推广普及，由此，奠定了谭派韵味唱法的根基。谭富英，一棵谭派新苗，尽早到上海历练，对于拓宽戏路、丰富知识和改良风格十分必要。在谭富英的戏曲风格还没有完全形成之前，吸收和学习一下上海风，对改进和成熟是最好的时机。年轻人开朗活泼，好奇心强，接收快消化更快，这是他们与中老年人最大的区别所在。上海亦舞台的老板、百代唱片公司和大中华唱片公司的老板，在谭富英还没有出科之前，早已获知谭鑫培老前辈的孙子谭富英，特别被同行看好，注定是一颗即将发出璀璨光辉的明珠。就在谭富英毕业演出当天，上海亦舞台的老板即派人来北平，现场观看了谭富英演出《黄金台》，更加坚定了对谭富英的认识。没几天，他们就找到谭五爷商议，以 3500 块大洋的包银，并管吃、管住、管接、管送的"四管"待遇，邀请谭富英到上海演出一个月。

百代和大中华两家唱片公司也不甘落后，他们分别派人前往北平与谭小培联络，力邀谭富英来上海灌制京剧唱片。他们计划推出年仅十六岁（虚岁十七岁）的童星唱片，开创京剧唱片先河，填补行业空白，抢占市场空间。这种大胆倡议，使一向较为前卫的谭五爷不能不动心。儿子一出科，就能去上海挂头牌，享受名角待遇，这种荣耀不是一般年轻人能拥有的。而且还能涉足童星唱片的灌制尝试，必定为儿子的上海之行锦上添花，谭五爷越想越开心。为了京剧，为了市场，为了潭派，任哪一样对谭五爷都是极大的诱惑，他当然不能错过这个机会。但为了稳妥起见，他决定让谭富英先在上海舞台演唱一个月，挂挂头牌，体验一下舞台和观众，尔后再去灌唱片。理清了思路，下定了决心的谭小培，便带着儿子和精心组成的班组，一起奔赴上海滩。正如谭五爷所料，谭富英一个月的上海演出，获得了超常的欢迎，上海观众大有热捧新角之势，让初来乍到上海体验的谭富英信心倍增，谭小培更是乐得合不上嘴。决策正确，事业就成功了一半。实践证明，让富英在北平辞班来上海，谭五爷的思路是对的。现在，风险已过，并获得了成功，儿子特别高兴，他更高兴。富英是一个只会唱戏而又听话的孩子，但于世事和经营，特别是市场概念都十分青涩。关键是他对此不感兴趣。知子莫若父，谭富英的性格，决定了一个艺术型专业人才的走向。所以，谭小培必须尽力替儿子引导和担待，让他慢慢在改变中成熟。不然，儿子将来即使是再红的角或再大牌，如果不懂经营和市场，一生都会让人牵着鼻子走。谭小培根本不担心儿子是否会唱得出来，让他忧虑的是富英心里只装着戏。现在，他完全可以替儿子把握，但将来呢？谭五爷并非真想替儿子"垂帘听政"，他更想用自己的经营理念来成功地影响富英，让他尽早成为一个脱离父亲依赖的人。其实，谭五爷帮儿子经营打理的行为，常常被很多人曲解成他对儿子的包办和垄断。但为了儿子，他不怕担此误解，依然如故地替刚出科的儿子制定了十年历练再挑班的长远规划。

谭富英在上海演出一个月之后，正好赶上剧场"歇伏"。上海不比北平，伏天的炎热煎熬和咸湿海风的吹拂，总让人感到有些烦躁不安，这时候的上海人，最期盼的是纳凉。对于还远没有空调的时代，人们只能以歇伏来抗拒季节侵害，大多数人都喜爱待在家里或海边，剧场逐渐萧条。于是，谭小培利用上海歇伏的间隙，父子俩即到南通演出半个月，然后辗转苏杭等地旅游一番。"上有天堂，下有苏杭"，带着儿子游一游，看一看秦淮河上的灯光和月色，让他领会一下北平之外的文化和风景。不然，在儿子心里永远只知道北平就是一切。时间说慢也慢，说快也快，尤其是在悠闲的旅游中，秋天说来就来了。立秋一日，水冷三分，酷爱热闹的上海人又活跃起来，戏院剧场纷纷打开大门。于是，谭五爷收缩旅游计划，与儿子即返上海与唱片公司联络。听到谭小培即将带儿子来录音灌制唱片的消息，百代和大中华两家唱片公司都争相开台，经过一番磋商和探讨，最后达成协议，他们先到百代，再到大中华。那次，谭富英分别灌制了《定军山》《南

阳关》《战樊城》《骂曹》《斩马谡》《王佐断臂》《法门寺》《战蒲关》
和《盗宗卷》等一批唱片，共计 16 面。以他这样的年纪，灌制如此
数量的京剧唱片，不仅在当年实属空前，即使到今天，还没有人跟上
和超越。灌完唱片之后，谭富英又马不停蹄地在亦舞台与荀慧生（当
时叫"白牡丹"）合作演出一个月。当时同台合作的有上海的武生白
玉昆、花脸王连浦等。有时，荀慧生与谭富英合演《法门寺》《南天
门》；有时，荀慧生演大轴荀派本戏，谭富英则唱压轴戏《战太平》《打
棍出箱》等；有时，他还与荀慧生编演一些新戏，例如《董其昌三戏
杨云友》，即为他们当时合作的热门戏。后来在评选五大名旦时，荀
慧生将这出戏改名为《丹青引》参赛，且一举获得成功。为此，荀慧
生多次当着谭五爷的面感谢谭富英，是他们的通力合作，才有了《丹
青引》的基础问世。当年的荀慧生在上海滩，是为一位炙手可热的人
物。谭五爷永远不会忘记，1919 年，"三小一白"唱红上海的风光。
当时，上海各大剧院老板，如同车轮大战一样，分别争抢他们到场演
出，一连几个月被"困"上海无法回京。荀慧生更是被天蟾舞台强留，
一直扎根上海至今，成了沪上不可缺少的明星。所以，谭富英与白牡
丹合作更是相得益彰。一个月的演出非常圆满，荀慧生十分满意，对
谭富英的未来极为看好。后来，他们相继在京、津、沪各剧院多次合
作，为谭富英日后与六大名旦合作，奠定了一个坚实基础。如是说，
荀慧生不失为帮谭富英开启台幕的人。

　　当年，第一次到上海的谭富英，毕竟还年轻。那天演完日场戏，

难得有空也有心，父子俩相约一同去逛逛南京路，父亲问他想要买些什么？真令谭五爷没想到的是，儿子一不买吃，二不买穿，却一头扎进了儿童玩具商店，买回了一大箱各种各样的玩具，有小汽车，还有小手枪等。谭小培真是拿这个宝贝儿子没办法，心想说，富英啊，你什么时候才长得大啊？富英自幼坐科，专心于京剧学艺，失去了很多童年快乐。一见到这些玩具，怎能让他不感稀奇呢？当时，就有好些人笑谭富英像个大孩子。一个经过"六年大狱"的青年人，竟然对玩具产生如此浓厚兴趣，相比大多数拥有童年幸福的人而言，的确让人感觉有些黯然。想到此处，谭五爷不免也为儿子伤感。为了京剧，富英确实牺牲不少。作为父亲，他要尽力为儿子弥补，买再多再贵的玩具，他都能理解和支持。尽管上海滩的舆论界一致认为，谭富英一出科就挂头牌且反响很好，完全可以自己挑班。可是，谭小培却头脑非常冷静，谭富英的出道成功，除了他的智慧和努力之外，不能排除谭派之光的照耀和观众抚幼的爱心。但谭富英毕竟会一天天长大，年少的优势不是一生拥有的本钱。必须具备扎实的艺术资本，才能拥有市场和观众，保住稳定的票房收入。谭五爷心中清楚，有多少演员挑班失败的教训，即使是当年的谭鑫培，不也是在多次失败中闯过来的吗？于是，谭五爷必须尽力替儿子规避冒进风险。所以，谭小培力排众议，带着谭富英历经了与"六大名伶"和"四大坤旦"搭班唱戏的漫长路程。

正式拜师余叔岩

　　从富连成学成出科，谭富英已年近十八，岁月之手早将他雕琢成一位玉树临风的青春少年。不说胜似潘安之貌，却重笔改写了曾祖父当年曾被人视为"不宜扮演老生"的谭门历史。虽然说他一直身处科班之中，却因多于同龄孩子的舞台演出，在北平剧场早已是小有名气。谭小培为儿子出类拔萃的早熟，欣喜之余更为他的将来设想。过早成名虽然值得肯定，如果把握不好，也许适得其反。他这一生必须尽其所能地为儿子锦上添花，决不能使其昙花一现，有愧于谭家列祖列宗。儿子现在一点点的崭露头角，特别是上海演出成功，谭小培在慰藉之余十分冷静，儿子离爷爷和谭派的要求，毕竟还差得远呢！为了铺就将来的名家之路，谭小培觉得必须让谭富英得到进一步深造，只有根基扎得深，才能走得更稳更远。于是，他想到了余叔岩。放眼当今京剧老生行，如果余叔岩说第二，就没有人敢说第一了。但余叔岩不轻言收徒的个性，他比谁都清楚，万一遭拒如何是好？虽说余叔岩很喜欢富英，平日确实热心点拨他不少，也曾说过出科后可去找他，那都是出于谭余两家的世交之爱，但正式拜师则另当别论，谭小培深谙此理。为了儿子，即使在余叔岩那里碰壁，谭小培也不怕丢面子，问题是怎样才能玉成其事？一为没有理想的第二条路可走；二为儿子的前途，他不能止步；三想谭余两家的几代交往，总该有些基础吧。他试想过请人出面先试水热身，也确有多人愿主动前往，谭小培又怕因此被余叔岩反将一军。思来想去，还是决定亲身前往，他已顾不了许多，只能走一步看一步。谭小培是个不达目标绝不甘放手的人。于是，他硬着头皮，连先交流试探的过场都免了，直接把儿子带到了余叔岩家里。

那天，父子俩没有事前知会地来到余叔岩家贸然闯宫，仅凭天意，重在人为。他们运气真还不错，一敲门得报主人在家，因谭小培本是余家常客，门徒即开门引进。双方一落座，没有过多客套，谭小培便迫不及待地直奔主题。他十分诚恳地对余叔岩说："今天特来贵府，我也不想隐瞒，并非专一拜访，实为儿子的前程而来。"他望着余叔岩一副不为所动的脸庞，既然没有被阻止和打断，他即挨船下篙地接着下面的话题："余先生，您得到老爷子（指谭鑫培）的东西比我多，领会得也比我深。老爷子原计划等富英出科后，他亲自调教。不想孙子进富连成不久，老爷子就天不假年。"也许受情感牵动，每当提到父亲，他总有些情不自禁。谭小培红着眼噙着泪对余叔岩说："事到如今，我只有把孩子交给您，为了孩子，为了谭派，您总不想听到老爷子九泉之下的一声叹息吧？"诚恳之下的谭小培，心想先把课题做足，话轻理不轻地一脚将球踢到余叔岩面前。不曾想，谭小培的话真的一下就刺到了余叔岩的情伤之处，更让他体会到小培的一片赤诚，竟不由自主地想起了谭老爷子和父亲。从谭志道到谭鑫培再到谭小培，谭余两家已是三代情缘。从父亲余三胜教谭鑫培，后来谭大王又教自己，这份互教之情的世交少有啊！我能不珍惜，我能将人却之门外吗？

经过短暂的思考，余叔岩带着几分感怀地对谭小培说："我说小培啊，你今天上门都是多余的，我不是一直在教富英吗？"小培即答："这点我自当感怀在心，但义务点拨跟正式教授那不一样，这一点，您比我还清楚。"余叔岩理解小培的心思，"好吧。既承谭家看重，我义不容辞。富英可是谭老爷子的心尖子，一直盼他出人头地，扛起谭派大旗。现在，老爷子作古了，咱哥俩就得把这个担子挑起来。"他略一停顿接着说："我可得把话先说到前头，对富英我可以做到不保留，但能不能教好，那倒没底啊！"谭小培听了余叔岩的一番话，欣喜与感动一齐涌上心头。为了儿子的事业有望，为了自己的计划成功，一贯风度翩翩而沉稳的谭小培，竟然止不住地喜形于色。他确实抑制不住激动，毕竟情义无价啊！他心里盘算着，既然如此，何不顺风再推一程呢？"既然您都答应教他了，那就干脆收他做个徒弟，让他正式拜在您门下，不也是谭余两家和梨园界的一件盛事吗？"事已至此，余叔岩不能也不想再推。行家慧心又慧眼，他一直没有放弃关注谭富英，他喜欢这个孩子，更看重他将来的发展。今天，谭小培带儿子前来拜师，即遂了他常日之心愿。刚才的一番话，只是一种必要的场面交流。再说，他压根也没有一丝推却的表达。

在余叔岩家出来之后，谭小培轻轻地一拍儿子的头说，你小子果然有造化，这也是你爷爷在天之灵福佑啊！今天回去，得好好地给爷爷叩几个头，也不枉他疼你一场。一贯不爱多言的谭富英，面对父亲回送一个浅浅的微笑。谭小培父子俩坐着马车一路回赶，马鞭在一个劲地甩得脆响，虽说北平的胡同并不平坦，但谭小培早已高兴得忘记了马车颠簸起伏。一回到家，谭小培急着在父亲灵前设了香案，他和儿子双双跪下，三叩九拜之后，谭小培禁不住轻声饮泣。他只想将今天富英顺利拜师的约定当面禀告父亲，让老人家的泉下有知。他今天的泪水，没有酸楚，只有甜美。他为谭派后继有人而释然，他终于不负父亲之托，更为儿子的将来有望喜极而泣。谭富英望着父亲一句话都没说，只是伸出双手，紧紧地抱住父亲的臂膀，试图给他一份安慰，更传递一份承诺。虽说儿子没有说话，但谭小培从他紧紧的拥抱中，接收到儿子那一份坚定的信念，更感受到父子情深的力量与鼓舞，他有了人生少有的一份滋润和满足，似乎看到未来的一颗新星已冉冉升起。

为了儿子的拜师仪式，谭小培几天没有停歇，他要选定一个理想的位置，请大师测算一个最佳的日子，还要多请一些头面人物。写请柬，购礼物，订酒席，他没有一件委派家人，必须亲手办理。他要为儿子举行一场别开生面的拜师仪式，办一场豪华的宴会，让谭家有光，让余叔岩有面。那次拜师场面甚是浩大，凡京剧界的大牌人物悉数都到了，他还特意请来了富连成的班主，人不能忘本啊！自从那次拜师之后，谭富英除了晚上归家之外，几乎天天都跟余叔岩泡在一起，安排演出就上台，没有演出师徒俩就在家中一教一学。余叔岩教戏一丝不苟，他将谭派艺术的精髓，根据自己的理解，一一在说演中先给谭富英示范，再看谭富英学演，一点不合要求便立即喊停。尤其是谭腔的韵味，必须唱得让在场的观众心灵颤动。对于谭老爷子的眼神表达和出手或抬腿，无一疏漏地给富英讲解与示演。余叔岩并不照搬原版，而是加入自己的理解和创新，与谭派经典进行反复比较，更鼓励富英将来要有自己的所想和所创。任何艺术都有个人的适应性，更要与时俱进。否则，因循守旧，那只是一条死路。无论哪门艺术，凡集大成者，都有充分发挥个人特长，善于在创新中引领潮流的智慧。谭鑫培是这样，余叔岩也是这样，他希望谭富英更是这样。

余叔岩喜欢谭富英举一反三的通透，特别青睐他刻苦认真的练功精神，没有一股坚韧不拔之劲，光靠精明是不够的。哪怕一个小腔，一句台词都得细抠。仅就《击鼓骂曹》的"夜深沉"三个字，就费去了谭富英好多日子，总过不了余叔岩那道门槛。在余叔岩既呵护又严格的要求下，谭富英的功夫日见长进。在精心授艺的同时，余叔岩积极鼓励和促成谭富英向梅兰芳、尚小云、程砚秋、荀慧生、徐碧云、黄玉麟、雪艳琴、胡碧兰等学习和同台演出的机会。他还亲自出面让徒儿谭富英与当时那些极负盛名的演员组班演出，多一些历练，多一些比较（这一点他与谭小培不谋而合），使他早日趋向成熟与完美。谭富英的嗓音嘹亮、底气充沛、喷口有力、吐字清晰，比起祖父、父亲和余叔岩，唱起来则另有独特韵味，让内行听得出谭派和余派的根底所在，又能让观众听出他与其不同的新鲜之妙。谭富英善于与人融合，无论与哪家名旦合作，都获得了互为映照的良好效果，在行内博得极好人缘，逐渐在戏曲场中建立威望，大家都乐意与谭富英同台合演。

经过几年的习学与演出，眼看大考的时候到了。那天，余叔岩婉谢了所有的外事和内约，关着门让谭富英试演谭派的代表作《定军山》，只有过了这一关，余叔岩才能放心地让谭富英自立门户，才能无愧于天堂里的谭老爷子。《定军山》，一名《取东川》，又名《一战成功》，是谭鑫培舞台生涯中永不落幕的谭派名著。在谭派弟子中，似乎有一个不约而同的成规，如果演不好《定军山》，就不能算真正的谭派弟子。《定军山》讲的是三国时期张郃领军前来攻打葭萌关，一时前线告急，老将黄忠、严颜主动向诸葛亮请战抗敌。后来二将合力杀退了张郃，诛杀了敌方名将夏侯德，攻占了曹军屯粮之地天荡山，黄忠又乘势带领人马，攻打曹军要塞定军山。敌方守将夏侯渊出阵迎战，黄忠俘获了夏侯渊的侄子夏侯尚，夏侯渊也擒住了黄忠的牙将陈式，双方各有失手，一时难分胜负。于是，约定阵前换将。趁着走马换将之时，黄忠用快箭射死了刚刚归队的夏侯尚，夏侯渊大怒纵马来战，黄忠蓄意逃走，将穷追不舍的夏侯渊引入荒郊之地，用拖刀计将对方劈于马下，大胜而归。

余叔岩挑选一段让谭富英试唱，这是一段黄忠在大帐内向诸葛亮请战时的唱腔。经过十多遍演唱，均被余叔岩多次中途叫停，现场指出并纠正谬误和不足，有时一个字或一个音，竟责令徒儿反复演唱，直至师父点头为止。经过一整天的锤炼和揣摩，余叔岩认为差不多了，最后还让谭富英完整地唱一遍这段西皮二六。段中"师爷"两个字，谭富英开口便走高音，在略带炸音的"师"字后面加上衬音，恰到好处地烘托出黄忠含愤与诸葛亮据理力争的激动情绪。在"不由黄忠"的"忠"字上，唱腔突然一抻一揉，显得韵味十足。"怒气发"三字，更是唱得苍劲丰满，淋漓尽致地表现出黄忠的不服。在追述当年唱词中的"一十三岁习弓马"中，在"一""三""弓"三个字上，分别用上了"呀""嗯""呃"三个衬字，巧妙得像三颗宝珠镶嵌其中，使唱腔添增了无穷光彩。他在"自从归顺皇叔爷驾"一句上，同样用了衬字，起到搭桥过河的妙用，让人听来特别入耳，没有一点"硬山搁檩"的感觉。最令余叔岩满意和出彩的是"匹马单刀我取过了巫峡"一句，那"巫峡"的润腔，犹如行云流水，飘逸，流畅。下面的唱段，谭富英唱得更如泉水流溪。在那句散唱中，谭富英将"黄忠"二字唱得极为明亮饱满，气势磅礴，那种以声传神的精妙韵腔，让老将的豪迈气概直冲云顶。行中人常称赞"谭派"的散板唱得特别"精准"。其实，"谭派"散板的"精准"，不光表现在艺术尺寸上，更表现在掌握剧中人物情绪的"火候"上。戏为人演，戏为演人，于是，这个"精准"便显得更加难能可贵。谭富英在"夸大话""大"字上的顿音唱法，确实称得上妙音生辉，那种在潇洒中略带些许傲气的声调，细致入微地把黄忠不服老的精神状态渲染得无以复加。在下面的头段快板中，谭富英唱得十分沉稳又铿锵有力。第二段快板，他却换以轻快爽朗的腔调，使黄忠受到将士夸奖后的喜悦之情，得到压抑后的激情喷发。尤其是他在"两膀力"的"力"字上，运用了"立音"唱法，让黄忠意气风发的神态，在行腔中得到全面的体现。虽说谭富英似乎受到师父一整天的反复折磨，他却没有一点气馁，而且在受益的感恩中，竟将那一整段唱得神采飞扬，不同凡响。唱腔一收，余叔岩独自给徒儿鼓掌！由此，小名伶《定军山》轰动沪上，新谭派《斩马谡》享誉京城。

风雨云兴社

世事难料，风云莫测，好好的一个"云兴社"，正当业务蒸蒸日上之时，班主徐碧云却莫明地被官司所缠，一时无暇顾及业务，班社只得告停。搭班云兴社的谭富英，刚刚走稳路子安定下来，演出较多，合作也好，没想到班主突遭变故。徐碧云吃了官司，恐怕不是三两日能够了结，徐班主嘱咐大家暂时自作打算。谭小培不得不为儿子另谋出路，一为不荒废演出，二为静观其变。为此，谭小培专程宴请了尚小云和荀慧生，请其帮忙将儿子带一带。鉴于"三小一白"的关系，又见富英年轻有为，名声已然在外，他们没有一点含糊地爽快应承下来。时隔不久，徐碧云的官司基本了结。前门外大栅栏有名的瑞蚨祥绸缎庄老板孟景侯，亲自出资为其重组戏班，以煤市街的中和园为班社基地，并投重金翻修了戏园。重新组班的阵容非常整齐，规模较前更大，以焕然一新的面貌在戏剧界敲开了锣鼓。在新组的云兴社中，老生有谭富英、雷喜福和王又宸（谭鑫培小女婿，谭富英姑父）三位，花脸郝寿臣和沈福山，小花脸萧长华，姜妙香和徐斌寿的小生，尚和玉的武生，朱桂芳的武旦，个个都是撑起得台面的角。由于云兴社的后台为瑞蚨祥绸缎庄，按照徐碧云的吩咐，演员们对外一致称"云兴社为瑞蚨祥的班"。

因为重新组班，大家劲头十足，谭富英与徐碧云合作，排演了不少新戏。除了《绿珠坠楼》外，还排演了《虞小翠》《薛琼英》等好几出，现排新演的戏在市场上很受欢迎，一时气象万千。其中，有一出新戏为《骊珠梦》，即全本《游龙戏凤》。这出戏在当时非常叫座，云兴社在北平城里，似有一股呼风唤雨的气势。还有一出大受欢迎的戏，即为根据《今古奇观》（崔俊臣巧合芙蓉屏）改编的新戏《芙蓉屏》。这出戏由谭富英扮演退隐归林的高纳麟，班主徐碧云扮演崔夫人，姜妙香扮演崔俊臣。该戏只要海报一出，戏票从来不剩一张。重组的云兴社好戏连台，人气十分，一片欣欣向荣。班主徐碧云原先吃官司的一丝阴霾，早被时来运转的清风吹得无影无踪。云兴社老戏阵容整齐，新戏场面光鲜，在戏中还增加了一些时髦的灯光布景，非常吸人眼球。例如在《骊珠梦》中就有黄凤冢变色的灯光，在《绿珠坠楼》中还有珊瑚道具。如此场面，在当时北平戏剧界，极为新颖和超前。

1925 年春天，时隔两年，应徐碧云邀请，谭富英又随班主赴上海大兴舞台（上海舞台，即后来的天蟾逸夫舞台）演出。因谭富英前次在"亦舞台"登台演出颇受上海观众喜爱，一听说谭富英这次又来上海，那些自称谭富英戏迷的观众，早已预订好座位，想一睹偶像风采，为他鼓掌，送上自己的一份热情。正当他们在上海演出第三天的打炮戏时，挑班的徐碧云突然嗓子哑了，演出受到严重影响，只能暂告停顿。因班主徐碧云不能登台，上海的演出不能继续，云兴社不得不再一次报散。这次刚来上海便要匆匆回转，谭小培心有不甘。他即联络让谭富英找当地的演员搭班，继续演出一段时日，否则，冷落了上海观众，也对不起台下那般热烈的掌声。那次让谭富英在上海临时搭班，也没有长远计划，以谭小培的话说，只要对得起上海观众，来回不倒贴车费就够本了。前后不过半月，爷俩就回到了北京。没歇几天，谭小培便安排谭富英搭了尚小云的重庆社。不管怎样，谭小培不能让儿子空闲下来，正值年轻时节，历练不能停止，尤其是戏曲，再出名的演员，必须唱不离口，打不离手，只要一停下来，业务就有所生疏。谭富英是个不多关注社会风雨的人，万事都有父亲为他撑着，正好落得轻松，只要有戏他从不拒演，只要有安排他从不误。

谭富英与尚小云合作了一年多，一路都较为顺当。有一天，谭小培突然接到徐碧云来自天津的信函，邀谭富英去天津与他合作，并催他速去。对于京剧而言，天津是一座较为特别的城市。对于谭派和谭家而言，更是根据地式的一座城，谭家人常说，天津是谭家的故乡之一。1853 年，谭志道带着六岁的爱子谭鑫培逃难北上，第一站便落脚天津，谭鑫培在那里初登舞台，在跑乡野粥班中渐渐走向成熟。为了更好地成长与发展，父亲将他送入津郊外的金奎社班入科学习，学成出科后，依然回到他心爱的天津，成家后才携妻带子挺进北平。十多年成长的岁月，那是谭鑫培永远忘不掉的一段天天向上的日子。即使是进北平以后，还在倒仓和心愿难遂之时，两次出走津东的马兰峪镇。每次抵达该镇，谭鑫培就像回到母亲的怀抱。无论是体伤还是心伤，迅速得到痊愈，灵感顿生，信心即来。天津是谭家立足扎根之城，也是谭家的幸运之城。天津的第一代泥人张，曾经给谭鑫培塑过一尊便装坐像。该像高不过尺，谭鑫培盘着辫结而裸露胸臂，俯身小摇持箸就餐，其意极为闲适。根据见过该塑像的人说，谭鑫培神态毕肖，生趣盎然，此泥塑艺术价值颇高，为谭鑫培生前心爱之物。20 世纪 20 年代初，还有人在英秀堂西侧室中见过。后来几经战乱，至今不知去向。

　　京剧、评剧、梆子，是天津最有代表性的三大剧种，虽然它们的根都不在天津，但剧种的形成与发展，与天津密不可分。天津的戏迷很多，戏剧爱好者更多，他们与其他城市的观众大不一样，不仅仅限于爱好，鉴赏水平之高为戏剧界公认。早在清朝道光年间，京剧已在天津广为流传。到了清朝末期，随着南来北往的名角都集聚天津献艺，爱好并敬业的天津艺人，在京剧中吸收其长，逐渐形成独特的表演风格。当时，天津武戏最具特色，如武生三大流派中的"黄派"创始人黄月山，不仅武功好，唱功也出色，还能演小生和老生。年少的谭鑫培起初也以武生崭露头角，灵巧的身材和高飘的筋斗，常在天津老艺人的回顾中津津乐道。时到 20 世纪 20 年代后，京剧界各派名演员，竞相来天津献艺，他们都把"过天津关"视为检验自己水平高低的标志，好像一场不成文的大考。再大的角第一次到天津登台，难免都将心提到嗓子眼上。"北京学艺，天津唱红，上海赚钱"在戏剧界广为流传，没有人对此提出异议。天津戏迷，确实捧红了一大批颇有才华的青年京剧演员。

天津早期的京剧演出场所都以茶园为中心，当时的茶园比较原始和简陋，随着京剧日益兴盛，光绪初年，便有了诸多设备比较完善的茶园。其中东马路袜子胡同的"庆芳茶园"、侯家后北口路西的"协盛茶园"、北大关金华桥南的"袭胜茶园"和北门里元升园的"金声茶园"，为当时著名的"津门四大茶园"。由于京剧在天津盛行，一些官僚权贵和富商大贾纷纷仿效，北平人也在自己家中修建戏楼和戏台，以备堂会之用。后来，不乏有人专程去北平参观与借鉴那家花园的规模与格调，试图以高规格和新式样领袖群雄。外埠进津的商人，为了便于经商联谊，按籍贯自发集资兴建了 20 余座会馆，会馆里几乎都建有一座戏楼。其中建筑水平最高和最为讲究的是广东会馆戏楼（建于清光绪三十三年（1907 年），今南门内大街）。这是中国现代保存最完整的一座古典式剧场，全部为木质结构。舞台延伸式坐南朝北，观众可从三面观看演出。舞台顶部用百余根斗拱堆砌接榫，螺旋而上，形成"鸡笼式"藻井，俗称"螺旋回音罩"，音响效果极佳。观众席分上下两层，楼上为包厢，楼下为散座。整个戏楼装饰均采用木雕镂空工艺，富丽堂皇，十分壮观。在谭富英之前，梅兰芳、杨小楼都曾在此登过台，谭鑫培和谭小培则比他们更早。

经过一番思考，谭小培决定父子俩去一趟天津，让儿子提前接受天津舞台检验，也好一遂谭家人对天津的思念之情。于是，谭小培亲自陪同谭富英到天津，基本没有停歇，即按照徐碧云安排，在天津的张园游艺场登台表演。徐碧云唱大轴，让谭富英先在前面唱，好测测风向再定，不想将谭富英一下推到风口浪尖。没想到的是，谭富英第一天登台，虽然唱在前面，却获得了天津观众的热烈掌声，通过了京剧舞台的第一道考验大关，谭小培深受鼓舞。也许，观众心中惦念，好久不见谭家人来天津登台；也许，观众为谭富英的舞台风采所迷；也许，观众为谭富英年轻的实力所震撼。总之，效果超越谭小培预想，他原本做好了有人喝倒彩的准备，好以此来激发儿子更加努力。谭富英的演出空前叫好，效果极佳，徐碧云不禁满心欢喜，即跟谭小培商议，想直接让富英唱大轴，他感觉自己压台的力量不足，决定让富英再铆足劲冲一冲。但谭小培没有同意徐碧云的意见，认为谭富英还不到顶大轴的火候，如果过早地将他推上去，恐怕于他的发展不利。谭小培什么都可谦让或马虎，但为了儿子，即使对徐碧云也没有半点迁就。因意见不能统一，场面有些尴尬。于是，谭小培借故家中有事，即带着儿子赶回北平。

对京剧旦角而言，国人尽知"四大名旦"梅、尚、程、荀，而对"五大名旦"却知之甚少。其实，开始被京剧界认定的即为"五大名旦"，其中第五位就是演艺精湛，堪与四大名旦比肩的徐碧云。当年的《顺天时报》，曾发起让读者及京剧爱好者，海选五位旦角和演出最佳新剧目活动，结果，以梅兰芳的《太真外传》、尚小云的《摩登伽女》、程砚秋的《红拂传》、荀慧生的《丹青引》和徐碧云的《绿珠》荣誉当选。徐碧云（1903—1967年），字继香，祖籍江苏苏州，亦为梨园世家出生。祖父徐承瀚，字文波，堂号"景善堂"，为清朝咸丰、同治时期著名昆曲小生演员，是名丑萧长华的启蒙师父。父亲徐宝芳，为清朝光绪时期著名京剧小生演员，其师父为"同光十三绝"之一的徐小香。徐碧云的母亲为"四喜班"名旦吴巧福长女，徐碧云为名琴师徐兰沅（谭鑫培晚年首席琴师）之弟。

徐碧云幼承家学，起初曾习过武生。1916年，十三岁的徐碧云与三兄徐斌寿一起，搭班俞振庭的斌庆社，艺名斌喜，后来改习武旦。他武功扎实，身手矫捷，出手奇快，在科班内即以《青石山》《泗洲城》《金山寺》和《八大锤》等戏驰名都城。出科以后，曾搭同庆社、云兴社、双庆社等班。徐不但武功精湛，而且嗓音清脆甜润，实属难得，深受观众喜爱。后来，经萧长华建议，改从徐碧云的舅父吴彩霞学习花旦花彩，兼演文武小生，成为唱念俱佳、表演细腻的名伶，可谓京剧界并不多见的一代文武全才。瑞蚨祥的老板孟景侯，对徐碧云极为赏识，1925年，徐碧云在一场官司过后，他主动出资为其重组戏班，定名为"玉华社"。孟景侯为徐碧云的班社添置了新的行头，重修了新戏园，在物质及场地诸多方面，为徐碧云在京剧舞台上大展才华，提供了极其优厚的条件。更为重要的是，孟老板将瑞蚨祥起初的入股赠与了徐碧云，他则以瑞蚨祥绸缎庄股东的身份登台，合作编演了多部新剧目，为京剧发展做出了不可估量的贡献。徐碧云接连演出了《绿珠》《虞小翠》《薛琼英》《无愁天子》《芙蓉屏》《褒姒》《李香君》《二乔》《雪艳娘》《蝴蝶杯》等别具特色的剧目，使当时的京剧舞台，出现了空前繁荣的局面。《绿珠》为徐碧云独有剧目，剧中不仅有大段唱段，而且在绿珠坠楼时，从三张桌子上凌空翻下，然后平躺台上，难度之大在当时旦行中无人能及，更让女演员敬畏不敢涉足。1925年，徐碧云与马连良在上海合演《御碑亭》，由他扮演的孟月华上场时，观众中不少名人将备好的银盾、匾额、书画、花篮等，纷纷投向舞台，其场面一时轰动上海滩。

谭派福地

时光荏苒，日月如梭，转眼就到了 1925 年秋天。虽说上半年陪徐碧云来上海无功而返，却丝毫不减亦舞台对谭富英的热情，他们再次向谭家发出邀请，谭小培也欣然接受，他相信上海为一块京剧热土，更为谭家的福泽之地。听父亲说即将与他又一次同行上海，谭富英抑制不住内心的喜悦。虽然深种北平生北平长的故乡情结，却在两次上海之行的新鲜刺激中萌生依依不舍的流连。北平与上海，两个截然不同的大都市，一个深含传统文化的古韵，一个散发前沿开放的新潮；一地的京腔京韵，一地的吴侬软语，孕育出不同的文化，不同的生活滋养不同的风情，却奇妙地生长出南北两地同一的京剧爱好与狂热。自从第二次从上海回来之后，谭富英真的想过，爷爷一生为什么那么热衷六下上海，原来上海风光是那样的迷人，戏迷们是那样地高捧谭派。他知道自己还年轻，身上的玩意儿绝不能跟爷爷比，之所以能在这里走红，与爷爷的荫佑和上海人的恋旧不无关系。毕竟还是个大孩子，上海崭新的景象让他目不暇接。他站在黄浦江边深深地吸一口长气，再长长地呼出来，似乎将内在的尘积吐故纳新了一遍，是那样地舒坦与畅快。爷爷在这里唱出了"伶界大王"的桂冠，父亲在这里唱出了"三小一白"的头衔，我能在这里唱出什么呢？谭富英不停地在心中设题与祈祷。谭富英语言不多，但心眼较活，喜爱独立思考，每逢遇见新鲜课题和疑难之事，他首先是自我发问，直到弄清楚为止。实在理不清，则求教于身旁被人称之为谭家智多星的父亲。所以，谭富英向他人请教极少，对父亲也尽量压低求教的频率。他想，一个人的脑袋就是为思考而生长的，一个问题暂时没有弄懂，脑袋多转几圈自然就可融会贯通，为什么要荒废自己的智慧？

谭小培知道儿子内向，喜静不喜动，但对这次再度赴上海的决定，却罕见地露出喜形于色的表情，他打心里高兴。虽说儿子一直身在京城，浓厚的文化氛围与大都市的气派，不会让他感到平淡与闭塞。但出门一次，自可长一番见识，世界多元而丰富多彩，如条件和时间允许的话，谭小培决定一定要带富英多走些地方。尤其是京剧人看重的上海和天津，还有老戏窝的大汉口，不到这三个地方，就不能算一个完全的京剧人。

20世纪30年代的大上海，夜夜灯红酒绿，处处弥漫靡靡之音。跑洋行的买办，穿旗袍的太太，在教会或学校里读英文的小姐，从法国留学回归的少爷，纷纷粉墨登场。汇丰银行，圣约翰大学，百乐门夜总会，仙乐斯舞厅……浓浓的老上海风情扑面而来。那一张张历经岁月遗留下来的模糊的老照片，发黄的月份牌，昏暗的汽灯，锈迹斑斑的怀表，还有破旧的老爷唱机，不经意中勾起人们对往事的回忆与怀念。20世纪二三十年代的大上海，在"十里洋场""东方巴黎""花花世界""欧陆风情"这些词汇背后，你完全可以不经粉饰地窥见那些流动的风景与变幻的人文物事，去触摸往日时光的真实温度。

上次谭富英出科之后来上海，不仅演出空前成功，谭小培看得出，谭富英从心里喜欢上了这个黄浦江边的城市，喜欢上了这里的舞台和观众。京班戏和海派戏确实不一样，谭大王曾经六下上海，获得的不仅仅是丰厚的经济收入，更多的是拓宽了戏路，完善了谭门韵味派风格。现在，对刚出班不久还没有家庭负累的富英而言，暂时还不会被戏外的诸事缠身，一心着力于表演实践。将来假如事务渐多，再来上海恐怕不像现在这样想来就来了。谭小培是个特有主见的人，一旦拿定主意，从不轻易为外界的风吹草动而改变。一听父亲说要再去上海一次，谭富英几乎想跳起来，恨不得连夜启程。上次，父亲就笑过他跟大孩子一样，这次如果有时间，依然计划再去玩具店一次。上次一怕时间泡得太长父亲不爽，二因玩具买得太多自己不忍心，这次一定要将那艘超大的军舰买回来。

几经联络，谭小培依然赴约上海三马路的亦舞台，双方自是皆大欢喜。选定的打炮戏为谭派大戏《定军山》。当谭富英以"谭门本派"的名义登台亮相后，观众的热情似乎比黄浦江的浪头还高。一个月时间，根据"三四二"的合同，实行"四管"，演出三十个夜场，四个星期日，外加演出四个白天，最后临别，再给老板奉献演出两个夜场，作为此次借台登场的答谢。谭小培很善于经营，如按现在的说法，他的确是一个出色的经纪人。在谭小培的后半生里，他一直扮演着儿子经纪人的角色。那次在亦舞台严格按照合同规定，共计演出三十六场戏，场场爆满，反响热烈，达到了谭小培的预想目标。在谭富英戏班经励科里有一位方先生，每场演出之后，由他负责将演出分成的收入交给谭小培，当场清点后即锁入卧室中的保险柜里。在国民政府金融危机货币贬值期间（老百姓称"票子毛了"），谭富英演出的戏票款，曾经一天装满几大麻袋，由方先生领取运到谭五爷的房中，谭小培却不厌其烦地一张张清点。这一情景，为曾在上海与谭富英一同登台演出后来移居台湾的顾正秋（谭富英义女）亲眼目睹。在她所著的书籍里曾经提及此事，她一直为此而困惑，票款为什么不用支票，何必这般费事呢？其实，这也是谭小培当时的无奈之举。戏园一方必须将当日（晚）分成的收入，及时交付给演出者一方。要不然，由戏园方经办去银行兑付，就保不齐第二天的兑换价格与昨天相同了。唯有当场将戏票交付，贬值的风险则由各自承担。所以，必须当日清点，当日兑付。每当票房收回来，势必要通夜清点，一张张地数（麻袋装），每逢在上海演出都如此。上海演戏一场接一场，即使是微病发烧也停不下来，剧院依然照发海报。谭富英那次在上海的演出根本没有一天停歇。几乎每次戏后都得加演，谭小培也曾亲自上台演唱过一两段折子戏，不然，观众都不退场，有时竟然一连谢幕几次。虽然很累，这却是每个京剧人的热切追求。

上海演出的又一次成功，头脑冷静的谭小培，在为儿子祝福与欣喜的同时，深深地懂得，光靠"谭门本派"的招牌还不足以掩盖儿子刚出科的稚嫩，拉红票更不是长久之计，必须具备实实在在的艺术资本，才能赢得实实在在的观众群体，保持稳定的票房收入。所以，谭小培经过一番周密的思考与盘算，无论上海或北平的观众与同行呼声多高，他依然稳扎稳打地坚持儿子长期历练的战略决策。不管外面怎样恭维和鼓动，谭小培绝对不为所动，他坚信自己的决策正确。他决定将这次谭富英成功的上海之行，作为戏曲之路的动力，决不能作为自我炫耀的资本，不能因为自己的决策失误使儿子误入歧途。从上海回京之后，谭小培照旧安排儿子继续搭班唱戏，为富英将来的厚积薄发充电，挑班的事依然压后再议。谭富英，一个年少老成的人，虚心学习，谦虚慎行，是他表里如一的品质。所以，他从内心里顺从了父亲的决定，并无半分屈就之意。谭富英在父亲的部署与引导下，日复一日地行走在漫长的与名角搭班唱戏的艺术旅途上。

谭家父子从上海满载而归，恰逢徐碧云独自挑班"云兴社"，谭富英顺势进入该社，理所当然地挂他的二牌。演出《绿珠坠楼》时，依然是谭富英的石崇，萧长华的孙秀，尚和玉的司马伦，徐斌寿的潘安。演《八大锤》时，徐碧云的陆文龙，谭富英的王佐，钱金福的金兀术。不论角色怎样安排，谭富英从来不挑不拣，也没有人故意排挤他。虽说他是二牌，但人缘和地位，在大家心中都是透亮的。如果不演出对儿戏，谭富英就在徐碧云的前面演出压轴戏，或与王长林演出《奇冤报》《天雷报》，或与郝寿臣合演《击鼓骂曹》《阳平关》等戏。因有上次和五爷的决策不合而引起的些许不快，这次，徐碧云暂不提让谭富英挑大轴的话，一切顺其自然，免得又让五爷将富英领走了。当时，整个班社里风正气顺，谭富英如愿地在舞台锤炼中走向艺术纵深。由于王长林、郝寿臣、钱金福等人都曾受益于谭鑫培，所以，他们在陪同谭富英演出时，都带有奖掖之意和提携之情，这些前辈不约而同知恩图报的品德，即成了谭富英趋向成熟的沃土与春晖。加上谭富英良好的先天条件，嗓音、扮相、韵味、戏码都极为过硬，徐碧云又能前演《宇宙锋》后演《八大锤》，或者前演《穆柯寨》后演《汾河湾》，具备了与四大名旦分庭抗礼的实力，无形之中，给谭富英洗出一片蔚蓝的天空。在当时的云兴社里，这两位二十岁出头的后起之秀，在北平华乐园可谓名重一时。有一次，谭富英的外祖父德珺如，现场看了外孙的戏特别高兴，即时提出，要陪外孙加唱一场《群英会》，想亲自陪外孙风光风光，再过一过与外孙同台的戏瘾。当然是德珺如的周瑜，谭小培的孔明，谭富英的鲁肃，又是三代同台，被京城戏剧界传为佳话。谭富英祖孙三代的《群英会》，在京城具有很强的号召力，不仅是因为他们的内在默契，更因为他们个个都是响当当的硬角。早在张作霖时代，北平宪兵司令王琦，为了给父亲祝寿办堂会，排出他认为最硬的戏码：梅兰芳的《醉酒》，余叔岩的《珠帘寨》和谭家祖孙三代的《群英会》，那时的谭富英还没出科。今天的三代同台，与往日又不可相提并论，应该说是"更上一层楼"了。这次在华乐戏园演出，德珺如已是七十高龄，又数年没有登台，为了给自己的外孙捧场，真是豁了出去。当演到"打黄盖"的下场时，老人家掏翎子，抓蟒，抬腿，已经有些站不稳脚跟，谭富英赶紧上前将外祖父扶住。谭富英的母亲一看，父亲果然是心有余而力不足，戏一收场便急忙跑到后台，劝父亲以后再不要登台，万一台上站不住，不但不能捧好外孙的场，还给家人带来忧虑。从此，这位被奉为小生行楷模的前辈，即给自己的戏曲人生画上了一个理想而圆满的句号。当时，谭富英演出，每场满分为 50 块大洋，外加 25 块大洋的脑门钱，专为开销鼓师、琴师、跟包和管事等人的小份儿，收入已是相当可观。

席卷五羊城

相比古老的北平而言，广州无疑显得更加年轻。生长于北平，曾在高高的城墙根下练声的谭富英，于五羊城的演出中能破解出何等奥秘？人们拭目以待。

1930年11月5日（农历九月二十四日），那是一个令谭富英心花怒放的日子。他随梅兰芳一同前往祖国的南疆，登上五羊城的舞台，唱响国剧之声。第一次前往心仪已久的广州城，紧随梅大师而行，这是何等的荣耀。时年二十有四的他，无法抑止心中的狂澜，不灭的童心在夜梦中不尽地撞击。那几天清晨，他必亲手扯去日历的一页，似乎在那些凝滞的平面汉字中，倾听到滴滴答答的声响。自儿子出科以来，谭小培便忘我地忙开了，艺术与生活的方向标瞬息转移，一切均以富英为重，他将谭派未来的发展与兴旺，完全寄托在儿子身上。哪怕是一场堂会戏，他都不敢疏忽，必须亲自过问，甚至前往接洽，几乎做到事必躬亲，必须给儿子筑好前进的路基，绝不能因为自己的懈怠给富英带来阻碍或阴影。儿子的每一场演出，只要能抽身，谭小培势必随同前往，坐在看台下的他比任何一个观众都听得更加真切与仔细，不漏过一个音节和字句，从中比较出优劣所在，再找出巩固和改进之法。有人说，谭小培完全变成了谭富英的影子，他从不介意这一说法并乐意接受。他不仅要成为儿子身后那片无处不在的影子，更要成为他的拐杖支撑，为其涉险探路，为其抚平一切创伤，驱散艺术旅途上的阴霾。这次谭富英的广州之行，谭小培确与儿子同喜，他向来赞同只有走出去才能见多识广，得到更深而更广的历练。不过又舍不去一丝忧虑，因家有要事，他无法与富英同行。但他相信梅兰芳，无论从几代人的交厚，还是谭梅两派的艺术融合，他都放心地将儿子托付给梅兰芳。在临行的那一天，他亲自为儿子和梅兰芳送行，这才带着一份释然回到寓所。

从获知梅兰芳携谭富英即将来五羊城演出的那一天起，广州所有的报刊似乎在一夜间沸腾起来，各种报道铺天盖地。尤其是戏报，梅谭合演即成了每天的黄金内容。没有哪一家甘愿在这场文艺风暴中落于人后。谭派早已被世人视为国剧之宗，根基之深，影响之广，无与伦比。梅派则在惊蛰的春潮中蒸蒸日上，已成为京剧界一面鲜艳的旗帜。谭派沉雄朴拙，字字入心；而梅派则清婉瑰丽，处处诱人。但两派却同于韵味十足，给人印象深远，只要听过一次，则让人沉醉其间而不能自拔。梅派大有后来者居上之势，尤其是谭大王离世之后，国人即对京剧的迷恋，倾情地投入到对梅派的崇尚中。随着谭富英的迅速崛起，使戏迷们对谭大王的怀念又有了一份新星升起的寄托。虽说，北平和广州远隔千山万水，但艺术传播早已消除地域之碍。虽说南剧与北剧的风格迥异，但经典的魅力足以冲破一切樊篱。这次，梅谭两派之星来五羊城联袂登台，无论从情感之交，还是流派渊源，抑或艺术融合，均被人视为绝配，无疑是艺术界的一场盛宴，谁愿错过呢？虽说日子在一天天逼近，但无法消融人们的期望之切，一个个恨不能亲手将时光的指针用力地向前快拨，整个五羊城在空前的热切期盼中度过了一段无眠的夜晚。

中华文明上下五千年，戏曲被人们视为最贴近生活的一朵艺术奇葩，是民众喜闻乐见的一种舞台表演形式，它承载着旧时教化育人和娱乐民众的双层重任。虽然历朝历代戏曲都被视为不入流的行当，但戏曲却以顽强的生命力扎根于大众之中并茁壮成长，不断地得到改良和演化。古往今来，戏曲每每随俗者众，创新者少，能随时代变迁而与时俱进者则寥寥无几。无论何种文艺形式，势必要在不断更新中获取新生，在娱乐之时肩负引领民俗风化进步之责。谭梅两派艺术，传承弘扬而不固步自封，力求在不断创新中发展，所以被国人推崇到至高的地位，是为情理所在。

那天的广州演出，谭富英早前已被梅兰芳安排了一出谭派代表剧目《四郎探母》，该剧一名《四盘山》，又名《北天门》，是谭派的经典剧目。这出戏讲的是四郎杨延辉，在一次剧烈的战斗中战败被辽军所擒，后巧与铁镜公主成婚。在一场即将到来的辽宋大战中，萧天佐特摆天门大阵，誓将挂帅前来的佘太君困锁阵中而歼灭。因身陷敌方多年，思乡之情常常暗湿枕席，这次得知母亲大人亲自挂帅前来，思念之情油然而生，不由得整天心事沉沉，终被精明而情深的铁镜公主在巧计试探中识破。四郎被难以破解的多层阻碍而困，又为夫妻情深而动，自愿以实情相告铁镜公主，如愿地赢得公主相助。为了夫君的思母情真，铁镜公主竟然冒险设计去银安殿盗取令箭，帮助四郎趁夜出关。四郎手持令箭即策马狂奔直达宋营，终与多年不见的母亲抵襟而痛哭，并与一众亲人含泪泣诉阔别之情，短暂的一面，暂时抚慰了心中流血的伤口。为了兑现对妻子的承诺，四郎在宋营不敢久作逗留，急辞返辽邦，却还是被老谋深算的萧太后识破，下令将四郎推出帐外斩首。救夫心切的铁镜公主不惜在众将面前屈尊下跪，顿时获得大帐中众将士下跪相助。萧太后被女儿和众将的双层情感裹挟难以决断，最终还是赦免了杨四郎。

那天的广州珠海戏院座无虚席，临时加设了不少旁座，依然满足不了观众的购票需求。数百观众齐集戏院门外，寄望于从敞开的窗户中漏听经典之曲，堪称广州戏曲演出史上少有的盛况。时逢梅兰芳和谭富英登台亮相之时，如雷的掌声经久不息。谭富英不负梅兰芳的提携之恩，更不负谭派被万千观众喜爱之情，那天他铆足了劲，沿着爷爷开辟的戏路奋力前冲。悠扬伤感的声调贯穿整个"坐宫"一折，真情抒发杨四郎身在异邦的思乡之情，台下要么如午夜泊船般地静止，要么像狂风摧浪般地滔天轰鸣。在头句慢板中，"杨延辉"三个字唱得格外地忧郁低沉，从平淡无奇的旋律中，让观众真实地体验到剧中人此时此刻心中的波澜。在"自思自叹"的唱腔里，谭富英更是唱得令人魂牵梦萦，那种伤感苦闷的哀痛之音，使人物万般压抑的心情表露无遗。在唱到"叹"字的第二板时，他却行腔突变，即能在弱处做出华章来。弱拍（头眼）倚音的出现，起到了突出"叹"字的神奇效果，这不是一般高手所能驾驭的。选在"叹"字上的强调，恰如其分地使人物的深度伤感和思亲之情，得到真切的体现。在四个排比的唱句中，谭富英坚持以情带声，直唱得如高岭上的梯田层次分明。"我好比笼中鸟有翅难展"一句，他在好字后面加上一个"喔"音，这个衬字的妙用，在加强语气中进一步抒发了心中郁闷之感。一句"有翅难展"的唱词，在苦涩的行腔中，传递出人物身在异邦，人身自由被深深锁困的烦闷与无奈。在"我好比虎离山受了孤单"的唱句中，"孤单"二字唱得极为精彩，低回婉转的行腔，唱出了人物内心的遗憾与不安。杨四郎虽说在异邦被招为驸马，有了安逸富贵的生活，却淹没了他驰骋疆场报效祖国的英雄本色，在他看来是个人的不幸。这种孤独彷徨的情绪，在声情并茂的谭腔里步步深入，扣人心弦。"我好比南来雁"的"雁"字，大腔中的一波三折，衬托出后面的"失群飞散"，更唱出了剧中人悲泪暗流的凄婉之情。随着人物的心潮起伏，在"我好比浅水龙困在沙滩"的"滩"字，干板垛字的落腔，起到了情感转折的妙用。在下面的"只杀得"三个排比唱句里，谭富英满怀激越之情，字字血而声声泪的演唱，淋漓尽致地道出了杨家将在金沙滩血战中的惨败。聆听谭派这段剪不断理还乱的愁绪，在满含辛酸悲戚中的叙述，那种声情俱佳的神妙音韵，无不使人为之动容而落泪心伤，达到了戏曲表演的至佳效果。

那次随同梅兰芳和谭富英二人前往广州的还有姜妙香、小荷花、姚玉芙等一行。在多场表演中，他们成功地推出了《祥梅寿》《落花园》《青风寨》《落马湖》《战金山》等一系列精彩剧目，大家使尽浑身解数，将最拿手的艺术献给南国观众。在离开广州的那一刻，谭富英的眼睛里像珠江边的暖风一样湿润，不同的风物，不同的人群，不同的文化习俗，无时无处不令人耳目一新。谭富英心中止不住无数次默念，再见了我心爱的五羊城！请你将我的歌声留下，平生一定还会再来。

谭派新锐

Tanpai Xinrui

京剧走出国门

1915 年秋，在驻华美国人举办的一次晚会上，梅兰芳的一出《嫦娥奔月》令在场的观众无不为之倾倒。美国驻华公使芮恩施在一次演讲中公开宣称："若欲中美国民愈加亲善，最好是请梅兰芳亲自去美国一次。"梅兰芳当晚演出的轰动效应，引发了齐如山久积内心的那座文化火山再一次爆发，让京剧走出国门，几乎成了他此生最大的夙愿。多年沉思，几度迂回，终未成事，却无人能阻止他实施这一远大计划的梦想。在梅兰芳正式接受美国人邀请之后，经过长达两年的紧张筹备，梅兰芳赴美访问演出团二十四人，于 1930 年 1 月 18 日从上海正式登船启程，前往哥伦布发现的那块遥远的美洲新大陆。从 1915 年芮恩施钟情发声，到梅兰芳组团赴美，前后历经十六年孕育。

在欣赏和阅读梅兰芳访美演出信息的同时，不由得让人想起谭鑫培曾经为此留下的一段遗憾。晚年的谭鑫培声名洋溢，像海浪一样掀起百丈潮头，深为国人倾倒，其唱工声调亦达炉火纯青之境，观众无不为之陶醉与赞叹。民国四年（1915 年），曾有人将谭鑫培的唱片带入美国，美国人听了顿感震惊与欣赏，原来在大洋彼岸的中国，还有如此醉人的戏曲之声。谭鑫培的演唱铿锵悠扬，异常悦耳，令人听后余音久久不尽，像一阵默雷潜在深处滚动。美国一位著名的音乐家听过之后，将谭鑫培的演唱评为艺术的中正之音，是他平生未曾听过。有一位富豪得知消息后，闻声相思至极，愿出巨资诚邀谭鑫培赴美国一演，并速托他所熟识的华人代其传递一腔盛情。不多时，谭鑫培便接到一位华人受托转交的美方邀请，却深感岁月之重，年迈的身体恐难承受远涉重洋之旅，只好婉言谢绝。此事，当时京城某家报刊，曾于要闻栏目中登载消息："谭既享成名于国内，又得知音于域外，伶界大王之称号，受之诚无愧色。"谭氏之名动中外，于此报的刊文中可见一斑。当时，梨园中人还无一人得到外出重洋之邀，国人不禁替谭鑫培惋惜而叹。可恨岁月不允回流，不说十年，即使是五年前，谭鑫培也许会慨然而应。时近古稀之年，何能涉险远游之探啊？一向于名于利心如止水的谭老，也不免为这异域之邀而思虑再三。1930 年，当梅兰芳决定组团赴美时，谭小培决定夜访梅宅，在送上祝福之时也告慰老父的在天之灵。

此时离梅兰芳出境赴美还有两天，所有的预备工作已接近尾声，前来拜访和设席践行的人也不会剩得太多，谭小培带着一份深情的祝福和满腔的言语，从英秀堂一步一步走近梅家。那天，他去得很晚，为了给那些有意前来梅宅的人留下充足的空间。时近午夜，他屏气凝神地抵近梅宅，屋里似乎没有了嘈杂的声音。他轻轻推开门，径直朝梅兰芳的客厅走去。一进门，刚好看到梅兰芳起身准备送走最后的两位客人。大家看见悄然到来的谭小培便说，"正好五爷到来，我们也该前客让后客了。"谭小培回说，"但愿我的到来没有打断你们吧。""哪里哪里，你看我们这不恰好起身告辞吗？五爷来得正是时候。"客走之后，梅兰芳速请谭小培坐下说："五叔，这么晚了，还惊动您老人家亲自前来，真令兰芳心感愧疚。"谭小培说："过两天你就得起程了，我怎能不来送送呢？这次赴美，你肩上的担子不轻啊！"梅兰芳急忙回说："这点我知道，真不敢让五叔操劳了。我这身艺术，不都来自谭家吗？我只要做到心无旁骛地发挥，应该不会让五叔担心。"谭小培说："其实，你的艺术水平早已超越了谭派，但你不忘谭梅两家和两派的渊源，我已是感激不尽。""五叔，我不是当着你的面装谦虚，你是知道的，我常跟业内人说，我不是梅派，我是谭派。""这点我当然知道，这就是你能登上大王之顶的高贵品质。""五叔，你就不要再折煞我了。其实，我知道你是为老爷子而来。我这次赴美，一定会给爷爷带回一份安慰的。""兰芳，你真是一位有心人，亏你还记得老爷子未能赴美的遗愿。""五叔，我怎能忘记呢？如果不是年龄所限，第一个走出国门抵达美国的京剧人就应该是爷爷。"梅兰芳的话，使谭小培从内心里感到极大宽慰，他满腔的话语一时像冰山一样融化，什么也不用再说。谭小培站起身来，用力地按着梅兰芳的肩头说："一切都不用再说了，我代表父亲感谢你，兰芳，休息吧。"五叔走了，梅兰芳直送到门外而被小培不回头的摆手止步，他知道五叔怕他看见泪水。

1930 年 2 月 17 日，纽约百老汇第四十九街戏院，在雪花飞扬的美丽夜色中，梅兰芳剧团在美国首次登台亮相，这是中国京剧的百年花开，更是早该实现的域外传播。当年，在镁光灯的闪烁下为我们留下了珍贵的《刺虎》表演的片段，时至今日，这是我们所能看到的梅兰芳最早的艺术影像。据史料记载，当晚的演出，剧场里无一空席，观众早早踊跃进场，台内密集的锣鼓声直如惊风急雨，一阵阵地将等待中的观众的心敲出灸人的炽热。在一阵锣声陡然停歇的瞬间，台幕突然开启，中国京剧由此在众盼之下粉墨登场，全场的掌声不约而同地响起。演员们一举手，一投足，一开腔，抑或一个眼神，即让台下观众感到格外的新鲜与美妙，瞬间让人进入如痴如醉的梦境之中，令时光在剧场里悄悄地流失。这是什么艺术，东方文化原来这么神奇？观众随着剧情的变化和演员的表演而不止地思索。激越铿锵的锣鼓，委婉韵雅的唱腔，色彩鲜明的脸谱，古老风情的服饰，婀娜多姿的旦角，阳光清明的老生，劲道快捷的武术，精巧设计的程式，陌生中的鲜活，沉醉中的刺激，这一切的一切，让美国人沉浸在享受异域艺术的魅力中无法自拔。当锣鼓声中台幕忽然垂下时，大家这才从一场美梦中苏醒，剧终了。疯狂的掌声顿如排山倒海般在剧场里回荡，一时人声嘈杂，喝彩声不止，戏院竟然变成了棒球场，直把梅兰芳逼出谢场五次。当时的《纽约时报》载文说，今天晚上，凡耳闻目睹的美国人都被这个中国人完全征服了。

梅兰芳的成功演出，让欧美的文化界看到了一种来自于他们自己传统的某些东西，在中国还具有不同形式的存在，这种令外邦在接受中崇尚而惊叹的文化呈现，是世界文明应有的交融，更是人类文化艺术日益丰富的需求。当时，世界上著名的戏剧学者们，几乎都集中起来，深入研讨梅兰芳的表演艺术，从比较东西方表演艺术的不同中，探索和揭秘世界几大表演艺术的真谛与共通之处。梅兰芳访美，使京剧走出国门，登上了世界艺坛，传播和影响与时光同流。中国戏曲的千年历史，注定将永远铭记这个曾经在异国舞台上惊艳亮相的动人身影，它属于梅兰芳，也属于每一位曾经在舞台上光辉绽放的京剧艺人。正是从那一刻起，古老的京剧，开始照亮世界文明的每一个角落，一次次展现出令人迷恋的魅力。从那个时代开始，京剧已经属于全世界。

其实，梅兰芳带着中国京剧踏上的第一个异邦并非美国，而是近在咫尺同属亚洲的日本。1919 年 4 月 5 日，应时任日本财阀大仓喜八郎及帝国剧场邀请，梅兰芳首次率团访日公演。这时的日本歌舞伎界群雄并起，一派主张改良传统剧目，一派积极编演新戏。于是，大仓喜八郎与帝国剧场所支持的传统派，正是彼时歌舞伎的主流。梅兰芳前后访日五次，不仅成功地将京剧传播到中国之外的国度，更与日本传统戏剧的歌舞伎结下不解之缘。其中，1919年、1924年和1956年是率团公演，而1929年和1930年，则为赴美演出往返路经日本。1924年，被强烈地震所毁的东京帝国剧场得已全面修复，剧场经理大仓喜八郎，为了举行隆重的开幕仪式，特邀梅兰芳再度赴日演出，于是，梅兰芳率团二次东渡。梅兰芳在帝国剧场共演出十五场，演出剧目为他精心挑选排演的《麻姑献寿》《奇双会》《审头刺汤》《贵妃醉酒》《虹霓关》《红线盗盒》《廉锦枫》《御碑亭》《黛玉葬花》《天女散花》等。演出方式仍然选择与日本歌舞伎演员同台献艺。日本方面有尾上梅幸、松本幸四郎、守田勘弥等人主演的《神风》《红叶宴卫士白浪》《雨国巷谈》等剧目，中国京剧依然安排为大轴上演。继帝国剧场之外，日方又安排梅兰芳率团赴大阪，在宝冢大歌剧院演出五场。梅兰芳几次赴日演出，令那个邻邦沉浸在惊讶迷恋之中，尤其是梅兰芳天女般的身姿与容颜，让日本人如被巨浪淹没。甚至有日本人说，看过舞台上的梅兰芳，日本再无美女可言。梅兰芳率团赴日演出，深深地触动了美国人的神经，其实，他们向梅兰芳发出邀请远比日本人早。在1915年邀请梅兰芳之前，美国人就将橄榄枝递给了当时的伶界大王谭鑫培，可惜的是，却被谭鑫培以年事已高为由婉拒。随即，他们又将视线转移到京剧旦角之王梅兰芳身上，更曾公开地发出过邀请，为什么就被日本抢先了呢？这是美国人至今不解的历史之谜。

梅兰芳不仅将京剧带到了美国和日本，人们更不会忘记他在苏联演出时掀起的那场京剧风暴。1935年3月至4月间，应苏联对外文化协会邀请，著名京剧大师梅兰芳率团赴莫斯科和列宁格勒演出。邀请单位还为这次演出专门成立了接待梅兰芳委员会，主席由苏联对外文化协会会长C.阿罗舍夫和当时中国驻苏大使颜惠庆共同担任。梅兰芳等原定在莫斯科和列宁格勒演出八场，因观众购票空前踊跃，后应苏方要求由八场改为十四场，并在久负盛名的莫斯科大剧院加演一场作为临别纪念。面对苏方的盛情，梅兰芳只能欣然接受。当时被称为"苏联电影艺术最卓越代表"的爱森斯坦，还专门将《虹霓关》中的"对枪"一折拍成了电影，并把京剧的许多艺术形式融入了他此后的电影艺术创作中。苏联和欧洲其他国家的著名戏剧家如梅耶荷德、布莱希特等高度赞扬梅兰芳的演出，此后，他们对中国戏曲艺术的关注和研究，促进了欧洲现代戏剧的发展。那次访问演出进一步宣传和加强了京剧这种古老的东方戏剧艺术在世界上的地位，是中国戏曲艺术对外传播最成功的范例。梅兰芳之子梅葆玖曾说："如果说梅兰芳访美演出成功，使西方人重新认识了中国戏曲，那么梅兰芳访苏演出成功，不仅仅在于传播，更在于使京剧艺术有了系统的理论阐述。"他表示，"著名导演爱森斯坦拍了他认为是典型京剧的电影《虹霓关》，该片一直流传至今。当天苏联《真理报》文章的醒目标题就是《伟大的爱森斯坦拍了伟大的梅兰芳》。"

第一部有声京剧电影

　　回溯历史，我们不会忘记，1905 年由谭鑫培主演的第一部无声京剧电影《定军山》，开创了中国电影先河。而京剧与电影联姻后，第一部有声影片，即由谭富英和雪艳琴主演，为天一公司投资拍摄的《四郎探母》。当时，为了拍好这部影片，导演严格从电影的审美特点出发，要求不能局限于京剧的表演程式，要尽量增加仿真效果，力求最大限度地在观众面前再现真实生活。1930 年左右（一说为 1928 年，另一说为 1933 年），谭富英从朱琴心的戏班退出之后，转赴上海与"四大坤伶"的另一位名角雪艳琴合作，在天蟾舞台演出一个多月，掀起了一阵戏曲狂澜。于是，上海"古代公司"经理郑箓三，特邀谭富英与雪艳琴联合拍摄有声京剧电影《四郎探母》（中国历史上第一部有声电影），双方拟定 7000 块大洋报酬。这是第一部情节完整的有声京剧电影，弥补了谭鑫培当年拍摄《定军山》时技术条件不足的局限。

电影《四郎探母》由谭富英饰杨延辉，雪艳琴饰铁镜公主，雪艳琴的四姐雪艳舫饰萧太后，吴继兰饰四夫人，导演为尹声涛，由天一影片公司代为拍摄和录音。影片基本按照舞台演出方式拍摄，人物扮相依旧，在背景和道具上却做了一番精心布局。剧组特在皇宫内院增添了诸多花卉，但丝毫不影响演员演唱，更没有采用立体布景，基本保持舞台的原汁原味。当时，花园和宫殿都取的实景，连公主怀抱的娃娃，都借用了一个刚满月的婴儿。在拍摄灯光的闪耀下，雪艳琴却毫不紧张。值得庆幸的是，婴儿恰好一直在熟睡中。后来，公主在太后面前做出暗掐儿子一把的表演时，怀中的婴儿却突然醒来，哇的一声哭开了。也许是天助，也许是雪艳琴临时动作的些微晃动，婴儿正好被惊醒。对此，所有参加拍摄的人，都感到特别惊奇和欣慰。

在"过关"一场前，杨四郎唱罢"泪汪汪哭出了雁门关"后，银幕上即出现一匹战马，驮着杨四郎疾驰而去。这一镜头的闪现时间还不到两秒钟，用此快速的一掠而过，来表现当时偷出敌营的杨四郎，似离弦之箭飞向宋营。这对从没骑过马，而且个性并不张扬的谭富英而言，的确为一道难以跨越的障碍。按照电影艺术要求，当时的骑马场面，并非为一般的悠闲溜达，必须要求骏马飞驰，速度越快越好。谭富英为此壮着胆子，不惜几次摔下马重新再来，经过好几轮的反复练习，依然离导演的要求甚远。为此失去耐心的导演，即找来了电影演员王元龙作为谭富英的替身。经过刻意装饰的王元龙，头戴风帽，身穿马褂，衣领上插着令箭，他背向观众策马飞奔而去，王元龙的身高与体型几乎与谭富英相仿，又经过一番衣帽遮盖，达到了仿真的艺术效果。看过成影的镜头后，剧组对此相当满意。谭富英也为此卸下了骑马训练的苦痛与风险，结局皆大欢喜。

在"盗令"一场中，导演嫌萧太后上场后唱的那段西皮慢板太过拖沓，并不符合电影快节奏的艺术要求，建议将其删掉，但遭到雪艳琴的强烈反对。电影为一门借用场面而塑造人物与生活的艺术，而京剧则是利用舞台呈现生活与人物的艺术，两门艺术的侧重点确有些不同。在电影诞生和制作初期，一时还不能找到两者对立统一的完美结合方式，争论在所难免。为了顺利拍摄，更不影响演员情绪，有心的导演同意了雪艳琴完整演唱的方式，并当场用心进行摄录。但在成片时，摄制组却在未征求意见的情况下，悄悄地将雪艳琴的那段演唱剪掉了。在看样片时，萧太后那段演唱居然悄无声息地没了，但整体效果还比较让人满意。对此，雪艳琴也只好无可奈何地接受。事此，为创新而承载历史使命的中国第一部有声影片京剧《四郎探母》，在无声影片行业的一片反对声中诞生。该片放映后，市场效果极佳，前来影院的观众络绎不绝，在京、津、沪等地，先后放映数年而经久不衰。

京剧《四郎探母》为谭派代表剧目之一，谭鑫培、谭小培、谭富英、谭元寿、谭正岩，代代都唱，极受观众青睐。《四郎探母》取材于杨家将的故事，摘取其中某些经典人物和精彩情节编撰而成。《四郎探母》在艺术上有较高的成就，是一出著名的京剧唱功戏。它运用优美的戏曲唱腔，细腻地抒发人物的思想感情。尤其偷离辽营前，杨四郎与铁镜公主对唱的那一段《你和我好夫妻恩德不浅》的唱腔，谭富英唱得情真意切，悲痛伤感，让人回味无穷，是被人们津津乐道的谭派经典唱段。

在京剧《四郎探母》一剧的改编者名单里，最大牌的应该是西太后。她很爱看这出戏，还特别喜欢剧中的萧太后一角，后来，她令谭鑫培在原剧的基础上增加了"回令"一场戏。在近代，京剧《四郎探母》是一出命运坎坷、备受争议的剧目。杨家将在中国人心中，都是可歌可泣的民族英雄。但杨四郎的做法，在某一个时段，则被政治上认为是弃母不顾的投敌叛国行为，在忠孝观念上颇受诟病。耐人寻味的是，在 20 世纪五六十年代，大陆和台湾相继展开了一场对《四郎探母》的大批判，进而在两岸遭到禁演。后来虽然都解禁重登舞台，但剧情却经过了相应的改编。大陆版的《四郎探母》，已把杨四郎面见妻子的一段删除。有人说，这是为了不让杨四郎背上无情抛弃原配的罪名。也有人说，这是为了凸显杨四郎和铁镜公主的贞洁爱情。尤其是在"文化大革命"中，这出戏被打成汉奸戏、叛徒戏，不时拉出来批斗。台湾版的《四郎探母》，则对"见娘"一段进行了精心改编，在杨四郎拜完母亲之后，即从袖中掏出一卷敌营地图呈给母亲，以助日后率军打败辽邦。《四郎探母》每次在台湾上演，台下均哭成一片。"胡地衣冠懒穿戴，每年花开儿的心不开"，那种悲痛，真正令身离大陆隔海不能归家的游子刻骨铭心。《四郎探母》是一部在京剧舞台上，无生不会而无旦不唱的普及戏。经过千锤百炼的各派唱腔，的确都为精品。无论是老生和青衣，还是老旦与小生，都表演得声情并茂，别有韵味。特别是杨四郎和铁镜公主对唱"坐宫"一场，则是精品中的精品，听后让人无不动情。即使是偶尔看京剧的人，恐怕对"坐宫"一出中的快板也是耳熟能详。《四郎探母》一剧写出了人性的真实，歌颂了人性之美，作品通过艺术手法，以人性之美来鞭挞战争罪恶。而对人性美的歌颂，是艺术永恒不变的追求和使命。有人分析《四郎探母》长盛不衰的原因认为：无论何时何地，中国人追求的都是"但愿人长久，千里共婵娟"的美好与团圆。"金井锁梧桐，长叹空随一阵风……"杨四郎的喟叹，百余年来，随着《四郎探母》的上演经久不息。所以，京剧行内有"探不完的母（《四郎探母》），起不完的解（《苏三起解》）"这一说法，足见《四郎探母》在京剧中的地位和影响。

谭富英，京剧四大须生之一，谭派嫡传。雪艳琴（1906—1986年），原名黄咏霓，回族人，初入梨园行学河北梆子，拜师田际云门下。七岁登台，取金筱仙为艺名。后来却爱上了京剧，于是，利用一切机会私下偷学，竟对四大名旦的拿手剧目，基本都能全剧演唱。1920 年，14 岁的金筱仙，应太原承庆园邀请，在连台本京剧《狸猫换太子》中饰演寇成玉，从此，一剧成名。此后，金筱仙即改行正式唱京剧，拜靳国瑞和张彩林为师，专攻旦行，并将艺名由金筱仙改为雪艳琴。雪艳琴天资聪颖，幼功相当扎实，学习又刻苦用心，天生长就一副高挑身材，扮相极为端正，气质优雅，在当时的女青衣中，为首屈一指的佼佼者。虽说她入京剧行起步较晚，但成名较快，不过十年时间，名气直追四大名旦。

1931 年 3 月，明星公司率先张贴大幅海报，于上海公映由他们拍摄的中国第一部蜡盘发音的有声影片《歌女红牡丹》，立时轰动海内外。根据当时的技术和经济条件，该剧只能采用蜡盘发音方法。《歌女红牡丹》由洪深编剧，张石川导演，由胡蝶领衔主演。影片主要讲述一名歌女，嫁给了一个无赖，受尽折磨和痛苦，但她一直逆来顺受、毫无怨言的表现，终于感动了丈夫。为拍摄该部影片，明星公司竟然耗费了 3 年时间，投资巨大，可说花了血本。电影《歌女红牡丹》插入了《穆柯寨》《玉堂春》《四郎探母》等四段京剧片段（由梅兰芳代唱），更增加了影片的轰动效应。该片公映后引起全国震动，影响很快波及南洋诸地。菲律宾片商慷慨出手，居然以高于一般无声影片十多倍的价格买下了该部影片的拷贝。从技术角度而言，当时的蜡盘发音，还只能算半有声影片。蜡盘发音，指在拍摄影片画面的同时，使用蜡片收音。但这种蜡片不同于普通唱片，在收音程序上，得先将音波收入卷筒中再翻到蜡片上，不像普通唱片的声音，直接录在蜡片盘上。蜡片发音的优点是声音特别清晰。但缺点是最忌断片，假如胶片损坏的长度达到一尺以上，"声"与"影"就会两相脱节。直接在蜡片上录音的有声片，当时名为"记音影片"，即现在的有声片，是直接将音波收录在影片片基的声带上，技术比较复杂。

对于中国第一部有声电影的名头之争一直存在，究竟是《四郎探母》还是《歌女红牡丹》？《歌女红牡丹》大致认为是 1931 年拍摄，而《四郎探母》的拍摄一说为 1928 年，另一说为 1933 年（也许起点拍摄于 1928 年，却放映于 1933 年）。假如《四郎探母》的拍摄时间的确为 1928 年，则自然早于《歌女红牡丹》的 1931 年，那么，《四郎探母》就理所当然地成为中国的第一部有声电影。假如《四郎探母》的拍摄时间为 1933 年，那么，《歌女红牡丹》当属中国第一部有声电影。但有一点是不争的事实，无论《四郎探母》拍摄于 1928 年还是 1933 年，它为中国第一部有声京剧电影是不争的事实。中国电影不仅与京剧有缘，更与谭家有缘，只要研读中国电影史，注定绕不过京剧和谭家这两个关键词。

会演大汉口

梅兰芳，京剧四大名旦之首。谭富英，伶界大王谭鑫培的孙子，谭派的嫡传人。如此两位明星同来汉登台会演，使武汉三镇的戏迷比过年还兴奋。这样的机会不多，也不可能多，谁愿失去现场观摩的机会呢？假如让笔者赶上了，即使再紧张的票，也得想尽办法去弄一张，因为历史不会重演，时光更不会回头。

1934 年春节前夕，谭富英从上海回到北京演出几场义务戏之后，即接到一个极好的消息，梅兰芳邀他同去汉口演出。那天中午，谭富英起床后，父亲即对他说："昨晚你演戏回得晚，来不及告诉你，你要好好地准备一下，近两天少接一点戏，积蓄一点精气神。听人传话说，兰芳近几天会带你一起去汉口演出，那里是谭家的故地，一定要十分卖力，不能愧对家乡父老。好好地听从兰芳安排，不能辜负他的一片心啊。"春节前，梅兰芳就接到汉口方面的邀请，他也答应年后2月底赴汉，十天的演出期，不长也不短。

赴汉前两天晚饭后，梅兰芳敲开了英秀堂的大门。见梅兰芳突然未约来访，谭小培特别高兴，相互问候便坐下喝茶。因梅兰芳有事而来，不等主人开口，便直奔主题说："五叔，我过两天要去汉口演出，十天的档期，我想邀富英与我同行，您看行吗？"谭小培连忙拱手说："那我还得先谢谢你，富英真的还得多跟你历练一番。再说，我们谭家的根在武汉，你这次带他去汉口，一定要让他沾沾故土的灵气，感受一下老祖宗传统唱腔的汉字音韵的来历。这一切都得拜托你了，明天我先置席给你们饯行，回京后再办酒为你们接风，预先祝贺了啊！""五叔，我这不是来与您相商请示嘛，您这一番说词，真弄得我有些脸红了。"如此一说，他们相互大笑起来。梅兰芳接着说："五叔，您别嫌我多话，几次劝您让富英挑班，您至今不同意，我今天不得不旧话重提。富英现在已经成熟了，如今的四大名旦都争着请他，再红再好，也还是跟人家配戏嘛。应该让他早日挑班，给他一点压力，也给他一点空间，早总比迟好，他现在确实具备了独立挑班的条件。五叔，您应该听我一回，您知道，我这绝不是当面恭维您。"听了梅兰芳的一席话，谭小培感到心热。他知道儿子早被戏曲界中人看好，只是想让他多历练一些时日再组班，那样来得更加踏实。于是，他对梅兰芳说："感谢你抬爱富英，你的心意我领了，五叔会认真考虑你的意见，等你武汉回来后我们再议吧，到时候还得请你出面帮他撑个台子啊。"梅兰芳知道谭小培一时还不会答应让儿子挑班，便主动岔开话题，几盏茶之后，谭小培亲自送梅兰芳至英秀堂门外。

1934 年 2 月底，京剧大师梅兰芳，应他的好友京剧演员章遏云邀请，在汉口大舞台（现人民剧场）为他新近的组班演出，一是为了提高戏班的知名度，扩大影响；二是为了满足武汉观众的需求，一睹梅兰芳的风采。2 月底，梅兰芳一行坐火车来到乍暖还寒的汉口，由章遏云率领的武汉多个剧场老板和各界名流数十人早早来到汉口大智门火车站，直接抵近站台迎接并组织了乐队，场面十分热烈。出站后，他们分乘数辆黄包车，下榻于胜利街的德明饭店，沿途数千名群众自发地夹道欢迎，盛况空前。梅兰芳一直把手伸出车外，向两旁的路人致意。这次随同梅兰芳一起来汉的主要演员有金少山、谭富英、肖长华、姜妙香、刘连荣以及芙蓉草、姚玉芙、朱桂芳等十余人，真可谓阵容整齐，气势庞大。稍事休息后，梅兰芳即与章遏云和剧场老板商议演出戏码和日程安排。梅兰芳头三天的打炮戏为：3 月 3 日，他与肖长华合演《女起解》；3 月 4 日，他与金少山、谭富英合演《法门寺》；第三天为梅兰芳主演的《洛神》。三天之后，演出轰动整个武汉三镇，人们争相来看，真正的一票难求。那些最会观测剧场风向的老板们，即联合各方人脉，要求梅兰芳延长演出档期。

为了应对梅兰芳这次火爆的演出，3 月 8 日，《汉口时报》紧急登载一则汉口大舞台的启示："本台特别启示，梅兰芳应本台之邀来汉献艺，原仅订约十天，因各界特别欢迎，不但上座为之爆满，后至者已无立足之地，本台深为抱歉。现已商得梅先生同意，准加演数天，以答各界之雅意。仅启。"汉口轮渡公司，为了满足武昌和汉阳观众晚上回航的要求，特地各加开一班轮渡，以便于观众看过梅兰芳先生的演出后能当晚返回。轮渡公司的这一举措，不仅赢得了观众和旅客的盛赞，更为自己赚得盆满钵满，这才是为经营的上上之策。

武汉又名江城，是一座两条大江在城市中间穿过的城市。从汉口的集家咀到武汉关一段，就有数十座大码头。中国惟有两个被世人冠以"大"字的城市，一个是大上海，一个是大汉口。汉口是武汉市的重要组成部分，为大武汉的金融、商业、贸易中心，自古被誉为"楚中第一繁盛处"，以"东方芝加哥"之名驰名海内外。汉口地处长江西北和汉江以北地域，隔长江与其东南侧的武昌，隔汉江与其南侧的汉阳两镇相望。民国时期，汉口脱离了汉阳府管辖，于 1923 年设立中国第一个直辖的汉口市。汉口和武昌、汉阳相互隔岸而处，是为三镇鼎立。汉口在民国时期高度繁荣，包括汉阳人口共达百万以上，综合实力并肩当时的大上海，位居亚洲前列。其后汉口与武昌、汉阳合并为今天的武汉市。

湖北历来为文化大省和戏曲强省，崔颢的一首诗，使武汉成为古今人所共知的白云黄鹤的故乡。武汉不仅孕育了 400 年历史的汉剧，进而滋养了京剧的诞生。在这里走出了一代京剧宗师谭鑫培，浓浓的"湖广韵"，至今保留在传统的京剧唱腔里成为经典。汉口还使楚剧、越剧和其他东西南北的地方戏种，均在这里觅得了扎根的土壤。"武汉之所以成为当年的戏码头，正因为演出多、观众多、剧种多、剧团也多，戏曲艺术十分繁荣……" 20 世纪 30 年代的大汉口，名角荟萃，戏院林立，与北京、上海、天津并称为中国四大"戏码头"。武汉评书表演艺术家何祚欢曾这样形容："不论什么级别的艺人，无论你演出什么样的戏种，只要本事过硬，都可以在武汉落地生根，就连相对陌生又没有名角儿的扬剧，都可以在武汉连演一个月。"

1934 年，梅兰芳应为第二次来汉，而谭富英则是第一次。当谭富英得到与梅兰芳同来武汉演出的消息时，他高兴得两晚睡不着。应章遏云的安排，梅兰芳他们首先在汉口大舞台（现人民剧场）连演几日，再转到新市场（现在的民众乐园，该园坐落在汉口中山大道江汉路段，无论过去和现在，都是汉口商业和文化的黄金区域）唱了三天。当时演出的剧目有《女起解》《法门寺》《洛神》《四郎探母》《霸王别姬》《西施》《太真外传》。从 3 月 8 日起，梅兰芳等特为湖北灾区义演三天，所有收入全部捐献给赈灾之用。戏票由湖北赈务会派员向各方推销，余票由武汉市市青会代售并函知大舞台，赈务会还为演出特设了正厢剧卷。梅兰芳精湛的演技，已经被传得神乎其神，不仅是戏迷，甚至连平日并不太看戏的人，都想一睹风采。其间，经梅兰芳介绍，大家得知谭富英原是武汉人，伶界大王谭鑫培之孙，尤其他那英俊的扮相和一副天赋的好嗓子，戏迷们更加像疯了一样。看着场外不能入场而群情激昂的观众，赈务会不得已临时卖了许多加座，门外未能进场的观众仍旧吵闹不已，只好又卖了许多站票。在当天的剧场内，被拥挤得水泄不通。票价最高为 4 元 6 角，站票也卖到 1 元 2 角，创造了武汉演出的历史。演出一个星期后，为了剧场秩序和观众舒适，后来还是被迫取消了站票。

3 月 12 日，为孙中山逝世九周年纪念日，特此停演一天。停演期间，梅兰芳似乎更忙，多位头面人物和业内人士，特别是剧场老板们，谁愿意放弃这个亲近艺术大师和财神爷的机会呢？他们都排队等着做东。不管去哪里，哪怕是几个人的宴席，梅兰芳都得将谭富英叫上，因临行前五爷有托，他又喜欢谭富英一心为戏、从不多话的性格。在汉演出期间，谭富英几乎与梅兰芳形影不离。但那天晚上，当梅兰芳与他说起明天一同出席某某的宴会时，从来未说不字的谭富英，却面带愧色地对他摇了摇头。这一下真令梅兰芳摸不着头脑，便急问为什么。这个平日对他几乎唯命是从的师弟，今天突然向他摇头，难道是哪里怠慢了他，抑或是他哪里不舒服，必须尽快找出答案。知道梅兰芳着急，谭富英便脱口而出道："没有其他原因，因为明天停演，我正好抽空去找找我的老家。临行前父亲曾交代过，如有时间得去探问一下。"听谭富英如此一说，梅兰芳顿时镇定下来，即对谭富英说："我陪你去！"富英客气地对师哥说："这就不用了，你安心去赴宴吧，还有好多事情得等你答复和安排。再说，我能否找到老家，还是一个问号，又何必拖着你呢？"如此说，梅兰芳悬着的一颗心便彻底放下了。他即找人给富英安排了出行的黄包车，并让章遏云找来两个较为熟悉情况的向导陪同前往。

那天晚上，谭富英回得较晚，赴宴归来的梅兰芳不见谭富英回来，心里又惦念上了。那时又没有电话，更没有手机，只能一个劲地干等着。还好，不大一会，门外便传来了嘈杂的脚步声，梅兰芳赶快推开门，一看是富英回来了，急忙迎上前连说两句"回来就好，回来就好"。看着谭富英一副无精打采的样子，不问他也能猜出个八九来，"没有找着是吧？"谭富英说："谭家湾是找着了，但那一带却有好多个村庄都姓谭，湾子里的一些人都还知道谭鑫培的名字，都说好像是自家湾子里的人，就是没有人能说清楚谭鑫培究竟属于哪个湾子（"湾子"在当地指自然村），更没有文字记载的证据。从曾祖谭志道外出起算，已经八十多年了，我们一直和老家没有来往。我父亲和祖父来汉演出期间，也曾去找过，就像我今天一样，又因时间不允许，根本不可能继续往下查，一时难得找出答案。当初，祖父六岁随曾祖外出，直至曾祖去世，也没能随老人家一起回过故乡。曾祖和祖父两位老人临终前都嘱咐过谭家后代，一定要回汉找到老家，人不能没有根啊？"事已至此，梅兰芳也无计可施，有力无处使，只好耐心地安慰他："以后还有来汉的机会，我们可以事先定好时间，抽出几天再去找，总会得出一个结论来嘛。要么，我们离汉前，我帮你找几个人，你将基本情况告诉他们，请他们代为查找，一有消息便通知我们，这样既省时，又相对有把握一些，免得你人生地不熟地到处乱撞。"谭富英见梅兰芳在一个劲地为他着想，一时也被弄得不好意思地说："谢谢你的关心，我看不必要麻烦别人，具体情况我也说不太明白，等我回京再跟父亲说说。我相信，总有一天，我们谭家人会找到根的。"梅兰芳轻轻地拍了拍富英的肩膀，用眼神传递给他一丝安慰与力量。

据当时《汉口时报》载，经汉口方面坚留，梅兰芳一行从 13 日一直演到第二个月中旬过后，剧目共计二十多个，场场爆满，让武汉热爱京剧、欣赏梅兰芳表演艺术的观众大饱眼福。那次演出前后共达一月之久，把整个江城都炒热了，无论是街头巷尾还是茶余饭后，梅兰芳成了一道最热烈的话题。梅兰芳一行在汉演出期间，受到了一些剧场和戏院老板、组班人（相当于现在的经纪人）还有社会名流的热情接待。

1934 年 3 月 18 日，恰好时逢汉口大光明戏院老板，青帮大字班头刘玉堂的五十九岁寿辰。精明的刘玉堂即借此大做锦绣文章，他盛宴款待了梅兰芳剧团的主要成员，汉口的一些头面人物和汉剧泰斗余洪元等四十余人出席，真可谓喜庆满堂、光辉置顶。刘玉堂此举可为一举三得之策：一为梅兰芳的演出成功而贺；二为日后顺利邀请梅兰芳组班来大光明戏院演出奠基；三为自己祝寿。

扶椿社之路

　　回顾当年，谭富英的"扶椿社"成立后一炮走红。虽说后来重启了谭鑫培的"同庆社"班名，也因故几异社长，演员阵营更在不断调整与更换，但市场热度居高不下，一路走红直到新中国成立之后，才逐渐并入国有剧团。然而，"扶椿社"的成立却历经了十余年的漫长孕育过程，在各派大佬与观众的千呼万唤中才得以问世。谭富英虽为谭派嫡传魁首，是戏曲界顶尖名角之一，但他却是从出科到挑班间隔时间最长的人。也许，今天依然还会有人说，当初谭小培过于保守，将儿子管得太紧了。抑或也有人说，谭富英自己也少了那么一点点勇于自立的精神。但纵观"扶椿社"一路通达地走过将谭派艺术发扬光大的戏曲历程，我们是否可以说，谭家父子沉稳组班决策的正确性，承受了历史的检验。假如，班社提早成立，其中是否会出现意想不到的插曲或风浪，谭派艺术发展的结局是否会改写？

1933 年，程砚秋从欧洲考察归来，约请谭富英到上海天蟾舞台演出二十多天，小生为俞振飞，花脸为金少山。程砚秋离开上海时，谭富英却被尚小云劝留上海，又在三星舞台演出一个多月。接着梅兰芳也赶去上海，即时对他发出邀请。至此，谭富英想走也走不开了，他们在上海黄金影剧院，接连演唱三期。一年之内，谭富英在上海先后与四大名旦中的程砚秋、尚小云、梅兰芳三位合作，受到观众的热捧和好评，谭富英不再是依附四大名旦的挎刀演员。如是，业内人士对谭富英挑班的呼声越来越高。回到北平后，程砚秋和尚小云分别跟谭五爷提出让谭富英挑班的建议，依然被他婉拒。那天，梅兰芳又一次走进英秀堂，见到五爷便开门见山地说："五叔，富英真该挑班了。我不知道，您究竟在顾忌什么？富英出科的时候，您曾对我说过，十年之后让富英挑班，现在前后已经十一年了，您为什么不兑现承诺呢？"谭小培望着梅兰芳说："我先替富英谢谢你。这几年，你也带了他不少，不然，富英难有今天的进步，你也不会再次上门跟我提他挑班的事。我是说过，计划十年让富英挑班，但多历练一下也不是坏事。"梅兰芳紧跟着说："话是不错，人人都需要历练，但挑班之后，不是更好的学习机会吗？难道您要等富英老了才让他挑班吗？人的青春和精力都是有限的。"兰芳，你的心意我领了，让我考虑考虑，容我跟富英商议一下，毕竟是他挑班嘛。"看到五爷的口气有所软化，梅兰芳也不便再说什么，辞别五爷走出了英秀堂。自那次梅兰芳造访大外廊营之后，谭小培为儿子挑班的事依然拖了两年。不过，那次梅兰芳的劝谏，真还让他加快了让谭富英挑班的计划。

1935 年，谭富英分别与梅兰芳、荀慧生、程砚秋、尚小云、筱翠花、徐碧云六大名旦，雪艳琴、胡碧兰、碧云霞、新艳秋四大坤伶合作，在京、津、沪、汉、鲁各地获得了较高的声誉，观众群体越来越大，长期稳定了超高的票房收入。这一年，实岁二十九虚岁三十的谭富英，正当三十而立之年，看来独自挑班的时机已经成熟。经过多位名人催请，谭小培下定决心，儿子组班之事在私下悄悄进行。他私下请来北平梨园行经励科的能人陈椿龄商议，经过一番磋商，由陈椿龄出任社长，负责约角、经济、联系剧场等事宜，取谭富英乳名"椿儿"之意，初定班名"扶椿社"。社里二牌旦角为王幼卿（王凤卿次子），三牌武生为周瑞安（周少安之父），铜锤花脸为王泉奎，架子花脸为马连昆，二路老生为哈宝山（马连良表兄，哈的母亲为马连良姑母），小丑慈瑞泉、慈少泉父子，二旦为许艳芬（于连泉姐夫，艺名"小桂花"）。根据当时行情和班社的经济状况，谭富英每演一场满分为一百块大洋，他的全堂场面和两个跟包(一个箱头师傅，一个检场)都算在他的脑门钱中，共计支出三十块大洋。成班后，谭富英的扶椿社，立即在北平的"吉祥"、"华乐"（大众）、"开明"（民主）、"长安"、"哈尔飞"（西单）、"广德楼"、"三庆"、"庆乐"、"中和"等各大戏园陆续亮相。其中以在"广德楼""三庆"唱得最多。正如谭小培预料，票房收入稳定，观众热情高涨，表演日益娴熟。在北平各戏园演出一个周期后，又陆续到天津、汉口、上海等地演出。为了适应市场和进入最佳组合状态，演出班底不断调整与变化，其中旦角先后更换了程玉菁、筱翠花、新艳秋、章遏云、陈丽芳、张君秋、梁小鸾等。明眼人一看就知道，这个班底几乎就是余叔岩当年的班底。民国二十八年（1939 年），天津沦陷，谭富英即以"谭富英剧团"的名义辗转上海，演出于"黄金大戏院"，约聘张君秋（十九岁）为二牌旦角。当时，谭富英第一次在上海挂头牌，他认为张君秋绝非"池中之物"。

在陈椿龄主持业务期间，正是谭富英意气风发名震菊坛的年月，可惜 1941 年，陈椿龄病魔缠身只好辞职。于是，谭小培立即延请北平"三义永盔头社"的老板韩佩亭（自梅兰芳出名起，韩佩亭一直给他梳头，直至韩去世为止）担任社长，乔玉林担任大管事，同时启用当年谭鑫培的班社"同庆社"之名，并与很多名家合作，一时声名大振。他们外出借鉴梅兰芳的方式，使用"谭富英剧团"名义。从此，谭富英大张旗鼓地步入传承与发扬祖父艺术衣钵之路。虽说"同庆社"既有社长，又有大管事，但社内实际大权依然掌握在谭五爷手里，有关营业、外交、业务和人事，均由社长操办。韩佩亭为剧界大能人，何况还有乔玉林当大管事。大管事一职非同小可，可以说是剧团里的实权人物，要充任此职，对剧团的各个方面都得了如指掌。如安排戏码、经济支配、选择剧场、聘用演员，有关演戏的诸多事宜都得清清楚楚。大管事手下还有人数不等的文武管事、小管事。若有一篇《论管事》的文章面世，也许可以成为一页较为详尽的京剧史料。以当年大班社的管事而论，梅、尚、程、荀各班的管事分别为姚玉芙、赵砚奎、吴富琴、王久善。杨小楼的管事则是他的女婿刘砚芳，马连良的管事先为马四立，后为李华亭（名老生李鸣盛之父，剧界呼为李鸟。后来，他又和李宝森同组宝华社，担任天津中国戏院鳌头，且年限很长）。"同庆社"的管事乔玉林也是个中翘楚，他除了在谭班管事之外，还曾在梅兰芳的承华社管过事。他出身梨园世家，不但是管事行家，剧艺也属上乘，其父为著名昆旦乔蕙兰。乔玉林办事稳重，深为梅兰芳和姚玉芙倚重。马连良、谭富英对他极为尊重。梅兰芳每次演出昆剧《闹学》《奇双会》《金山寺》时，乔玉林多为配角，他阅历丰富，颇得同仁钦服。余叔岩《宁武关》中的周母一角，历来由罗福山担任，若罗不在北京，余叔岩则力请乔玉林出演，乔玉林演来颇称其职。梅兰芳的《拷红》一剧，老旦由孙甫亭饰演，但唱做均由乔玉林指导。乔玉林既是管事能手，又是一名受人喜爱的演员。"同庆社"中的老生演员宋继亭（谭元寿的舅父），也一同参与班社管事。

1944年韩佩亭病故，谭小培即请万子和担任社长。当时既是班社社长又是剧场经理的万子和，自然让自家班社久占"华乐"和"大众"两大剧场。新中国成立之后，"大众"剧场便成为中国评剧院的演出场所。那天，谭小培专请万子和来英秀堂商议谭富英班社的事，他应约前往。万子和中等略显魁梧的身材，脸上长着稀疏浅浅的麻子，戴着一副茶色水晶眼镜，说起话来是沙哑浑厚的男中音。冬季，万子和总戴着那顶黑色的羊羔皮船型帽，身披大氅，肩着名贵的水獭领，脚穿"老头乐"棉鞋，右手拄着黄杨木文明棍，一副十足的老板气派。谭小培从内室到客厅出迎，双手抱拳互致问候，一个叫"五爷"，一个称"万爷"。寒暄之后，万子和脱下衣帽，分主宾落座太师椅。于是，两人快速切入班社的管理和发展事宜的话题中。后来，由万子和担任社长之后，同庆社在演出市场相当被人看好。

同庆社一直坚持到1949年新中国成立前夕。新中国成立之后，裘盛戎亲自到大外廊营一号谭宅，以后生晚辈的姿态，恳请与谭富英合作。从此，谭富英的同庆社即与裘盛戎的戎社合并，组建了"太平京剧团"，由梁小鸾为三牌旦角，谭富英的妹夫杨盛春为四牌武生，丑角为马富禄。为展示剧团新面貌，他们首演新戏《将相和》，在上海连续演出四十多场，轰动整个上海。不久，又到兰州为庆祝"天兰铁路通车典礼"演出半个多月。回到北京之后，根据政府要求，太平京剧团改名为北京京剧二团。1956年，从香港回到北京的马连良组建的"马连良剧团"，与北京京剧二团合并，组建了北京京剧团。1957年，与张君秋的北京京剧三团合并，1960年又兼并了赵燕侠的"燕鸣京剧团"，组成了新的北京京剧团。

谭富英的同庆社班底相当扎实：旦角有王幼卿、陈丽芳、沈曼华、张君秋、侯玉兰、梁晓鸾等；武生有周瑞安、茹福兰、吴彦衡、杨盛春等；花脸有刘砚亭、马连坤、王泉奎、裘盛戎等，以刘砚亭、王泉奎时间较长；里子老生有宋继亭、哈宝山、张春彦、李洪春、李宝奎、贯盛习等，以哈宝山、宋继亭时间较长；小生有金钟仁、周维俊、姜妙香等；老旦有孙甫亭、何盛清等，以何盛清年限较长；小花脸有慈瑞泉慈少泉父子，以及李四广、马富禄、孙盛武等，以孙盛武年限较长。新中国成立初期，杨荣环也曾给谭富英挂过二牌。

当初，谭富英一直没挑班，不仅仅受谭小培决定限制，与他自己的态度也不无关系。谭富英压根儿就没有挑班的强烈欲望，他觉得不挑班也挺好。一切事务皆由父亲联络，他只管唱戏，天天都有名家聘请演出，既风光又无杂念，有什么不好呢？为挑班一事，后来谭富英曾私下与朋友聊起过，他说："干我们这行的，谁不想挑班挂头牌当老板？虽说我从未主动跟父亲提过要求，但并非不曾考虑过。不论是谁，不能听人家说你是名家就是名家，得自我掂量掂量身上的玩意儿究竟怎么样？直到现在，我认为还只能说是过得去，最重要的是必须拥有自己稳定而庞大的观众群。现在当然可以了，一贴戏总有四五百位常坐准到，这才敢挑班。不然的话，一旦挑班如上座不好，赔钱是小事，跟头可栽不起，再撤下来，连给人家挎刀都干不好了。"谭富英的话不无道理，过去的大演员，自挑班后能一直立于不败之地的人，基本上走的都是这么样一条路线——先给人家唱头里，再给名角配戏，坚持不懈，努力奋进。熬到可以唱压轴，也可以给头牌挎刀了，这才成为二牌的身份，在戏剧界就有了一席之地。再经过一个阶段，估计自己可以独当一面了，这才敢挑班。四大名旦、四大须生的成长之路莫不如此，只不过历练的时间长短不一而已。谭富英值得骄傲的是，因为天赋奇佳，功底好，一出科就给人挎刀，这很了不起。只有经过艰苦磨砺，基础扎得牢，挑班后才能少走弯路。过去也有过这种现象，有的演员在科里很红，出科后就挑班，但时间不长就显现颓势，或在演出中时好时坏，不能保持长盛不衰，那就是基础没有打牢。在那个竞争激烈的年代，艺术水平如果没有达到巅峰状态，很难在舞台上光辉朗照。从谭富英上面的这段话中可以窥见，他从内心里赞成父亲为他挑班制定的战略与时间选择。谭富英的成功浸透着谭小培的苦心孤诣，谭小培采取稳扎稳打战略培育儿子的成材之路也被证明是英明的。所以，谭小培被公认为谭家承前启后的一代功臣。

且歌且行

Qiege Qiexing

俗规难逾

　　谭小培自结发夫人去世后，一时难从失妻的痛楚中走出来，唯有把所有的精力投入到培育儿子和英秀堂的管理事务上，只有把自己埋在不间断的事务中，才能让念妻的思绪稍稍放下。谭门家大业大，又是戏剧界显赫的家族，谭五爷更是谭门中最善交际的人，人缘特别好，主动跟五爷提起续弦之事的人不在少数，关切之情溢于言表。开始，谭小培确实走不出对妻子的情感思念，多次婉拒。日长天久之后，确实难拒那么多人的热情，又架不住回家后的儿吵女闹，更有夜深人静之后的凄清之苦。不说茶水，连个分享快乐或倾诉心事的人都没有，更难奢望一室温情。于是，谭五爷续弦刘宾卿（巨商刘子和之女），生活才慢慢得以回暖。刘宾卿先后生了一子两女，尤其是小儿子谭仲英出世，谭小培打从内心里笑了出来，平日沉默寡言的谭富英从此多了一个玩伴。但没想到的是，仲英由于儿时的一场大病而落下半聋半哑的残疾。于是，他将更多的父爱倾注到这个苦难的儿子身上。更让五爷伤怀的是，刘氏所生的两个女儿，一个得白喉不治夭折，一个婚姻不遂，终患痨病青春不再。两个女儿早早离去，对一个无力挽救女儿生命的父亲，是一缕永远抹不平的伤痕。还有他未允谭富英与胡碧兰的婚事，儿子为此闭门三天的沉默抵抗……

谭俊英是谭小培最小的女儿。无论是男是女，对于逐渐进入晚年的人来说，只要家中还能添口，都是巨大的惊喜。后来，五岁的俊英竟然突患白喉病，且病情一天天加重。为了给女儿治病，谭五爷不惜重金，遍访北京城里的老中医，依然不见起色。不得已，谭五爷在家遍翻中医宝典，亲自给女儿煎药喂服。结果还是无力回天，女儿走了。谭五爷抱起女儿，将自己的脸贴在她的脸上，直至那张冰冷的小脸没有了一丝体温才慢慢放下。无独有偶的是，谭富英的次女，与俊英同庚的凤霞也相继患了白喉病，因有俊英不治而亡的先例，心急如焚的谭家人暗中胆寒。经过一圈人私下商议，再不能走五爷的路子，否则凤霞的病不可挽回。大家宁愿身受重罚，也要冒险一试。他们瞒着五爷，让谭淑英背着凤霞，悄悄地走进了德国医院及时做了手术，结果脱离了生命危险，平安归来。凤霞死里逃生，谭五爷感到特别欣慰，该死的白喉病，再不能在英秀堂里任意肆虐了。五爷知道他们送凤霞求治西医的事，却装作不知，更不予追究，一向时尚与进步的他，绝不会面对事实而固执地墨守成规。那时，西医虽说早已进入中国，却未能成为医疗行业的主流，大多数人还抱有怀疑西医的观念。假如不是前面俊英的夭折，谭家人也不愿冒险为凤霞去求治西医，幸好结局圆满。

时光是催开花朵的天神，转瞬之间，十七岁的谭玉英出落得像仙女一样，谭五爷看在眼里，爱在心里。在那个还没有晚婚概念的年代，十七岁的女儿何况是谭家的美女，自然少不了上门提亲的人。因玉英一直不松口，那些热心登门的人，均被谭家一一回拒。开始，谭五爷并不在意，以为女儿开悟较晚，也没有一家让他特别中意的。看那么多人在谭家吃了闭门羹，所以，真有一段时间暂无登门求亲的人。后来，突然有一天又有人上门提亲，而且有人暗示，玉英可能会同意这门婚事。一向精明的五爷一查，这才得知，对方是一表人才的武生，怪不得玉英看上了。五爷既不想去追查原因，更不愿去追究责任，但受内心的观念约束，他决不能让女儿嫁给一个唱戏的。尽管对方三番五次地邀来名人上门提亲，都被五爷断然拒绝。得知父亲的态度，谭玉英绝望了，她茶饭不思，整天将自己关在房间里，慢慢地病倒了。经医生诊断为痨病（即现在的肺结核，旧时惯称火病，主要为焦急思虑所至），且较严重，经多方医治无效，最终走上了不归之路。谭玉英去世之后，有一只超大的黑蝴蝶，突然从窗外飞进英秀堂，且直接飞进玉英的房间，先落在枕头上停歇半天，然后又从屋里飞出落在棺盖上，任人驱赶都不飞走。大家悄悄地说，这肯定是玉英的魂灵。谭富英速派人为玉英念了一首"往生咒"，并举目对黑蝴蝶说，假如你是四姑娘的话，请你不必在此逗留，阴阳两隔再无回头之路，何必徒增伤感呢？大家都喜欢你，更思念你，请你给大家留下一份不再相互伤害的念想。飞走吧，谭家人永远将你留在心中。听过念经人的一席话，黑蝴蝶凌空飞起，在英秀堂的上空转了三圈逐渐飞向远方……据说在玉英出殡的那天，那个未成婚的武生，悄悄躲在人群之后为心爱的女子送行，回家却病倒了。

1935 年，刚刚挑班的谭富英，突遇发妻宋洁贞产后风去世（三子谭喜寿出生），给他打击很大，一段时间抬不起头来，无边的悲伤使他无论是在睡梦中还是醒来后，均沉浸在对爱妻的思念中。在此期间，谭家人尽力地给予他加倍的关心和体贴，虽说抚不平他内心的创伤，却使他逐渐明白了一点，自己必须振作起来，妻子也不愿看到他从此一蹶不振。只要想通了，心病自然慢慢减弱。他试着将精力悉数倾注在舞台上，以此来减少对妻子的思念。于是，他由上海演出回来不久，根据父亲的部署，即赴天津中原公司六楼大剧场，开始自己挑班后的试演。天津是一块检验演员是否能唱红的试金石，又是谭派艺术的发源地之一，可谓天时、地利、人和皆备。谭富英的班社一开始起用的旦角为关丽卿（艺名黑牡丹，男旦），后来却换了四大坤伶之一的胡碧兰。当时，这位胡小姐，正被天津的清朝皇族遗老遗少捧得发紫，位居天津四大坤伶之首。得知谭富英邀请她合作，胡碧兰爽快应承。她崇尚谭富英的表演艺术，更喜欢谭富英的为人，谭富英玉树临风的英姿，是众多女人梦中追慕的情郎。

胡碧兰一入班社，便十分卖力地演唱，既不在班中摆谱，更不讲价，没有一点名家的派头，更无一丝大小姐脾气，不仅谭富英，大家都很喜欢她。他们合作第一期便接连唱了两三个月，戏院几乎场场爆满。在坚持表演传统剧目之外，还排演了《封神榜》《花灯会》两出新戏。第一本《封神榜》，谭富英扮演梅伯，胡碧兰扮演妲己。第二本，谭富英扮演商容丞相，搭着棺材上殿死谏，最后撞死在金殿上，完全走的是伍建章骂杨广的路子。《花灯会》演的是柳金蝉的故事，但只演到柳金蝉被害为止，不带铡判官，也不上包公。谭富英扮演柳员外，属二号人物，胡碧兰唱《玉堂春》，谭富英还特别为她配演过蓝袍。一为演活舞台，二为讨胡碧兰欢心，大家心知肚明。胡碧兰真像小鸟依人一样，事事都顺着谭富英，谭富英也总不忘捧着她唱。经过一段时间合作，他们的情感越来越好。那天戏散后的下午，胡碧兰主动约谭富英逛街，一贯不大外出找热闹的谭富英却不假思索地答应了。根据那时的风俗，男女恋人走路，似乎前后还要隔上一两尺的距离，但那天，胡碧兰主动牵了谭富英的手，并悄悄地对他说，富英哥，你愿意一生带着我吗？此话虽未明说，没有人听不清其中的玄机。谭富英用双眼对望胡碧兰，四目相对触碰出的火花，使他感到生活异样的甜美。胡碧兰知道谭富英的原配夫人因病逝世，也知道谭富英有意娶她。于是，两个人越走越近。

从天津回到北京的谭富英，急着跟父亲禀及胡碧兰的事，虽然信心满满，理由十足，却在走向父亲门前时，一种潜在的畏惧，使他不由得徘徊了好一阵。知道谭富英前来的谭小培，有意装作在室内站着不动。凭着父亲对儿子习性的了解，更有从天津吹来的口风，他早就拿准了儿子今天前来所为何事。当看到富英不停地在门口徘徊时，谭小培想事情终究要解决，不如早点揭开为好。他故意咳嗽一声，谭富英再不能躲在门外了，只好硬着头皮走了进去。待谭富英一说完，谭小培却十分严肃地表达了不允的立场，且没有一丝商量的余地。他说谭家的规矩是你爷爷定的，女人不准唱戏，更不能出头露面，这桩婚事绝对不行。谭富英什么话都没说，低着头退出了屋子。那天晚上，谭富英失眠了，满脑子都是胡碧兰的影子，人家话也说了，手也牵了，我也答应她了，这叫我怎么回复她？更何况，我在梦中已看到洁贞向我点了头。但他知道父亲的脾气，一言九鼎，没有希望了，这道坎，谭富英注定过不了。第二天，谭富英外出演戏，谭小培照例给他十元零花钱。那天，谭富英一反常态地不伸手去接，也不言语，却站在原地一动也不动。谭小培知道儿子还在为胡碧兰的事想不开，他也理解富英的心情，于是不予计较，还强装笑脸地从衣袋里再掏出十元递给儿子。谭富英接过钱头也不回地走了，却没有像往常那样说"谢谢父亲"。谭小培知道，这是儿子在向他宣战，这点小意思他能承受，但愿不要掀起疾风暴雨就好。

第二天，谭富英谢绝了所有的演出，中午过后还不起床，五爷派人将饭做好再去叫，富英则回答说病了，不吃。如果是真病了，得起来去就诊呀，不能总睡着吧。后来，几拨人去叫门都不开，五爷亲自去叫也不成，甚至连应答的声音都没有了。谭小培不得不担心，因为儿子一贯顺从，既然如此，肯定已经对他反感至极，也许情感之火已将富英燃烧得不能自已。谭小培小心翼翼地将窗户纸舔起一小角缝隙，隐约看到儿子面对墙壁坐在一条硬板凳上，手里拿着那张他平日喜爱的弩箭，聚精会神地瞄着空中少有的飞虫。原来，他既没病，也没睡，就让他安静一会吧。直至第三天上午，谭富英依然不开门，也不回应。通过窗户窥探，富英依然手拿弩箭，一动不动地坐在板凳上。谭小培知道儿子心里苦，也并非自己死守家规、冥顽不化，是他打心里认为，谭家不允许女人唱戏的规定是正确的，一旦打破，也许后患无穷。女方出身可以是梨园行家庭，但女方本人不能是唱戏的。在旧时代，也的确有些不够洁身自爱的坤角，生出风流韵事有辱门风，这只是其一。其二，要是不知哪天某位权贵戏迷看上了这位坤角，硬要收为姨太太，地位低下的伶人如何抗争。其三，也是最现实的一点，假如夫妻二人都出去唱戏，累了一晚上回家谁来照顾谁呢，又如何料理家务和养育子女？当然，也有伶界同行结为伉俪的，一是数量上凤毛麟角，二是前景看好的并不多。于是，为了儿子的一生，也为整个谭家，谭小培必须把好这道关，宁可儿子恨他一辈子。

每逢在春秋两季，谭富英常在院内稍事活动一下。但他不爱去外面骑马兜风，也不像父亲那样去骑摩托车或去冰场溜冰。谭富英曾练过弩箭，玩过袖镖，像武侠小说里描写的那样，在别人毫无察觉的情况下，"嗖"地一下子从袖口里射出一件暗器来。弩箭是用竹子做的，竹筒里面装有弹簧，将一金属利刃装进竹筒内，用竹筒外面的卡子卡住，发射时就像扣动扳机一样拨动卡子，利刃就迅速弹了出去，射程足有几米远。谭富英的弩箭为自己制作，射出的箭前面的针头比现在的大头针还小，这几天，他躲在房中坐在那里十几二十分钟一动不动地瞄准，只要看准了飞过来的苍蝇甚至是蚊子，他一箭射出，十有九中。到第四天，谭富英已经整整三天三夜未开门，不吃不喝不应声。这下谭小培真急了。他找来七岁的谭元寿和四岁的谭韵寿去喊门，依然无效。也许受真情所牵，元寿和韵寿同时哭开了，听来确实很伤感，眼泪和着鼻涕掉下几寸长。谭家的女人们都哭了，他们试图牵起元寿兄弟俩，对他们说爸爸不要你们了，我们走吧。不劝则好，越劝孩子哭得越伤心，一边撕心裂肺地嚎哭，一边用小手捶打着房门。就在大家伤心至极之时，门一下打开了，谭富英一把将元寿和韵寿揽在怀里，止不住的泪水落在孩子们头上。作为谭家象征的铁人谭小培，眼睛也红了，他扭转头望着英秀堂外的远方。

婚姻三道折

　　1924 年，谭富英完婚。这不仅让谭家分外热闹，整个梨园界也如迎来一场盛事。谭富英，"伶界大王"谭鑫培的孙子，英秀堂的少爷，京剧舞台上的新秀，谭五爷的长子，无论哪一个头衔都极其显赫。其时正当十八年华，浑身散发着逼人的英气。新娘宋洁贞为宋继亭之姐，洁白的婚纱衬托着美丽的容颜，如一朵出水芙蓉，能够嫁进谭家，与京剧舞台上引领潮头的新秀结为夫妇，无疑令京城不少女子羡慕有加。谭富英和宋洁贞，一个俊男，一个靓女，婚后幸福甜蜜，伉俪情深。1928 年谭元寿出生，1931 年谭韵寿降世，1935 年又添谭喜寿，宋洁贞连生三子。宋洁贞从内心里感谢谭家，感谢命运。

天有不测风云，人有旦夕祸福。也许，上天不愿让人百分百地幸运。谭喜寿降生不久，宋洁贞却因产后风离世，离开了她至爱的丈夫和三个挂在心尖上的儿子。虽说谭家满门如遭霜打，但受打击最大的莫过于谭富英，无声的泪水滔滔不尽。我的洁贞啊，你为什么狠心抛下我们父子而独升仙界呢？你一走，我们这个幸福的家不就散了吗？就像京剧里的一句唱词一样："你叫我如何是好哇！"富英的泪水不干，他的心痛难愈，十一年的夫妻之情啊！叫他如何割舍？人说一个成功的男人，身后必定有一个伟大的女性，富英对此更加明了。自从宋洁贞不幸离世，谭富英很长一段时间萎靡不振。假如不是为了谭家和三个儿子，假如不是心系酷爱的戏曲，他真不知道生活是否还能继续。在宋洁贞离世之后，在舞台上谭富英却意外地遇到一个主动与他牵手的人，似乎让他在黑夜里看到一点星光，但这段情却因家规不可逾越而夭折。为此，一贯唯父命是从的谭富英，还曾与父亲发生过一次暗战（前文已有叙述）。

1936 年，谭富英续弦姜志昭（著名小生姜妙香之女），生下三女谭凤云、谭凤霞、谭凤珠，一子谭寿昌。1947 年，姜志昭病逝。1948 年谭富英续娶杨淑贤，生子谭寿康、谭小英。谭富英的儿子谭寿颐、谭寿丰、谭寿永和谭寿昌，在京剧界分别工文武老生、丑角、武生和场面。特别值得一提的是，在姜志昭去世后，曾有人散布过谭富英克妻的言论，真给婚姻苦痛的他带来加倍的伤害。幸好，他的第三位夫人将这种邪说魔咒给破了。姜志昭 25 岁走进谭家，嫁给时年 30 岁的谭富英，直至 1947 年病逝，年仅 36 岁，她也和宋洁贞一样，与丈夫刚好一起生活了 11 年。姜志昭承袭了父亲的忠厚品德，文静而贤淑，对谭富英前妻子女视如己出，称元寿为"大少爷"，令年逾九旬的谭元寿至今难忘。姜志昭嫁到谭家时，谭富英已从搭班走向挑班，戏曲人生如日中天。谭富英第一次赴沪演出，居然带回了四根金条，悉数交给夫人保管。姜志昭好像与大多数女性不一样，并不看重金钱，丈夫交给她的金条也未刻意收藏，自己还没记住。有一次佣人收拾房间，在鞋盒里发现了金条，立即告知主人。姜志昭在家做姑娘时甚爱洁净，从未掌管钱财，尤其对纸币，带在身上就嫌脏。做了太太之后，身上也带钱不多，偶尔给佣人掏钱买东西，马上就得去洗手。每当谭富英吃饭时，夫人总在脸盆里重复洗手。经谭富英一再催促，这才走近桌边坐下来，拿起筷子后又再去洗一次手。谭富英的餐桌，在英秀堂里档次最高，而坐在餐桌上的姜志昭，好像胃口并不好，饭量确实不健，且常常坐在餐桌边打起瞌睡来。谭富英每天夜戏回家较晚，姜志昭一直在家等候丈夫。谭富英回家之后，还要"抽几口"才睡，此时往往已是午夜过后。早上，姜志昭照例要待公婆起床后去老人卧室请安问候，然后，站立一旁恭候公婆发话"这儿没你什么事儿了"，这才对公婆再行蹲安礼退出回房。姜志昭嫁来谭家时，丈夫正值而立之年，年轻气盛，唱一晚上的戏难免有些疲劳，回来还得喝点酒。如赶上演出不顺等原因，偶尔发点脾气，姜志昭也从不争辩。她对下人特别宽厚，从不呵斥，且出手很阔绰，从不算计金钱，下人们都尊敬地称她为"大奶奶"。姜志昭患病曾住过东交民巷里的德国医院（现北京医院前身），谭富英为了给夫人补充营养，怕她在医院里吃腻了西餐，特意在饭馆订了好多菜，叫上一两个儿子，坐着家中的道奇汽车，一同前往医院看望，并与夫人同在病房进餐。

姜志昭病逝后，谭富英把茶几摆在卧室窗台下，上面安放着夫人的遗像。除了摆放几样供品外，他每天吃饭，都要用筷子夹上几样可口的菜放在供桌上，嘴里还默默地念叨几句。一天晚上，谭富英正在餐桌上独饮，女佣房间里的铃声突然响个不停，佣人们以为是主人叫她通知厨房开饭，赶紧跑到谭富英的房间问个究竟。谭富英告知，他并没有按响门铃，一时感到事出蹊跷，不知何时铃声又自动地停下了。这时，谭富英突然一拍脑门说："哎！忘了忘了。"只见他急忙将饭桌上的菜夹上一小碟，送到夫人的供桌上，面对夫人遗像双手作揖而言："实在对不起，今天不该把你给忘了！"不难看出谭富英对妻子的真情。在姜志昭去世的日子里，常在家中陪伴谭富英的有儿子谭元寿，还有舅弟宋继亭。宋继亭是谭富英剧团的老生演员，兼任后台管事，在谭富英版的《失·空·斩》里，他常常参与扮个戏份不多的赵云。宋继亭一只眼睛有点残疾，口中镶着金牙，喜欢抽旱烟，说话和蔼可亲。有一次，宋继亭与谭富英在客厅里饮酒，推杯换盏中有点喝高了。也许因为戏事烦心，两人说崩了，谭富英竟然一把将桌子掀翻，哗啦啦地把杯盘碗筷撒了一地。如此动静惊动了前院上房的谭小培，他拿着一根木棍过来就要打儿子，富英见势不妙，忙躲进内室将门插得死死的。这时的谭小培，便拿没有避开的宋继亭出气，一棍子将他的头打出一个大包。这次醉酒风波过后，谭富英照例每天去给父亲问安，谭小培却将手中的报纸举在眼前不予理睬。谭富英自知有错，从此再不敢在家中闹出声响来。

1948 年夏季，经亲戚介绍，谭富英与京城景泰蓝商户的女儿杨淑贤结为伉俪，夫妻共同生活近三十年，打破了谭富英克妻的怪论。当时的结婚仪式在北京饭店举行，完全的西化。他们的婚纱照拍摄于王府井大街的"紫房子照相馆"，谭富英身着长袍马褂，传统的中式服装，杨淑贤却穿着西式婚纱。谭寿昌则当了给继母拉纱的男童，穿着带蝴蝶结的黑色小西服，十分抢眼。在给参加婚礼的全体人员合影时，第一次见到镁粉闪光灯的叶红珠（寿昌表妹）吓了一跳，摄影师将她咧嘴的表情定格在了照片上。仪式上吃的全是西式茶点，相当时髦，迎合了淑贤的新派心理，因为她是教会学校的高中生。在谭家，除了谭小培之外，唯淑贤的学历最高。杨淑贤不仅样貌出众，且在教会学校学的是针剂注射和怎样使用西药等护理知识，谭富英对夫人十分欣赏。杨淑贤的房间里挂着一张学生时的照片，冬季里推着自行车，站在寒风中，穿着浅色呢子大衣，下面露出穿着长筒丝袜的小腿，肩上搭着一副冰鞋，极为时尚。那次，谭富英到外埠演出，杨淑贤因身子不便没有随同，一人居家有些害怕，常叫寿昌过去作伴。半夜里，客厅里的声响还是将杨淑贤惊醒了，原来是夜出偷吃的耗子。有一次大白天，淑贤拉开客厅写字台的大抽屉，拿出本子准备记账。突然，她大叫一声。谭寿昌急忙跑过去，看见一只大耗子的尾巴还掩在抽屉内，便伸手去抓，哧溜一声，还是让它给跑了。从那以后，杨淑贤每次打开抽屉时，总是小心翼翼地先拉开一条小缝瞧瞧，见确实没有老鼠，这才放心地拿出本子记账。

1953 年谭小培去世，这偌大的英秀堂，上上下下的开销，全由杨淑贤掌管，并且每天记账。那时，谭富英原来的国有高薪开始改为级别工资，杨淑贤这个管家，更得精打细算。1958 年，国家提倡妇女解放，走出家门走向社会。当时，杨淑贤文化程度较高，又受社会风气推动，便到街道所属幼儿园出任会计工作。后来，因谭富英演出较忙，杨淑贤又有了第二个孩子，便辞去幼儿园的工作，全职管理英秀堂的家。杨淑贤第一胎为女儿，乳名小燕，但不久就夭折了。1953 年生了谭寿康，1958 年又生了谭小英。此时，正在天津演出的谭富英，五十二岁闻讯得女，十分欣喜。那一阵，他嗓子特别好，一高兴便铆上了，台下的掌声不断。谭小英与谭元寿的老五谭鸣曾同庚，而谭寿康与谭元寿的次子谭立曾也是同庚。这种现象，在谭家上一辈里也曾出现过，谭仲英（谭小培次子）与谭喜寿（谭富英三子）同庚。婆婆和儿媳妇同年生孩子，抑或亲叔还比侄儿小，在现代好像很罕见，但旧时却较为普遍。作为长辈的谭小英，曾见着谭鸣曾时幽默地称呼他"老五叔",逗得家人开怀大笑。杨淑贤在担当谭富英的全职太太以外,还具备另一种职能——保健护士。因此,谭富英赴外埠演出时,身边除了衣箱之外,还多了一只双层的皮制药箱。药箱外面与衣箱一样,贴着五颜六色的各地航班的标签,见证了谭富英曾经到过的城市和走过的码头。杨淑贤也曾少有几次随同谭富英外出。1950 年,她随丈夫谭富英和公爹谭小培去过杭州,当时就住在西湖饭店。1953 年,她在武汉生下谭富英的五子谭寿康,因为武汉人爱称小孩叫"毛毛",所以,谭寿康的乳名便随武汉习俗叫毛毛。

谭富英的长子谭元寿,1928 年出生于北京大外廊营的英秀堂。谭元寿自幼丧母,幼时从舅父宋继亭学艺,七岁即同祖父谭小培与王幼卿于那家花园演出《汾河湾》,扮演薛丁山,后又同父亲演出过此剧。1938 年,十一岁的谭元寿和父亲谭富英当年一样,被送入富连成科班,蹲了"七年大狱"。他这一科为元字辈,所以取名元寿。他师从刘盛通、张连福、雷喜福、王喜秀、茹富兰、沈富贵、王连平等名家和名教师学老生戏和武生戏,是谭富英之后谭派传人中最富成就的人。谭富英的长子谱名寿颐、次子谱名寿丰、三子谱名寿永,三人的乳名分别叫百岁、二羊子、三元。三人入科班后,又按班内排字为元、韵、喜,即元寿、韵寿、喜寿。谭富英爱戏更爱家,一生前后取过三房妻室,皆因天不假年命不由人,两度丧妻给他带来无情的打击与折磨,但他在戏剧界却从没有绯闻。在谭小培去世以后,操持偌大的一个家，对谭富英这个原来从不问戏外之事的人，真是一个全新的沉重的课题。要说谭富英对戏曲的贡献可以谱成一支歌的话，那么，他的良善处世和对家付出的爱，即是其间不可缺少的音符。

一帧扇面

1937 年仲秋的一个下午，程砚秋只身造访大外廊营，一经门人通报，谭小培和谭富英父子双双迎出英秀堂外。程砚秋一生几乎把全部精力都用在戏上，很少将时间用来与朋辈们推杯换盏，今日突然到访谭宅，必有因由。谭五爷一边快步出迎，一边猜测程砚秋来意，实在理不出一点头绪。因第一次来访，程砚秋并未急着通报进门，独自在门口的"英秀堂"几个字前驻足了好一会。程砚秋曾听谭五爷说起过，在他小时候，门前早就挂着"英秀堂"三个字，是清末京城名士李毓如题写。李毓如不但酷爱昆乱，而且善于编剧，他对谭鑫培极为推崇。据说，八本《儿女英雄传》（连台本戏）即为他和清末名旦胡喜禄之子胡鹤年、庄虎臣合编。在没有《儿女英雄传》之前，该戏只有《悦来店》《能仁寺》两出常在舞台上演，只演到纪献唐之子纪多文造反、十三妹挂帅出征为止。后来，演八本《儿女英雄传》大戏的人也很少，依然只剩下《悦来店》和《能仁寺》两折。另外《粉妆楼》《十粒金丹》《荡寇志》《龙马姻缘》等剧，据有关资料记载，也为李毓如主笔编剧。

谭、程两家一直交谊甚深。谭富英出科后，曾一度搭演程砚秋的班社，二人合作无间，谭富英对程腔喜爱至甚。后来，谭富英虽然挑班挂了头牌，但在义务戏中，二位还经常合作，同台共演一出。谭五爷原在程砚秋班中演出多年，两人感情一直很好。程砚秋来谭宅实为稀客，谭五爷一出门就高声招呼："砚秋你来了，怎么不事前知会一下呢？你看，这不让你还站在门外，真不好意思。"程砚秋忙着伸出双手和五爷紧紧握在一起说："我知道五爷是位大忙人，实在不敢贸然登门。今天的确有事相求，这才不得不来贵府相扰，万望五爷见谅。""哪里哪里，快快请进，快快请进。"他们一边走一边相互寒暄，谭富英与程砚秋只是相视一笑，且紧跟在他们身后，一同走进父亲的客厅。一落座，谭五爷即吩咐速给程四爷泡上一壶好茶，少顷，程砚秋将带来的一幅扇面拿出对五爷说："我想收集一幅扇面，烦请诸位师友或书或画，留此真迹以作珍藏。今天特意登门，想请五爷和富英弟留些墨宝。不过，一帧扇面即使两面占满，终究空间有限，不烦五爷父子大幅劳神，故请书写数语即可。"程砚秋说到这里，即望向富英，看他还站在身旁，便示意他坐过来一同观看。富英却轻轻地向他摆摆手，虽说身子凑近前来，却依然站着。于是，程砚秋将扇面铺开，小培父子注目而观。扇面上已有杨小楼、梅兰芳、尚小云、荀慧生等诸位名家的书画之作，谭五爷即说："砚秋，你先不忙，可否将扇面暂放府上，容我琢磨一下，得便再写。"程砚秋忙笑着回答说："你看，五爷太谦了。""玉霜，承你看得起，还特地跑一趟。我们爷俩的字实在拿不出手，别把你的扇面给糟蹋了。"程砚秋微微一乐道："五爷您就甭客气了，我既然来了，不求到墨宝，肯定不会罢休。""那好，我是恭敬不如从命，等哪天，我跟你兄弟把字写好了，再给你送过府去。"说罢，爷仨又聊了好一会儿闲话，谭五爷即安排厨子在家中置席摆酒。程砚秋婉谢了五爷的酒局相辞，谭家父子双双送出门外。据说，此幅扇面，前后历时四年，才全部完成。翁偶虹对此曾有过记载，在程砚秋的那幅扇面上，均有哪些名家真迹留存？今天不妨书写一下，不失为梨园界一桩风雅之事。

该扇面上的第一个格，为尚小云所绘《夜窗鼠戏》，题为丙子图。第二格即为余叔岩的一首行书七律，款题"玉霜贤甥"。因程砚秋夫人果素英，为梆子名旦果湘林之女。果湘林又为余叔岩姐夫，如是，素英属余叔岩外甥女，砚秋便为余叔岩的外甥女婿，故而有此题款。第三格为梅兰芳的一幅水墨《达摩图》，款题为"贤弟"。程砚秋十九岁时，曾拜过梅先生为师，程与果成婚，梅氏夫妇也颇尽力支持相护，梅程实有师徒之谊，梅兰芳却以平辈所谦，故而有此题款。第四格为王凤卿的楷书"静以养心和致福，勤能学事敬延康"，题款为"贤棣"，颇有爱护之意。第五格为王瑶卿的墨宝"杏花"，题款为"贤契"，这样落笔题款名副其实。在中国文化中，称呼十分复杂和重要，口里说说犹可随意一点，一旦落笔题款，绝不容半点差错。尤其在戏剧界，相互之间的关系交错重叠，如不拿准确切称号，万难贸然点墨。程砚秋有心谋得一扇，无论质地优劣，能请其在扇面上题字作画的人，自非默默无闻之辈。所以，字与画当真不太好题。谭五爷没有当面提笔挥毫，一为自身谦谨，更为对砚秋的尊重。既然答应着墨，总该要有一点文采吧。

第六格，为梨园世家出身的名须生时慧宝所题，题款为"玉霜艺术家同志"。这种称呼却饱含时代新意。时慧宝为梨园界书法名家，楷书五言极具古风。第七格为荀慧生所绘的《秋林高士》，荀的绘画师从胡佩衡，胡先生为画坛名宿，他和荀之间又有亲戚关系。其实，程砚秋和胡佩衡的关系颇有渊源，这还得从罗瘿公讲起。程砚秋的成名以及后来的做人准则，都和罗瘿公密切相关。罗瘿公慧眼识俊杰，实为程砚秋的伯乐。程砚秋自小演戏，后被罗瘿公发现，认为他确为一位可造之才，如果引导得法，将来必成名伶。罗瘿公即亲自出面筹措巨资，特将程砚秋赎出师门，加以独立培养，使之终成大器。程砚秋把罗瘿公视为重生父母，罗先生去世时，程砚秋伤感至极，一连罢演数日。不说罗瘿公当时的后事由程砚秋一力承担，即使是程砚秋每次外出之前和回北平之后，都必到罗公坟前祭告一番。程砚秋在戏剧界，一直享有义伶之称。罗瘿公是康有为的弟子，徐悲鸿也曾拜在康有为门下。徐悲鸿初到北京时，即遵照康有为嘱咐，先找到了罗瘿公。后来，徐悲鸿又和胡佩衡结伴，一同在蔡元培出任北大校长时的北京大学从事美术研究工作，是为要好的同事。程砚秋为书画俱佳的梨园名仕，故而和徐悲鸿与胡佩衡二位多有往来。再说扇面的第八格，为杨小楼的一首七律隶书，款题"玉霜先生"。论辈分，杨老板居长，如此题款，既显杨先生的君子风度，更体现其谦意之德。

再看扇子的另一面。第一格为侯喜瑞所绘《金钱豹》中的豹精和悟空。第二格，为马连良临摹"华山碑"，款题"玉霜吾兄"。第三格为富连成喜字科毕业生名净钟喜久（名武生钟鸣歧之父，钟氏与程砚秋另有亲戚之谊）所绘《斩黄袍》中的赵匡胤和郑子明。第四格即为谭五爷节书几句"赤壁赋"，款题"贤契"。第五格为翁偶虹所绘昆剧《燕子笺》中的贾仲南、安禄山、李猪儿、鲜于佶四人。第六格为谭富英手书七言绝句《春日偶成》，款题"玉霜师兄"。第七格为山西梆子花脸名家张玉玺（艺名狮子黑）所绘《赠绨袍》中的须贾与《匕首见》中的荆轲。第八格为言菊朋手书章草"玉树萧然物外身"一绝，款题为"玉霜仁兄"。

所有上列书画的人，皆可称为当时京剧界的顶尖人物，题款中也都对程砚秋极表尊崇。而题"贤契"者只有两位，一为王瑶卿，二为谭五爷。王老称程砚秋为贤契名实相副，而谭五爷也称程先生为贤契，由此可以看出谭、程两家的关系非同一般。程砚秋是王瑶卿的真正学生，他一直追随王大爷。程腔的最终形成，王瑶卿曾为此投入诸多精力。后来，程砚秋每排新戏，王瑶卿也出力多多。众所周知的程剧代表作《锁麟囊》，其唱腔设计，王瑶卿功不可没。夸张一点说，如果没有王瑶卿，别说风行海内外，即使是程砚秋的"程腔"能否形成，真还不敢妄下定论。程砚秋对谭五爷也一直执弟子礼，不然，谭五爷绝不会对他有如此称谓。

在上述名家中，有必要再把时慧宝略做一番介绍。时慧宝为当年老生界盛极一时的人物。他出生于 1882 年，比余叔岩、言菊朋、高庆奎等人年长近十岁，若和马连良和谭富英二位论，即差着一辈。时慧宝出身梨园世家，其父即为大名鼎鼎的位列《同光十三绝》画像的时小福。时小福为清末名旦，京昆兼擅，能戏极多，且收徒甚众，最著名的有张云仙、陈霓仙、吴菱仙、陈桐仙、江顺仙、王逸仙、吴霭仙、张紫仙。这八位弟子的名字中都带有一个仙字，故有"八仙庆寿"之说。其中，吴菱仙即为梅兰芳的启蒙老师。时慧宝为时小福幼子，年轻时即享有盛名。时小福旧朝曾为内廷供奉，幼年时期的时慧宝曾经跟随父亲进过宫廷。有一次，在三座门处偶与慈禧相遇，西太后即问："这是谁家的孩子，怎么跑到这来了？"左右随从即答："这是时小福的孩子。"慈禧听罢一笑挥手而去，并未开罪。时慧宝对此颇为得意，经常与伶界朋友提及此事。时慧宝，幼从汪桂芬的师父刘桂庆学开蒙戏，因时小福曾和谭鑫培合作，在生旦对戏《汾河湾》《教子》中，时慧宝曾充娃娃生，颇获好评。时慧宝"倒仓"后，其嗓实大声宏，直追孙菊仙的唱法，颇得孙氏神髓。孙菊仙也认为可继其衣钵的人，实属时慧宝。成年后的时慧宝大红大紫，四大名旦都曾给他挎过刀，在上海尤其红火，故在沪上时间较长，出演于老丹桂和天蟾，以《七擒孟获》一剧最为出名。在该剧中时慧宝饰演一号人物孔明，盖叫天饰孟获。他业务好收入也高，在北平西河沿、三里河等处均置有房产。可惜的是，后来由于体弱多病，又不善理财，收入逐渐减少，房产也多变卖，晚年不幸身患肺病，时好时坏，演出难以为继。于是，声誉渐渐跌落。唯有1938年曾随马连良、张君秋到上海演出过一次。那次皆因黄金戏院的经理金廷荪特别喜爱时慧宝的书法，又念及当年时慧宝在上海具有辉煌业绩，故力邀他一同参加演出。在梨园界，善书画的人为数不少，但具有相当水平的人的确不多。时慧宝的书法以魏碑见长，足以堪称典范，与社会上的名家书画也可媲美。1938年到上海演出，金廷荪为时慧宝代订润笔之资，一时求字者甚多，收入颇为可观。在黄金戏院又登台演出十多天，心情愉悦的时慧宝，感觉精神很好，金廷荪烦请时慧宝再唱一期，他慨然应允。于是，时慧宝这个金字招牌又重现申江，剧界大力捧场，观众不减当年，十五年前的红火景象重现。总之，那一次申江之行，令时慧宝春风得意。但回家之后，不到一年时光，在上海所赚之钱花费殆尽，身体又复衰损，精神愈加萎靡。既要看病又要生活，不得已将房产变卖一空，终于 1943 年溘然而逝。时慧宝晚年处境有些凄凉，后事则依仗外甥陈少霖等人操办，但他的书法艺术却长留人间。

当年，程砚秋请众多艺人所题的那幅扇面，若实物得存于世，即为一件价值不菲的文物。可惜的是，该扇面后来一直不为人知流落何处。一幅扇面，反映出诸多京剧名家高深的文化素养，纵观伶界或中国文化史，实为罕见的稀世之作。但愿哪一天该扇面重现于世，不仅为中国文物市场添一珍宝，更为那些热爱书画和京剧的人带来一份深深的文化慰藉。

步步登高

Bubu Denggao

精益求精

戏场中的谭富英，并非接了剧本就演，谢幕就算完结，戏前他必须认真阅读剧本，保证演出效果，关注观众反馈，力图在不断精进中将每一出戏演得更好。比如，他把《空城计》中的"东西战南北剿博古通今，凭阴阳如反掌保定乾坤"两句唱词后面的四个字，颠倒了一下，似乎显得更加合适，得到了同行和观众的赞赏。起初演《龙凤阁》时，谭富英只唱《二进宫》，等他挂了头牌之后（那时仍在"同庆社"），这才开始将《大保国》《探皇陵》《二进宫》三段串在一起，名为《大·探·二》。从此，京剧中才开始唱起了《大·探·二》。在《大保国》中，杨波原先的唱词为："汉高皇路过芒砀山，偶遇白蟒把路拦，持宝剑将蟒斩两段，又谁知那妖魔要报仇冤，头托王莽尾托苏献，松棚会毒死了平帝归天……"谭富英认为，这样的唱词既充满了迷信色彩，又不太符合情理。因此，他特将此段唱词改成了"汉高皇路过芒砀山，揭竿起义创江山；到后来王莽心怀谋篡，松棚会毒死平帝归天，这也是汉朝的前车之鉴，太师爷比王莽心术还奸"。在《大保国》中，杨波的第三段唱词（第三本）原来的唱词为"赤须火龙从天降，托化河东赵玄郎"。谭富英为了在该剧中一扫迷信色彩，决心将其改为"臣杨波在金殿三本奏上，奏的是大宋朝锦绣家邦"。

在《纱记》一剧中，伍子胥的老词为"娘行若肯周济我，胜似看经念弥陀"。谭富英认为，春秋时期，佛教还没有传入中国，这样的词句与时代不吻合，因此把它改为"娘行若肯周济我，从今感恩不忘德"。另外，还有一句"可怜我一家大小三百余口见阎罗"，也皆如出一辙，既无佛教，何来阎罗呢？因而"见阎罗"三字，改成了"把头割"。在《捉放》一剧中的陈宫白"同心协力把业创，凌烟阁上把名扬"。因凌烟阁为唐太宗时期所建，在该剧中用上显然不合适。后来，谭富英将"凌烟阁"改为了"功臣阁"。《将相和》一剧中的"秦廷"一场，蔺相如有一句唱词为："任凭大王发落也！"这样的词对于蔺相如的人物性格有损，因为他并非秦王的臣子，怎会任凭"发落"呢？谭富英则将其改为："任凭尔等所为也！"这样，就突出了蔺相如平视秦王的伟然之态。《将相和》原来剧中所演，廉颇在街上三挡蔺相如。而在谭富英和裘盛戎演该剧时，则改为"两挡"，这样显得更为合适。否则，廉颇就把这个"丞相"追得无路可走，从而将他们两人后来的转换余地都逼窄了。

在《朱痕记》一剧中，朱春登有句唱词："为什么还在这阳世三间？"谭富英认为"阳世三间"的"三"字，可能原为"之"的简写而弄错了，因而改为"阳世之间"。不然，三间的字就得要有出处。什么叫三间，绝不能随口而唱，不问情由和词理，那是不该唱的戏词。在《打渔杀家》一剧中，萧恩被打后，返家时唱散板"恼恨那吕子秋为官不正，仗势力欺压我贫苦良民。上公堂他那里一言不问，责打我四十板拟出头门。我只得咬牙关忙往前奔，叫一声桂英儿快来开门"。后来。谭富英演出时，将上段唱词修改了两个地方：第一，"责打我"的"责"字显然用得不妥，存有萧恩犯错才受责的意思。事实上，萧恩没有犯错，本不该受责。所以，他将"责打"改成了"打了"。第二，过去这段到了"我只得咬牙关忙往家奔"时，一般都是唱"哭头"，这也不太合适。萧恩不是宋士杰，四十板不但没有把他打怕，反而将他的怒火打起来了。一唱"哭头"，无形中就损伤了这位英雄形象。因此，谭富英将唱词改为"忍不住心头火忙往家奔"。而他唱到这句时，将外衣脱下一卷，往左手上一搭，做好了打架的姿势，表示愤恨，这样就唱出了气势且自然。当然，还得在脚步上带出点被打的姿势，否则就不对了。

《桑园会》只是一出小戏，而谭富英的表演却将其推到非常高的艺术境界，唱、念、做三美兼备。在"戏妻"一场中，谭富英的表演既潇洒又俏皮。待秋胡回家之后，妻子罗敷因怨愤而自缢，秋胡救下她时，又是捶背又是揪后颈，既怕妻死又惧母责，那种不知如何是好的表现极具生活化。当他无奈母命难违，给妻子下跪时极不情愿的做派，那种神情颇具幽默感。特别是戏的结尾，秋母先下场，妻子正待下场时，秋胡陡然一声："回来！"那种气势看来好不吓人。而罗敷却毫不畏惧，稳稳地来到秋胡身边问道："回来做什么？"秋胡厉声说道："方才你不该在母亲面前搬弄是非，叫我罚跪，若不是看在母亲面上，我就要啊……""你要怎样？""我呀，我要跪下了。"随着声音的渐软，双膝又一跪。那种前倨后恭的一百八十度大转弯，令台下观众掌声四起。当妻子那句"你呀！也不怕失了你的官体"说完之后，立即下场。这时的秋胡，即站起身来面对观众，道出那几句结尾的台词："列位不要笑话，这就是我们做外官的人，回到家来在太太面前就是这样的规矩呀。"这句自我嘲笑的台词道罢，又是一阵大笑，顿时场内观众掌声与笑声响成一片，全戏在这样的高潮中结束。

在 20 世纪五六十年代，京剧老生界周信芳、马连良、杨宝森、李少春、奚啸伯、李和曾……群雄并立，异彩纷呈。谭富英是其中独树一帜、不可或缺的一方。跻身于后四大须生（马、谭、杨、奚）的谭富英，得传乃祖谭鑫培的基因，经过富连成科班的刻苦训练，出科之后，又拜在余叔岩门下，兼得余派亲传，凭着天赋好嗓子和能文能武的本领，汲取谭、余两派精髓，以自成一家的新谭派而蜚声剧坛。

谭富英扮相清秀、俊逸，满具书卷气。表演质朴无华，中规中矩，不温不火，于平淡中见功底。武功扎实，演扎靠的文武老生戏最为拿手。如《定军山》中黄忠的刀花，《战太平》中花云的虎跳，演来举重若轻，很见功夫。但他最为人称道的还是那副得天独厚的好嗓子。他的嗓音永远是那么甜亮清脆，怎么唱就怎么有，比如他的念白：《南阳关》剧中出场的引子"威风飘荡，统雄狮，镇守南阳"，那一个神满气足，竟然连获三个满堂彩！他的唱腔更是声情并茂，酣畅淋漓。像《战太平》一剧中的"头戴着紫金盔齐眉盖顶"一句，自是高耸入云，让人听来十分过瘾。谭富英的高足著名京剧演员李崇善曾说过，我老师即使是唱一句原板，也能要下一个"好"来，这话真没错。他在《秦香莲》中（演驸马）和裘盛戎（演包拯）的一段对唱里的那一句"明公说话言太偏"，这是原板中的一个上句，并不甩大腔，但每唱至此，台下便彩声四起。虽然只是一个小腔，但唱得那么饱满、铿锵有力，观众听来有如饥渴顿解，痛快至极，掌声即如弦上之箭不得不发，并情不自禁地大声叫起好来。这就是中国传统欣赏习惯里的"拍案叫绝"，这种戏看了一场便让人惦记，每逢再演必抢先购票，从戏场回来，还亟待找人倾诉与分享，这就是谭富英表演的魅力。

唱不惧高，直上直下收放自如，演员只要有一副好嗓子就能办到。但要唱出人物的情感，将剧中人演活，在声情并茂的境界中成功地把观众带入戏中，就不是那么简单了。听过谭富英《四郎探母》"见娘"中的一段，一张口"老娘亲"三个字，苍凉、凄切、悲从中来，把杨延辉内心的悔恨、愧疚……一下子倾泻了出来。《洪羊洞》杨延昭临终时的散板，"无常到万事休去见先人"一句，似断似续，时隐时现，把英雄末路的无奈和对生命、亲人的留恋表露无遗。谭富英的演唱，还有一绝，就是对快板的掌握炉火纯青如入化境。有些演员，快板也能唱下来，就是显得有些局促和赶点，有时吃了字，抑或囫囵吞枣吐字不清。而谭富英唱《斩马谡》《战太平》等戏里的快板，却快而不乱、干净利索、字字清晰、一气呵成，足见嘴里功夫。

时间大概在 1964 年，为了请谭富英作一次有关京剧改革的广播讲话，中央人民广播电台的戏曲编辑黄炳琦有幸获得专程去前门外谭富英家拜访的机会。经过一番交流，谭富英了解了央视的采访意图，对京剧改革的话题产生极大兴趣，年近六十的人呈现一副跃跃欲试的样子。他说，我虽然已经老了，在现代戏里可能演不了分量很重的角色，但可以演一个工厂里的老师傅啊，或上了年纪的城市居民啊，这些角色倒还可以试一试。拳拳之心，溢于言表。后来黄炳琦谈到他在中国唱片社的一批录音，包括《奇冤报》《战太平》等，说他唱得非常精彩，录得也很好，堪称精品。谭富英却略有所思说，就是快板的尺寸，跟台上比还是显得慢了一点。刚刚说到这儿，谭元寿恰好走了进来。黄炳琦与谭元寿早就相识，心想正好一起聊聊，没想到的是，他即向黄炳琦打手势，让他坐下接着谈，自己却悄悄地站在一旁。这时，黄炳琦才想起谭门的家规，凡长辈和客人说话，小辈只能恭恭敬敬地站在一旁听着。此情此景，一生都镌刻在黄炳琦的脑海之中。

　　针对谭富英和黄炳琦所谈的快板艺术，吴大徵则认为："谭富英唱的快板速度极快，从时间上说是一带而过，但由于他一开口就能用力喷出，达到最大音量，继而戛然而止，然后再唱下一个字，因此每个字都似钢浇铁铸，绝无含混不清的毛病。"如《定军山》中的快板"我主爷攻打葭萌关""宝刀一举红光放"，西皮二六"在黄罗宝帐传将令"，《战太平》中的"明明认得孙氏女"等唱段，谭富英的演唱被形容为"骏马下坡，一气奔放，犀利无前"。谭富英在这些唱段中的演唱"不仅保持了相同的节奏，且如画眉滴柳（两种声音清亮悦耳的鸟），其清脆响亮恐无人能及。其中'孙氏女'一段快板的七句唱词，竟能用一口气来完成，而且不感局促，并唱出了人物的气势"。

　　谭富英的艺术追求之所以可贵、可敬，最主要表现在他组班以后，尽管票房收入从来不用发愁，但是他对艺术的探索和讲究却越来越令人瞩目。他对每一个唱腔、每一句唱词都要讲究一个所以然，尽力克服戏班中以讹传讹的陋习。谭富英吐字行腔从不过分雕琢，尤其不刻意追求花哨。他用气充实，行腔一气呵成，听来情绪饱满，痛快淋漓，他的演唱也被人们称为"新谭派"。谭富英幼年曾学过武生，又因家学渊源，所以在武功和身段动作上颇为灵巧利索。例如他演出的《定军山》一剧，不仅唱工惊人，特别是那稳健的靠功和刀花动作，干净利落引人入胜，把一个老当益壮的黄忠形象演得活灵活现。由于他在艺术上唱做兼能，文武具备，是继马连良之后成就显著、舞台生涯最长的"四大须生"之一。

传统三国戏

　　谭富英一生塑造了众多帝王将相、沙场老英雄、穷困秀才，以及蒙冤鬼魂等，人物栩栩如生、活灵活现，这与他手不离古籍书本而积淀的深厚历史文化是分不开的。平时不演出的谭富英，经常手上不离一本《三国演义》，如果翻破了，一时又买不到新书，他便用糨糊细心地粘起来再读。《正气歌》这出新编历史剧，无论道白或唱词都有些艰涩难懂，理解起来有一定难度，但对经常阅读古典文学的谭富英而言则驾轻就熟。在 20 世纪 50 年代末至 60 年代初，北京人民艺术剧院演出话剧《蔡文姬》，特别邀请谭富英前去观看，并听取他的意见。话剧《蔡文姬》是郭沫若从宏观历史出发，以新的视觉诠释曹操的一部力作。这与《三国演义》特别是戏曲舞台上的白脸曹操截然不同。北京人艺将演了大半辈子三国戏的谭富英请去，想从戏曲艺术宝库中汲取营养，从而达到重新塑造历史人物的目的。在演出中场休息时，谭富英在后台化妆室与饰演蔡文姬的朱琳和饰演曹操的刁光覃等话剧名家交流。这可能是谭富英观摩并参与除京剧以外的其他门类艺术的唯一座谈吧！

自从三庆班的卢台子编剧之后，三国戏便成了京剧中最常演的剧目，且有多本连台大剧。其中《群英会》便是谭富英的代表剧目，吴大徵更认为，这出戏应该被列入他的三出代表剧之一。《赤壁之战》是不完全等同于《群英会》的剧本，同是生性老实、做事认真的鲁肃，前者突出表现了鲁肃忠厚、真诚、热心助人的品德，后者则彰显了鲁肃善于思考和聪明的才智。谭富英对于三国历史人物的性格、情感颇有研究。所以，他能根据《群英会》和《赤壁之战》两出戏中不尽相同的剧情要求，塑造出不同的人物性格。在演唱中，谭富英成功地塑造了人物性格鲜明的两个鲁肃，如"限三天造雕翎"这段唱腔，《群英会》中显得老成，而《赤壁之战》中则偏重于率真，谭富英自是唱得各具风采。《群英会》中的唱腔稳重简明，《赤壁之战》中的唱腔则比较复杂曲折……谭富英能准确地抓住人物的思想核心，剧中的表演完全符合人物彼时的心境。又如"鲁子敬在舟中思前想后"这段西皮原板，谭富英在两剧的演唱中，均各有侧重，能让观众听出不同的感受。《群英会》中主要突出鲁肃害怕担心的情绪，《赤壁之战》中则重在表现鲁肃的思考和忧虑，客观地反映了鲁肃的才华。虽然他不知道诸葛亮为何命令将船开向曹营，却肯定"想必他有良策全不担忧"。在"他二人定的是苦肉之计"的西皮摇板唱腔中，鲁肃与诸葛亮对唱，相互对话十分新颖，充分表现出诸葛亮的神机妙算，同时也将鲁肃作为智慧谋士的个性突显出来。谭富英能把握住人物的身份和思想感情，运用准确的音乐语言，着力表现鲁肃理解周瑜定下苦肉计的良苦用心。在诸葛亮和鲁肃二人齐唱"一个妙算神机"的收尾时，既潇洒又干练，使鲁肃的人物形象得到新的升华。

《群英会》是谭富英青中年时代常演的剧目。1957年，北京电影制片厂拍摄彩色戏曲艺术片《群英会》《借东风》，马连良、谭富英、叶盛兰、萧长华、裘盛戎、袁世海、孙毓堃等主要演员均参加该剧拍摄，为京剧留下了珍贵的影像资料。谭富英在《群英会》中饰演的鲁肃，朴实忠厚心直口快。周瑜几次设计欲加害诸葛亮，鲁肃对周瑜不满的隐忍，同时又暗怀对诸葛亮的担心与同情，都融会在戏曲的表演中。周瑜第一次让诸葛亮去聚铁山劫粮是借刀计，被诸葛亮向鲁肃点破。鲁肃回报周瑜时唱："那孔明出帐去呵呵地大笑，他笑我周都督用计不高。"谭富英唱到"用计"两字后稍停，再响亮地唱出"不高"二字，恰如其分地表现了鲁肃的不满心理。

周瑜第二次设计，责令诸葛亮限期监造十万雕翎箭。诸葛亮看透周瑜加害他的心思，不但主动从七天减到三天，且愿立军令状，鲁肃特为此大叫"立不得！"待立过军令状后，鲁肃不由得长叹一声"完了"，料定诸葛亮必死无疑，深感自己无力挽回如此局面的哀叹与惋惜。因鲁肃一直放心不下，便私下去探望诸葛亮，并埋怨他不该立下军令状。谭富英唱西皮快板："这件事乃是你自作自受，为什么苦苦地埋怨不休。"为诸葛亮备船后的西皮快板："一桩桩一件件安排已就，请先生到江边即刻登舟。"这四句快板，出口和收音特别干脆，节奏感明显，每个字都像蹦出来一样，急促飞快，却字字清楚，没有丝毫含混。尤其是最后的收音戛然而止，充分表达了鲁肃当时那种焦急的心情和一副憨态可掬的样子。两处快板，都是鲁肃在诸葛亮唱完摇板以后而唱……马连良饰演的诸葛亮唱的摇板抑扬顿挫而徐缓曲折，与谭富英饰演的鲁肃唱的快板相互对照，呈现鲜明生动且相映成趣的艺术效果。他们把鲁肃气急败坏的神态，诸葛亮表面装作忧愁，实际却是成竹在胸的机智狡黠，表现得生动妙然！

鲁肃不情不愿地被诸葛亮拖上了船，见船只竟向曹营方向驶去，一时心慌意乱，这时的他便唱了四句西皮原板："鲁子敬在舟中浑身颤抖，把性命当儿戏他全不担忧，这时候他还有心肠饮酒，怕只怕到曹营难保人头。"吴大徵为此曾评论说，谭富英在演唱该段时，并没有乱拖怪腔，或以常态中演员们惯使身体摇摆的表演来博取廉价的掌声，而是靠节奏起伏和唱腔转折，把一个受惊、担忧的老实人的精神面貌表现得淋漓尽致，让人叹为观止。剧中的"颤抖"二字，谭富英唱得特别用力，并使用了一个极富顿挫的拖腔（为他所独有），以此来表示剧中人的精神受到了极度刺激。第二句突出了"担忧"两个字，表露出对孔明这种荒唐的做法无法理解，甚至让人认为这个人将要失常了。当鲁肃扭头一看时，却发现孔明仍然悠闲自在地饮酒，于是唱出第三句。谭富英将其中的"他"字提高了音阶，具有指责的语气。"酒"字后面又有拖腔，呈现出明显的上下跳动，是为心绪不宁的反映。由于极度担心诸葛亮的性命不保，最后一句竟唱得干净利落感情凝重。

在"苦肉计"一场中，当周瑜离去之后，鲁肃便责备诸葛亮只顾吃酒，不为黄盖求情。于是，诸葛亮点破了周瑜的计策。谭富英和马连良在合演此剧时，鲁肃的问话为道白，孔明的回答则相当于唱了下半句，形式格外新颖。前人演出时，鲁肃用道白提问，孔明则以唱全句来回答，显得不够简练。谭马二人合演该剧，马连良饰演的孔明，聪明睿智中稍带幽默，而谭富英饰演的鲁肃，则于憨厚朴实中略带痴气，二人的对话极其自然而妙趣横生，台下的观众似乎忘却了这是在剧场中聆听演员台词，就像看到与走进真实生活一样。能达到如此表演境界，真不知当时京剧界还有几人。

《失街亭·空城计·斩马谡》是谭富英的又一出代表剧目，也是成就最高的谭派剧目之一。早在老生新三杰时期，谭鑫培对这出戏的革新创造便十分成功，而谭富英的这出戏，在继承谭鑫培的表演手法时，又巧妙地融入了余派韵味，使其显得更加丰厚。由于谭富英平日熟读《三国演义》，对于戏中人物性格与情感的揣摩与认知日渐加深，努力表现出诸葛亮"鞠躬尽瘁死而后已，淡泊明志宁静致远"的精神气质，烘托出诸葛亮既是军事家又是文人的性格特征。谭富英十分注重不同人物采用不同的表演特点，他曾说："诸葛亮、鲁肃和刘备都戴'黑三'，我们得摸透他们的性情，才能装谁像谁。"

在《失街亭》中，诸葛亮嘱咐马谡和王平的西皮原板唱段"两国交锋龙虎斗"，平易通俗韵味十足。其中第三句唱腔原为"犒赏三军要宽厚"，谭富英考虑到第四句唱词是"赏罚公平莫要自由"，这样在上下衔接中出现了两个"赏"字，显得繁复重叠。再则"犒赏"一词，在京剧唱词中用得较为普遍，于是改为"答效三军要宽厚"，表现出一位军事家对士兵的爱护。最后一句唱词"靠山近水把营收"，谭富英特将"收"字叫散了唱，显得更加深沉。在《空城计》中，当诸葛亮看到王平派人送来的蜀军街亭守卫地图时，当时惊讶和悔恨的表情即通过阅图与接听探子三报表现出来。得知司马懿已率军逼近西城时，他不由得下意识地扫视舞台两侧，见没有自己的兵将，意识到眼前的处境危险。吴大徵曾这样评价谭富英扫视舞台两侧的真实表演：当诸葛亮意识到自己的处境时，对于表达孔明的情绪，谭富英并没有使用左右摇手、反复抖袖抑或浑身颤抖这些惯常的表演程式。因为孔明并非普通百姓，这时的他自然会紧张，但绝不是慌乱。只见他快速地搓了几次手，表示内心的焦急，继而以扇加额，集中精力思考对策。少顷之间表情即松弛下来，此时的他，已经决定采用处险不惊的"空城计"妙策……

《空城计》这场戏很难表演，因为剧场上几乎只有诸葛亮一个人，他的思想情绪处于极度剧烈波动之中。但于表演艺术而言，形体动作又不能太过明显，主要得靠表情及眼神来释放与传达，否则，便有损诸葛亮的沉着智慧形象。谭富英的表演真挚自然，毫无夸张和造作之嫌，却能使人得以窥探人物内心活动的层次和变化。在城楼上，谭富英演唱"我本是卧龙岗散淡的人"这段西皮慢板非常精彩，有人曾形容他的演唱似如一幅淡雅而又层次丰富的水墨画。他的演唱方法疏密有致，浓淡相宜，虚实相间而隐现映衬。第一句"我本是……"谭富英唱得韵味十足，当唱到"散淡的人"时，谭富英就像提笔作画一样，在'散'字上着意用墨……谭富英在'散'字上的颤音唱法，就像在墨中充分发挥了水的作用，让人觉得并无半点干涩的丰润。谭富英在这个"散"字上精心处理，在演唱中表现出那种微妙的层次变化。在"淡"字上的唱腔，则轻描淡写地一带而过。"的人"二字，他唱出潇洒自如的行腔。如此，便构造出一句精彩绝伦的唱腔。

"凭阴阳如反掌"一句，谭富英唱得更加轻松而信心十足。在"保定乾坤"的"乾坤"二字上，他从气韵上见功夫，以气托腔，以腔传神，从而唱出了一个政治家的抱负。从"先帝爷下南阳"到"周文王访姜尚周室大振"这一段唱词，谭富英唱得疏密有致。在"下南阳""执掌帅印"的唱句中，行腔则显得极为舒缓宽阔。在"东西战、南北剿"一句中，他却以紧凑严实的演唱，来讴歌诸葛亮"博古通今"的学识和修养。在"俺诸葛亮怎比得前辈的先生"的唱腔里，"怎"字是上声字，谭富英便采用上滑装饰挑起来唱。"比"字中的唱腔，巧用一个下行大跳至"6"，创造出唱腔的跌宕感。更值得称道的是"闲无事在敌楼我亮一亮琴音"，在唱腔处理上，谭富英精明地采取了虚与实、隐与显相互映衬的对比唱法，有画龙点睛之妙。"闲无事"三个字轻巧地脱口而出，"在敌楼"的"楼"字，他以悠闲自得的口吻，漫不经心地唱出了坦然之声。唱"我亮一亮琴音"，谭富英则突出两点：一是"亮"字的下滑装饰，唱得娓娓动听；二是在"琴音"的"琴"字上，那一颤一顿的拖腔，唱得人心往神驰。谭富英这种以镇定悠闲中的"虚"，来衬托出内在情况危急中的"实"的演唱处理，犹如神来之笔。在"我正在城楼观山景"西皮二六的唱段中，谭富英唱得轻松自信，幽默风趣。如"打听得"的"打"字，"等候你"的"等"字，"早买下"的"买"字，以及"你连得三城"中的"你"字，谭富英的唱腔极现轻松俏皮之感。"你连得三城"的"你"字，更唱出了诸葛亮对司马懿不敢贸然进城的满腔嘲笑与轻蔑。

在《斩马谡》中，谭富英紧紧抓住诸葛亮从盛怒到伤感，从惋惜到悔恨等思想情感变化，几段唱腔处理得十分恰当与妥帖。如诸葛亮见王平、马谡时唱的快板，既威严愤慨，又铿锵有力。他在唱"见马谡哭得珠泪洒"的西皮摇板时，又唱得是如此的婉转舒缓，诸葛亮的伤感和痛惜，如起伏流淌的水波一样。当唱到"我哭一声小马谡"的西皮散板时，诸葛亮即悲从中来，既痛惜马谡的才干，又恨其贻误战机，更悔不当初自己的用人不当。谭富英把剧中人内心的矛盾与疾苦，深刻真实地表现在舞台上，达到感人至深的艺术效果。

上不去的嘎调

　　是人都有缺陷，是路必有坎坷，金无足赤，人无完人，做人是这样，做事也是这样，唱戏更是这样。不管多大牌的名家，总有一时难以克服的软肋或难免出现的失误。否则，世间就无不断完善一词存在，更少了鼓励人们前进的空间。谭富英也不例外。

　　《立言画刊》第 130 期（1941 年 3 月），曾发表过红叶的文章《谈"谭嘎调"问题——天津之行成绩是否端看"叫小番"一句》。文章认为谭富英的《探母》可说演得十分精彩，每场演唱均获得观众掌声不断，但美中不足的是"叫小番"一句的嘎调，总让人觉得没有直冲至顶。1940年，谭富英在长安剧院唱《探母》，当唱到"叫小番"时，嘎调硬是翻不上去。看他在台上直憋得脸红脖子粗的窘迫，当时，台下的观众则来了个满堂敞笑，谭富英真觉得很难为情，真对不起爱他抬他的观众。在后面"过关""见娘"几折戏里，他极力地找好，虽说赢得台下如潮的掌声，依然掩不住嘎调的不足。假如那天听戏的人事后回味或议论，谭富英的"嘎调"，自然是一道绕不开的话题。

为在天津的"叫小番"上不去，谭富英很长一段时间苦恼不已，也经常与同行和名家交流。他并非不想铆着唱，有时甚至还用力过火。可是，每当唱到这句时，他心里就顿生犹豫，抑或"发怵"，所以，总是唱得力不从心。也许，这是他京剧艺术中的一道坎。谭富英每次唱到"叫小番"就先入为主地担忧，越想唱好越唱不好，嗓子总像被什么东西堵住了一样，硬是冲不开其间的淤塞。为了《探母》中的"叫小番"，谭富英专程找齐如山探索讨论。谭富英有些抱屈地说，"叫小番"根本不必非得翻高唱嘛！齐如山回复说，你说得也对，当年的张二奎，从来就不翻高唱，这是奎派典型的风格。如果追本溯源的话，嘎调的唱法是令祖谭老板首创，后来追随仿效者众，以致你今天吃了亏。因为谭派将此唱出了典范，大家都认可与喜欢，你又是谭派的嫡传与新星，观众期待听你唱翻高的"叫小番"比别人更加强烈。所以，你就避不开了。再者，天津、上海的观众不同于北京。北京观众接触的演员众多，各种流派纷呈，他们听过各种唱法，认可不认可，都在自我的思维中比较。其他地方则不然，尤其是天津。这件事，你也不必过于介意。根据我对你的了解，相信总有一天会翻上去的。

天津的观众是戏剧界知名的，每当演员一出错，他们便毫不客气。无论你是大家或名角，若有纰漏，绝不宽容。其实，当时大多数名角演员都难免在天津遭遇喝倒彩，也算是一段梨园趣闻吧。有一年夏天，裘盛戎随谭富英剧团到天津演出，当时他的夫人带着孩子也一起跟了过去。因宾馆房间过小有些拥挤，裘盛戎将床铺让给了夫人和孩子们，自己则泡在浴缸里睡了一宿，倒落得一夜清凉。第二天演出时，因头天晚上没有休息好，嗓子又受到长时间泡凉水的刺激，演出效果自然受影响，一贯以好嗓音著称的裘盛戎给抬爱他的观众带来了满满的失望。不甘心的天津戏迷散场后便堵在后台门口，冲着他说风凉话："裘盛戎，您是怎么唱的嘛？"裘盛戎一脸无奈地对着戏迷们苦笑拱手，既不能发火，解释也无益。在演出的最后一场，重新贴演前面没唱好的那一剧。有些愧疚和不服的裘盛戎，那天真是拼了，他整场将嗓音发挥到极致，博得了满堂彩。还是这些戏迷，散场后仍旧等在后台门口，直到裘盛戎出来，一齐伸出拇指对他说"哎！今儿个才是裘盛戎"，这才转身离去。事后谭富英说："天津的戏不好唱，唱好了真捧你，唱不好给叫倒好那是轻的。那次的裘盛戎就成了萧何，成败系于一身。"还有一年，马连良在天津演《王佐断臂》，因藏在衣内的假臂没有系好，在台上一不小心，事前将假臂从衣服里掉了出来。

台下的倒彩声震天价地响，嘲笑声不断，使台上的马连良极为难堪。他耐着性子将一场戏演完，第二天提前辞戏回到北京。为此，马连良好长一段时间不去天津演出。事后，因接到天津的义演邀请，马连良不好回绝，只好硬着头皮去了。以马连良的功夫，要找回面子并非一件难事。那天，他的演出十分精彩，天津的观众连手都拍酸了，这才给了马连良足够的安慰。

在《立言画刊》第143期（1943年6月）上，一个署名鸿飞的人曾经评论说，谭富英天生一副好嗓子，无人能及。有一次在新新戏院，他与程砚秋、郝寿臣、杨盛春合演《美人计·回荆州·芦花荡》，前头垫戏的某须生演《击鼓骂曹》，颇为卖力地唱下来，却未得到观众喝彩。而当谭富英的刘备一上场，只唱了四句摇板，便引来全场叫好。更奇怪的是，虽然谭富英的"叫小番"翻不上去，但每次贴出《探母》海报，戏票都被抢售一空，有时还临时加价，观众都愿意听。谭富英的这出戏太出彩了。即使是有"叫小番"一句令人不满足，但对全剧而言，终无大碍。据跟随谭富英多年的某管事说，谭富英演戏最怵的两件事，一为《探母》中的"叫小番"嘎调，二为《战太平》中花云被擒时的翻虎跳。

爱听谭富英演唱的观众们，却一直为《探母》中的"叫小番"有些想不通。根据谭富英的嗓音条件，相比很多大牌演员，有过之而无不及，理论上不应该存在任何问题，为什么就这么一个小小的"嘎调"，总是让他上不去呢？平心而论，这种翻不上去的毛病，也许是天赋关系，也许是心理作用。有人说，谭富英的嗓音宽亮皆有，似乎独缺尖音。但翻看谭富英过往演唱的其他剧目，又觉得迷雾般让人不解。比如《武家坡》中的"八月十五月光明""二月二日龙发现"等唱腔，他也时常翻着唱，既宽又亮，非常出彩，为什么唯独《探母》上不去呢？他在三庆与侯玉兰、王泉奎合唱的《二进宫》中那一句"吓得臣……"三个字，也是翻着唱的，这不见得比"叫小番"的嘎调容易，为什么他一冲就开呢？为此，很多人都相互交流和议论过，多数人均感到不解，但好多人都相信，谭富英只要打开心结，总有一天会唱上去。

戏评家吴小如则认为：谭富英盛年时嗓无立音，处理不好陡然拔起的嘎调，但他为此还是做了不少弥补工作。比如他在唱一段嘎调时，每于应拔起前一个字的尾部垫一"呀"或"哇"字。而于"呀"或"哇"字努力铆上，使用高腔，形成虽高而不陡的"嘎调"，这样不仅避开主要矛盾，而且还形成了自己的特色。如《杀家》中的"猛抬头"和《战太平》中的"站的是"，谭富英不把"头"和"是"字高唱，而在"抬"和"的"之后，各加高音符的"呀"字（《定军山》的"管叫他"则在"叫"字后面垫一高音符的"哇"字），均能起到"嘎调"的效果。而且音域宽、送气长，相当受听。唯独"叫小番"一句，"小"字后面不允许加任何垫字，而"番"字又必须如旱地拔葱般陡然用立音冒上高八度。于是，谭富英就无法藏拙了。关于"叫小番"的嘎调，谭家人则认为，《探母》一剧，先祖谭鑫培把"奎派"唱法演变成"谭派"戏后，舞台上便出现了两种路子的演法。谭富英在天津演《探母》是按奎派唱法，但是天津的观众不认。

其实，谭富英的"叫小番"上不去，并非受嗓音条件所限。从医学角度而言，那属于一种神经反射性紧张症状。因受神经刺激影响，肌肉自然收缩，于是，嗓音受到压迫，既打不开，更上不去。对于这种症状，基本无药也无须药物治疗，只要过了自我紧张这一关，自然就会好。心理缓解，说起来简单，做起来却很难，心理作用对于每一个人而言，一旦形成习惯，甚至比某些顽疾还难治。人说，心病还要心药医，这就是谭富英需要培育的自我调节能力。在又一次即将赴天津演出的前夜，谭富英又为"叫小番"苦恼了。不贴《探母》一剧不行，这是谭家的代表作，更是观众的期盼所在。如果换角更不成，很多戏迷都是充着谭家来的。一向精明有法的谭小培，却对儿子总上不去的"叫小番"无计可施。父子俩探讨半夜，也苦无良策，还是谭小培的一句话，这回去天津，你跟我拼了也要唱上去，要相信自己，不要总在事前担心，先将它忘掉，一直往下唱，到时候铆上一冲，说不定就上去了。谭富英下定决心，如果这次在天津还唱不上去"嘎调"，争不回这"叫小番"的名誉，自此之后，永远不再贴《探母》一剧……那次赴天津登台，谭富英真的如父亲所授之计，先忘掉后面的戏词只管往下唱，当唱到《探母》"叫小番"的嘎调时，台下观众的心照例都提到了嗓子眼上，大家都在静静地等待着，甚至有些紧张，大家凝神注视台上的谭富英，既是期盼，又是担心。那天的谭富英却十分顺利地将"嘎调"唱上去了，且显得十分从容，顿时收到了全场拨云见日的喝彩。于是，天津的观众和同行都为此传开了。是什么原因让谭富英冲破了这道关卡，是有高人指点，还是艺术得法，抑或嗓音陡然质地升华？没有人说得清楚，只是大家乐此不疲地谈笑。一听说谭富英的"嘎调"冲上去了，天津的观众都齐齐拥向剧场，为了验证谭富英的"嘎调"新唱，乃至引起场场票荒。那次，谭小培为此暗自庆幸，也许，是老祖宗的在天之灵荫佑，终于让谭富英冲过"嘎调"一关。戏后，谭富英曾与在天津的李少春会晤，谈及现场的演出情况，并托李少春以此向乃师余叔岩致意。李少春即时向余叔岩传送谭富英终于过了"嘎调"这一关的消息，余叔岩会心地笑着说，祝福富英，终于迈过了一道坎。

在戏曲艺术上，谭小培对谭富英一向要求极严。自从谭富英组班之后，管事的陈椿龄建议谭富英首演谭派硬戏《战太平》。谭富英对这出戏中的唱、做、念、打全套都熟悉，只是担心在"被擒"一场，遇绊马索的扎靠虎跳，他经过好多次的尝试，总是跳不好。有一天，谭家父子和陈椿龄在戏前议事，陈又提到了这出戏中的扎靠虎跳。他说，一个扎靠虎跳，对幼功深厚的谭富英来说，应该没什么难处，很多演员都跳过了，为什么单单你富英跳不好呢？于是，陈椿龄提议让富英即兴穿着长袍，当场走一个虎跳试试。谭富英虽说对陈点头称是，却望着父亲不敢轻易尝试。谭小培便不无鼓励地说："当初你爷爷告诉过我，走这个虎跳，要两臂直伸，腰轴劲挺，双腿端云（起后用力伸直，叫做踹云），重起轻落，这样才能靠旗不卷，髯口不乱，像大花蝴蝶似的，飒然耀眼。你小时唱过，功夫并没扔下，不妨试来我们看看。"得到父亲鼓励，谭富英即翻上扎靠，当场跳着一试，果然翻得十分利索。谭小培和陈椿龄趁着热劲，让富英再扎上硬靠练几次，依然十分顺当，一连几次的试跳，直至大家满意为止，这才答应上演《战太平》。

津迷赏谭派

在谭富英未挑班之前，天津诸多剧场和会馆，都成了他熟悉的舞台，有时面对多家邀请，真有点应接不暇。天津观众对谭派艺术情有独钟，每每在约定戏码演出结束之后，必须加唱谭派其他代表剧目和唱段。经常几次出台都无法谢幕，热情似火的观众掌声经久不息，常常要加唱六七段才肯罢休。虽说加演过多会令人疲惫，但是，面对众多铁杆戏迷和如潮的观众，面对天津人的敬崇和热捧，谭家人深感欣慰。作为一个热爱京剧而献身艺术的人，获得如此待遇，不正是一生的追求吗？艺术来自于民而服务于民，艺术家追求艺术而奉献于艺术，这是谭派艺术始终奋进的目标。在谭志道和谭鑫培晚年，他们常常止不住地回顾当年走进天津的那一刻，是天津人的街头掌声和慷慨解囊，不仅仅解了谭家班的生活之困，更赐给了他们生活与事业的信心，看到了前程和希望。继谭鑫培之后，谭小培和谭富英，除了经常来天津参加业务演出之外，更让天津人忘不掉的是，他们热衷于公益事业，经常来天津参加社会义演，为灾区、灾民、困难学生、抗日劳军，贡献自己的一份爱心与力量。谭家班在天津像这样的公益演出，现在已无法统计场次，但这些京剧名家的义举，受到了整个社会和广大观众及戏迷的高度赞扬和崇敬。"世上自有真情在，人间充满了爱。"谭家人永远相信这句话，更践行这句话。

谭家人永远忘不了天津，他们热爱天津的每一寸土地和每一位观众。天津人也忘不了谭家班，是他们为天津人奉献了艺术和爱心。无论是当初的艰苦岁月，还是后来的富裕境况，无论是当初的籍籍无名，还是后来的名家要角，天津还是天津，谭家还是谭家，他们相互之间的情与爱始终如一。由于谭派在天津舞台上的精彩表演和观众的熟知与认可，在当时的天津，形成了一个独特的社会景象。很多买卖商家、车站码头、饭馆酒楼，都喜欢在自己的店铺门前和重要的出入口安上高音喇叭，用留声机反复播放谭鑫培和谭富英的经典唱段。更有意思的是，很多行人，当走到一个正在播放谭派唱腔的高音喇叭下面时，便不自觉地停下脚步，再急再忙也要把一段唱腔听完。有些人甚至忘情地在摇头晃脑中击节点板，还忍不住附和哼唱，那种迷醉的神态，早已抵达笔墨难以形容的境地。当一段唱罢时，才在片刻的停顿中恍然惊醒，最后还得高声地叫一声好，这才志得意满地离去。这样的街头现象，竟成了当时津城一景。

天津作为经济发达的大城市，民众对文艺的需求十分强烈。清代中期，天津南北商贾云集，人口剧增，海河漕运兴旺繁荣，交通极为便利。密集的小型娱乐场，为人们劳作后的文化娱乐提供了必要的条件。那个时期的天津，开始出现以戏曲为主要内容的"茶园"式演出场所，京剧最为活跃。余三胜、谭鑫培、孙菊仙、杨小楼等京剧名家，往来天津演出的频率越来越高。随着观众欣赏水平的不断提高，很多茶园和戏馆，竞相提升改造，建成了一批新型的戏院和舞台，不断为京剧提供更多更好的表演场所。谭鑫培和杨小楼等人，是首批走进天津正式剧场的京剧名家，谭鑫培更是京剧艺术和剧场艺术完美结合的代表。后来的谭小培和谭富英，相继成了天津观众期待与欢迎的京剧表演艺术家，是他们让谭派艺术在天津的热土上生根开花。谭鑫培、谭小培、谭富英在天津演出较多，且极受戏迷追捧，几乎是场场刮起风暴，常常戏票难购。有时赶上年关，尽管剧团都有封箱一说，为了满足观众厚爱和市场需求，谭家班不得不倾巢而出早早开台。每逢旧历正月初一，不管在哪个剧场或哪个戏院，只要在天津演出谭家班的戏，必然要安排谭派的代表剧《定军山》，这也成了人心所向的惯例。谭家几代人在演出此剧的时候，均延续了谭鑫培的一个独到之处，他们从下场门上场，再从上场门下场，与一般演出常规反其道而行之。因中国文化传统中有"左青龙，右白虎"之说。所以，谭家人的表演寓意避走"白虎门"，以此祈求节日吉祥喜庆之意，在天津传为佳话，被观众称为一绝。

在进入 20 世纪之后，外埠旅津商人越来越多。为了方便和活跃经商联谊，很多商家倾力集资，按照籍贯标名，在天津兴建了 20 余座会馆。一般会馆皆设有茶座，在完备住宿和集会功能之外，特别注重内建舞台和戏楼。其中最著名的当属建于 1907 年的广东会馆，其规模与格调，极为豪华高雅，均为天津一流。1917 年 9 月，刚刚出科的谭富英随龚云甫、王凤卿、尚小云等，首次来天津广东会馆，为广东客商的年会登台演出。当时演出剧目有《定军山》《群英会》《张义进堂》《奇双会》等。后来，又邀来了名重一时的梅兰芳，演出《千金一笑》和《汾河湾》等剧，使广东会馆一夜走红。如是，谭小培和谭富英，即成了广东会馆常邀的京剧名家，每次演出都盛况空前。随后，天津很多会馆争相来邀，谭富英成了诸多会馆的座上宾。演出之余，谭家人还在天津结交了许多商界名流和朋友。

1927 年，国民政府迁往南京，伴随都城南迁，北平许多达官显贵都趋之若鹜，因此，北平的名伶艺业一时大受影响。而天津却恰恰相反，舞台不但没有萧条，而且更加繁荣与热烈。因为当时的天津正处在城市人口、工商业、交通运输发展的高峰期，许多皇族后裔和下野官员不愿远离曾经的福地与温床，于是就近移步，纷纷来天津隐居，由此带来了大量需求娱乐的观众群体。在天津茶园和戏楼等演出场所，当时经常有梅兰芳、杨小楼、谭富英、余叔岩、程砚秋等京剧名家结团来演出。天津观众虽说十分热情，却非常挑剔，看得多更懂得多。观众们热捧的掌声和喝倒彩的呼声，像一面镜子，使许多艺术家看到了自己的优点与不足，逐渐得到历练与成熟。谭富英虽说广受天津观众热捧，也曾经受到过观众的嘘声。后来，他的谭派艺术得以艺臻化境，不能不说有天津观众的一份鞭策之功。

　　天津戏剧界的万里先生，在讲述谭家与天津的渊源时，也没忘记曾经的一次插曲。1948 年 3 月上旬，正是风和日丽好时节，谭富英率领全班人马，应邀来津门上平安戏院演出。此时，东北辽沈战役已经结束，平津地区国民党的统治已岌岌可危，很多从东北战场溃败下来的国民党伤兵和逃兵，大量拥入天津，一时兵痞横行，整座城市似乎惶惶不可终日。谭富英三天的演出，戏票一抢而空，大家兴致勃勃地来到剧场，想尽情地欣赏一下谭富英的艺术表演。头天的第一场演出，刚刚开始检票。突然，戏院里呼啦啦地拥进来一大批伤兵、流氓、地痞、无赖，黑压压的有数百人之多。他们闹哄哄地冲进剧场，抢先挤占了很多座位，那些持票的观众，竟被兵痞们四散驱赶，使大家不敢对号入座。服务生们赶忙前来劝阻，却都被打伤，情势非常紧张，似有大战一触即发之势。如不及时得到有效制止，什么事情都可能发生，后果不堪设想。时任戏院经理的冯承壁，一时心急如火，万般无奈之下只好报警，并请观众们暂时离开剧场，避免发生过激的矛盾冲突，最好不要闹出人命。经理当场承诺，三天以后，观众可持原有戏票进场观看演出，保证给大家满场弥补还可给予适当加演。天津市警察局接警后，速派几百名持枪荷弹的军警宪兵，全副武装地将剧场团团围住，并紧紧地封住大门，强力维持现场秩序，进行全面清场，这才平息了兵痞闹场事件。为此，一贯谨慎的谭富英深为感慨，认为突然中断演出确实有愧于钟情他的观众。都是那些兵痞惹的祸，他心中不免为此愤愤不平，一时半会确有些缓不过劲来，真想一走了之，图他一个清静与安全。冷静下来的谭富英又细细一想，那些伤残士兵历尽九死一生，好不容易拣回一条命，想借看戏暂时忘忧，但不一定掏得起钱买票，这也是人之常情。如此一想，对那些兵痞又恨不起来了，还暗生一分同情之感。于是，谭富英向经理建议，是否让谭家班为那些残兵们义演一场。剧场经理对谭富英的宽宏大量深为感谢，却不愿再招惹是非。于是，剧场经理婉谢了谭先生的好意，以增加包银压惊的方式，请谭富英按约演出三天，给售得戏票的观众一个交代。谭家班演出完毕，辞谢了其他剧场的邀约，速速赶回北京。不知是因为伤感还是惊吓，谭富英回京后，竟大病一场，很久才康复。因那次兵闹事件，上平安戏院不仅支付了谭家班的压惊费，还得支付警察局维持秩序的费用。最后，冯经理一算，几乎赔了三倍的票房收入。幸好，冯经理是个想得开的人，万事以平安为重，上平安戏院，不就以平安为上吗？亏点钱，以后还可以再赚，假如那天出事，枪一响，天晓得是什么结果。如此一想，冯经理的心中也平安了。

　　1934 年，周信芳来天津演出，在各界名流的欢迎宴上，周先生借机提起，天津乃商贾云集的重镇，名家荟萃，文风古远，却没有一座像样的大型剧场，实为一件憾事，这一席话，让天津的名流们感到震动。于是，由孟少臣（天津八大商业巨头之一）牵头，邀集天津各界及戏剧名家商议，在天津兴建一座具有当代水准的大型剧场，得到了众人响应。他们向社会公开出售股票，谭小培、马连良、周信芳、姜妙香、尚绮霞等京剧名家踊跃参股投资。当时国民政府的外交部部长、巴黎和会首席谈判代表顾维钧，自愿让出自己名下法租界二十号路（现哈尔滨道）天增里旁的三亩八分地，盖起了建筑面积为 7770 多平方米的剧场，并定名位"中国大戏院"。该院 1934 年奠基，1936 年 8 月竣工。中国大戏院的落成令天津全市轰动，众人皆欲抢先入场一睹为快。1936 年 9 月 19 日，中国大戏院举行隆重的开幕典礼。当时的抗日名将、天津市市长张自忠将军及各界名流前来为戏院剪彩。中国大戏院里共设有 1040 个坐席，其中楼下 20 排，贵宾席 36 座，普通坐席 588 座，总计 624 座。楼上共计 13 排，贵宾包厢 12 座，包厢 44 座，普通坐席 360 座，总计 416 座。戏院中附属的喜缘宾馆、小剧场、戏迷影厅、多功能会议厅、戏装艺术影楼等配套设施一应俱全。为了戏院日常经营运转，特成立了中国大戏院董事会，谭小培是董事之一。经大家一致推荐，由谭小培负责管理该戏院日常演出业务。谭小培谙熟梨园行当和内部管理规则，所以运作娴熟，张弛有度，得到了行内外一致认可与推崇，他没有辜负大家的信任与希望。1949 年解放之后，中国大戏院被收归国有，谭小培这才卸任董事和戏院管理岗位。谭小培在中国大戏院任职期间，从不摆资格，更不论年龄，常给登台的名角配戏，尤其是演员一时到不了场，他便即时补缺填空。由于他的功夫扎实，戏路较宽，深受天津观众喜爱。

戏内戏外话真情

1945 年年初，谭富英的同庆社，应天津中国大戏院邀请，来该院演唱一期，戏间下榻惠中饭店，六十多岁高龄的谭小培随班前往。有一天，父子俩正在房间里闲谈，外面有人问道："谭先生在吗？"谭富英立即走到门口打开房门，一瞧即赶忙拱手："原来是张先生啊，快请。"来人五十来岁，文质彬彬的，谭小培一看也连忙站了起来说："哎呀，原来是张先生呀，有些日子没见了，快坐，快坐。"来人是票界颇有名望的张聊止先生。张聊止民国初年就读于北京大学，因酷爱昆乱，乃在课余时间跻身票界。张聊止文化素养较高，领悟能力强，且十分用功，尤其和许多名伶名票交往甚密，如票界的赵子仪、包丹庭、陈墨香，以及伶界的王福寿等，经常与之攀谈论艺，所学的东西相当地道。他不但能演的戏甚多，而且小生、武生、老生均有造诣。比如小生戏《叫关》《黄鹤楼》《飞虎山》《白门楼》，武生戏《探庄》《挑滑车》，老生戏《骂曹》《卖马》《杀惜》等剧，皆有相当的表演水平。

1926 年，张聊止到天津工作，从此，又和天津票友名流多有交往，不仅切磋技艺，还不时粉墨登场，有时还在期刊报纸上发表戏曲评论文章，颇有影响。新中国成立之初，张先生曾有一本小册子问世，书名《歌舞春秋》，内容是他在京津两地观摩京剧的笔记。这本书的内容颇为详实，且有较高的艺术价值。虽然只有五六万字，实为京剧史上不可多得的珍贵记录。根据读者回忆，在张聊止的这本书里，有两处谈到谭富英，一次是他看了尚小云和谭富英合唱的《南天门》，张先生的评论是，两位铁嗓钢喉，歌来颇有一唱三叹之慨；另一处是记载谭富英唱的《碰碑》，剧场反响相当强烈，似乎那年谭富英才刚刚十七岁。张聊止和谭富英父子交往较深，这次谭富英率同庆班来津，张聊止特抽暇过来看望。故人相见，交谈甚欢，彼此都有说不完的趣闻轶事，诉不尽的相交情谊。此时，张聊止举起茶杯，刚要润润喉咙，却听谭五爷一声长叹："哎，张先生可知，近日我们这行里又走了一位好角儿吗？"五爷说着话满面愁容，张聊止忙问："五爷，您说谁没了？""别提了，富信前两天没了。""啊！是韩富信？""没错。"

张聊止听此信息，不由得心里一惊："去年我还见着他了，怎么一会就没了，得的什么病？"于是，他们的话题便切入到回顾逝者的往昔之中。

韩富信，1902年生于北京梨园世家，父亲为武二花，叔父也唱花脸。韩富信有一妹妹，名馥兰，乃关剧宗师李洪春前妻，儿子李金声，曾入荣春社，排名荣轩。韩富信的父亲与名教师丁永利的父亲丁连生为同时期人物，也擅长教戏。韩富信十二岁入富连成，比谭富英大四岁，属大富字。他的开蒙戏主要由大师哥刘喜益教练基本功。正式学戏师从董凤岩，学架子花，例如《八大拿》之类，富信对此皆有精道之处。后来又师从萧长华学演《卢州城》中的张献忠，《翼州城》《赚历城》中的姜叙，《奇冤报》中的跳判，《殷家堡》中的殷洪，《恶虎村》中的濮天雕。还跟丁连生学《大悲楼》（《济公传》故事）中的化清风，《闹昆阳》中的牛邈，《大名府》中的索超等。特别从侯喜瑞大师兄学了《战宛城》中的典韦，表演水平甚高，颇得同行赞颂。

典韦一角，许多著名武生、武净均演过，当年谭鑫培演出《战宛城》，杨小楼就曾为义父配演典韦。典韦和张绣之角，杨小楼均系谭鑫培亲授。这一角色，虽说不是剧中第一人物，却在戏中有着重要作用。特别是后半部，若是名家演张绣，典韦一角多由重量级人物扮演。比如两位名家曾演过典韦，一位是尚长春，为高盛麟配过典韦；一位是张世麟，为厉慧良配过典韦。尚、张二位的演出也颇获好评。韩富信的典韦为配侯喜瑞，侯喜瑞虽以架子花有名于世，但武功坚实，典韦一角需要极为出色，所以，韩富信的典韦演得不同凡响。另外，《长坂坡》中的张飞或张郃，韩富信演来也有独到之处。而《艳阳楼》中的青面虎一角，韩富信演得更为精绝，他把一个草莽英雄，通过武打的手段，刻画得淋漓尽致，再勾上绿色脸谱，开打起来真如猛虎下山。青面虎之称，韩富信演来名副其实。其实，这一角色许多老前辈均擅长表演，如钱金福、范宝亭、许德义，南方的刘奎官（也曾师事范宝亭），皆称能手。韩富信从这些前辈的表演中汲取营养，不断地丰富自己的技艺。他的把子十分紧凑，工架沉稳漂亮，开打干净帅脆，大刀花儿也称上选，脸谱也有独到之处，是一名十分难得的武花，不少大班皆约他合作。他和茹富兰为同科师兄弟，二人在科里经常合作，后来又不时同台。茹富兰双目近视近千度，而在台上做戏，尤其是武戏对打，并不受影响，他和韩富信的开打戏最为精彩，那才是真正的珠联璧合。特别值得一提的是，他们二位在天津的合作最受观众欢迎。所以，后来韩富信便长期留在天津，成为中国大戏院的得力班底（并非一般的普通演员）。那时，班底中大有能人，有些班底本身就是名演员，比如当年的金少山、高盛麟、裘盛戎、芙蓉草、苗胜春、高庆奎等，都曾充任班底，他们往往常驻在一个剧场。有时，剧场约不来当红的名演员，他们照样开锣，同样受到观众欢迎，因为他们都是好角，只是在某个阶段因某种环境所致而没有挑班而已。韩富信确实是一名好角，他和许多名演员都曾合作过。另外，他还兼任天津稽古社副社长，并为稽古社培养出不少京剧人才。其中的"双华"可为代表人物，一位叫贺永华，一位叫张德华。贺永华即为现代戏《智取威虎山》中的座山雕，张德华也为文武双全的净角名家，既演正戏也演配角，极具光彩。如观众看过黄元庆的《伐子都》，那都是张德华演颍考叔。黄元庆的子都自不必说，他把子都的意狠心毒、心胸狭窄的禀性，刻画得入木三分。"金殿"一场，更是把剧情推向了高潮，三张半的下高干净漂亮，把精神恍惚内心又惊又怕的剧中人物情绪，表演得无懈可击。张德华的颍考叔同样精彩，他把这位大将的忠厚善良，对子都毫无戒心，而以袍泽之情对待子都的心情，描摹得相当深刻。其功架之美，与黄元庆的默契配合，真是无可挑剔。

韩富信既是一名好演员，又是一位好教师，壮年而逝，怎不令人痛心。谭富英和韩富信为同科师兄弟，感情极好。韩富信也曾经搭过谭富英的班，富英对他颇为倚重。此次韩富信染病，谭富英曾亲去看望。韩富信去世后，谭富英了解到他治病花费不少，又要办丧事，特给予相当数目的奠仪。除了自己给予韩家一些补贴外，他还向剧界同人发起捐资活动，给韩家解决当下危急。韩家对此十分感激，谭富英则说："我与富信师兄自幼一起学艺，情同手足，师兄去世，我十分悲恸，些许薄礼，聊表我们弟兄之情，千万不可挂怀，日后若有为难之处，尽可找我。我家老爷子对师兄去世，也悲痛至极，嘱我尽力协助把师兄的丧事办好。什么也别说了，节哀顺变吧。"当谭五爷告知了韩富信的死信，张聊止先生唏嘘不止，认为韩富信是武花翘楚，是个不可多得的人才，可惜天不假年，空留叹息，遗恨人间啊！

翟富奎，北京人，富连成富字科毕业生，入科较早，比谭富英稍大几岁。当年，翟富奎在科班学花脸，小时候嗓音很好，戏也学了不少。有一段时期，他是科里花脸行当中的主要人物，和谭富英经常唱对儿戏，比如《捉放曹》《黄金台》《法门寺》等，一对小兄弟很受观众喜爱。翟富奎原本是个被人看好的花脸演员，怎奈仓门之厄没有闯过，后来竟然一个字都唱不出，真苦了他。这样一来，不仅"抱锤儿"的活不能再应，即使是重念做的架子花都应不下来。出科后搭班无望，又无一技之长，竟落得只能以教戏为生。因为科班出身，戏路较宽，功夫也好，知识较为丰富，倒能勉强维持生活。翟富奎长居天津，找他学戏的人倒还不在少数。有时想起在科班的童年生活，总是感慨有加，便常对学生们说："当初我和富英小哥俩，常唱对儿戏，很受观众欢迎。哎，我这一倒仓，可就从天上摔到了地下，真是应了那句话，由命不由人。你们看，富英这些年红得发紫，我却落得如此光景，真叫天壤之别。"因他经常对学生这样讲，有个别学生便私下议论："谭富英是什么人？四大须生，名震全国，翟先生总爱提起谭先生，想必是想拉大旗作虎皮，究竟有没有那回事，天晓得。"既然有了这种想法，就难免时常相互议论。学生们的这些议论，终究传到了先生的耳朵里。他虽然没有正式搭班唱戏，但是戏班里的事，特别是票界里一些人的情况，他还基本了解。心想：孩子们，莫着急，如果哪一天有机会，我会给你们来个当场对证，叫你们知道老师的话到底是真还是假，看看老师是不是拉大旗作虎皮，借他人的名誉给自己脸上贴金。

事有凑巧，20世纪50年代，谭富英率团来天津中国大戏院公演。他每次来津，多在劝业场附近旅社下榻，这儿离中国大戏院很近，上馆子也方便。有时也住交通旅馆、国民饭店或惠中饭店，偶有住在故友谭派名票宝龙医院院长陈鸿谋家中。这次来，他选住国民饭店，翟富奎的几个学生便对老师说："谭先生这次正好来了天津，师父如果方便，是否领着我们去拜访拜访，好让我们一睹庐山真面目，以慰渴望之情。"翟富奎心想：你这几个小兔崽子，这回直接"将军"了啊。他略一沉思说："好，你们打听打听，他住在哪里，我好领着你们去与他见个面。"学生们一听高兴地回答："好，师父，您就听信吧。"没费多大力气，学生们就打听到谭富英的准确住处。那天，翟富奎果然带着几个学生来到国民饭店，问清服务员谭富英的住处房间，径直来到他的房门口。他轻轻地叩了叩门，里面随即说了一句："请进。"翟富奎扭动门柄，进屋一看，谭富英正坐在沙发上看报，旁边茶几上放有一杯还在冒着热气的茶，翟富奎忙说："兄弟，你好啊！"谭富英连忙放下报纸站起身来望着来人说："哎哟，原来是师哥呀，快快请坐。"他又看了看师哥身后的几个年轻人："这几位，也都请坐。""富英，别跟他们客气，这是我的几个学生。""到了我这就是客人，请坐请坐。"翟富奎便朝着几个年轻人微微一笑："这就是我常对你们说到的谭富英先生，这回总算见着了吧。"几个年轻人很有礼貌，赶忙站起身来鞠了一躬："谭先生，您好！""谢谢，谢谢，坐吧。"谭富英跟着就问翟富奎："师哥您好？嫂子好吗？"老哥俩好一阵叙旧。学生们发现，谭先生的话不是很多，但语言真诚实在，他对学生们说："当年在科里，我们哥俩总唱对儿戏，对吧师哥。"翟富奎愉快地点了点头。谭富英接着对学生们说："那会儿，你们翟老师的嗓子可好了，没想到这……"说到这儿，他再没往下说，翟富奎有感地摇了摇头："哎，别说了，人不能跟命争啊。""师哥说得对极了，我们这碗饭真不好吃。"翟富奎意味深长地点头说："可不是吗？"话到这里，翟富奎便站起来说："今天，我们就说到这里得了，晚上你还有戏，别再搅你了。""没事儿，您再待会儿。""不了。"翟富奎即冲着他的几个学生说："几位少爷，我们去外边活动活动吧！"几个年轻人赶忙起身。谭富英忙走到一个立柜前打开门，从里面拿出一沓票子递给翟富奎说："这个您拿着，买点酒喝。"翟富奎再三推辞，但谭富英硬往他的兜里塞，最后不得不收下。谭富英送出门的时候还特意嘱咐："往后有事，您给我打电话，或者去信，别一个人绷着！""哎，哎！"翟富奎感激地点了点头。这回，翟富奎的学生们都信了，老师和谭富英先生确为好兄弟。而且老师领着他们认识了谭富英先生，这样一位名震海内的艺术家，竟然那么平易近人，是一位真正"贫贱之交不可忘"的仁者。学生们特别感激他们的老师，从此，翟富奎在学生们心中的地位一直看涨。

谭富英的《正气歌》

《正气歌》是一部新编历史剧，谭富英将其演得生活性和艺术性十足，大家就是大家，举手投足准不一样。谭富英的《正气歌》，能使整场观众激情澎湃，能使大家的心都紧跟着剧情走，不自觉地将全部情绪灌入戏中不能自拔。特别是当他演到文天祥在柴市尽节的那场戏，更让人无法不为之动情。

《正气歌》剧情主要是讲南宋末年文武百官大多数都顺应潮流降了元朝，文天祥却与众不同地毅然投笔从戎，凭借自己的超然智慧和一腔热血力撑半壁河山，亲自率领一支队伍进行坚决的抗元斗争。后来，终因强敌压境，危局难以挽回。文天祥被俘后被关押在死囚监牢，他却视死如归，表现了"君降臣不降"的民族大义。他的不朽诗篇《正气歌》，集中体现了那种凛然不可侵犯的高风亮节。

宋朝末年，赵昺祥兴元年（1278 年），文天祥在广东海丰兵败被俘，次年被押解至元朝大都（今北京）。文天祥在狱中三年，受尽了各种威逼利诱，但他绝不低下高贵的头颅，更不会屈膝投降。1281 年夏，在湿热腐臭的牢房中，文天祥写下了名垂千古的《正气歌》。该诗慷慨激昂，充分表现了文天祥坚贞不屈的爱国情操。1283 年 1 月 9 日，在最后拒绝元世祖的引诱之后，文天祥被押至刑场，从容就义。

京剧《正气歌》中文天祥的主要唱词为：

天地有正气，杂然赋流形。下则为河岳，上则为日星。于人曰浩然，沛乎塞苍冥。皇路当清夷，含和吐明庭。时穷节乃见，一一垂丹青。在齐太史简，在晋董狐笔。在秦张良椎，在汉苏武节；为严将军头，为嵇侍中血，为张睢阳齿，为颜常山舌；或为辽东帽，清操厉冰雪；或为出师表，鬼神泣壮烈。或为渡江楫，慷慨吞胡羯。或为击贼笏，逆竖头破裂。是气所磅礴，凛然万古存。当其贯日月，生死安足论！地维赖以立，天柱赖以尊。三纲实系命，道义为之根。嗟余遘阳九，隶也实不力。楚囚缨其冠，传车送穷北。鼎镬甘如饴，求之不可得。阴房冥鬼火，春院閟天黑。牛骥同一皂，鸡栖凤凰食。一朝蒙雾露，分作沟中瘠。如此再寒暑，百沴自辟易。哀哉沮洳场，为我安乐国。岂有他谬巧，阴阳不能贼！顾此耿耿在，仰视浮云白。悠悠我心忧，苍天曷有极！哲人日已远，典刑在夙昔。风檐展书读，古道照颜色。

谭富英以高超的艺术将《正气歌》中的文天祥演活了，使广大观众深受感染。某报记者经过几次相约，终于求得与谭富英见面采访的机会。在与记者的交流中，谭富英情不自禁地谈了诸多饰演文天祥的体会和心得。谭富英首先分析了文天祥这个历史人物，这是他的个性，每演一个人物前，他首先会通读剧本和多种历史文本。他的多年演出经验是，只有弄懂剧中角色是一个什么样的人，才能走进人物的内心，否则就很难演好剧中的角色。他说："文天祥是我素所敬仰的一位民族英雄。我崇敬他那种至死不向敌人低头的民族气节，这就是历来被人们讴歌的英雄本色。文天祥兵败被俘前后，正是南宋士大夫中那些无耻之徒变节投降异族的时候，文天祥可说是生逢其时和生不逢时。为什么这样说呢？说他生逢其时，即是乱世出英雄，如在和平年代，那就成就不了他文天祥；说是生不逢时，他原本可以稳稳地在朝坐位，一样可以清正廉明，还可求得忠义传家。可是天不佑他，恰恰让他遭逢异族入侵，民生涂炭的年月，以他的天性和本质，怎能顺势而行苟且偷生，求得一人之安妥而不顾国亡之安危呢?！于是，文天祥挺身而出，结果是无力回天，毕竟一人难以扭乾坤嘛！当然，面对死亡他毫不畏惧，终成仁义，这就是他的人生观和价值观。所以，他死得其所。如果换了一个他人，也许可以不死，但文天祥不能。文天祥在长期的羁囚生活中，历尽种种折磨，齿落发秃，最后连臀部都坐得溃烂了。可是，他仍然屹立不倒，始终面不朝北，直至他从容就义为止。我们赞赏他虽为一介书生，却远非一般腐儒可比，是文化锻造了他的气质，使他无比坚强而视死如归，为了民族的生存，甘愿献出生命，这是一种无怨无悔的伟人气概。"说到此处，谭富英稍作停顿，由此不难看出他发自内心的敬仰，还有那股掩饰不了的愤慨，他早已被剧情所牵。从他的谈话中让人不难觉察到，谭富英正是读懂了文天祥的伟大所在，他才能以对文天祥虔诚的敬爱，成功地塑造这位民族英雄不朽的形象。其实，谭富英不仅读懂了文天祥，而且仿佛成为了文天祥的化身。他名义上是在对人讲述剧中人的故事，给人的感觉仿佛是在进行一种自述。

大家都说谭富英平日是个不喜言辞的人，但只要一提到戏，他则一反常态，滔滔不绝。谭富英感觉到自己一口气说了那么多，好像没给来人留有余地，他下意识地望了望记者，看对方一副等待聆听下文的模样，没有一点提问的意思，于是他接着说："第一次接这出戏，当要开始准备演出《正气歌》的时候，我首先要考虑的问题是：文天祥，一个文弱书生，是什么样的一股力量，能使他在牢中抗御诸般侵袭，能使他在敌人的刑庭上，面对斧钺加颈而面不改色呢？他为什么能扛得住，他那一副弱质的身体，怎能经受得住那般折磨呢？为了求正这个答案，我曾反复诵读过文天祥的《正气歌》，从他历历指陈的'在齐太史简''在晋董狐笔''在秦张良椎''在汉苏武节'的光辉榜样中，我突然悟得，他之所谓的正气，便是高度的是非感、正义感和民族自尊感。文天祥不仅忘痛、忘诱，更是高度的忘我。只有这样，我才能想得通，只有这样，他才能做得到。"谭富英的话，使记者想到那天观看演出的现场，他在台上表现文天祥身在敌酋博罗丞相帐前那种大义凛然、侃侃而谈的神情，正是谭富英在喷发自己心中早已充满的那股磅礴之气。所以，他才演得那样忘我和精彩。这时的谭富英也好似身在剧中，只是换了一种生活的语言和交流方式在向记者演绎剧中角色。他根本忘不了角色，更忘不了文天祥这个人。那场戏所要表现的是：敌酋博罗丞相面对文天祥被擒三载，却无丝毫降意，反而创作了一首气贯长虹的《正气歌》，表示他矢志不二的心迹。因此，博罗丞相原想安排一场气势煊赫的刑讯来恫吓一下文天祥，迫使文天祥就范，不料反而遭到文天祥机智的反击，使博罗丞相无法掩饰那种山穷水尽的狼狈之相，一时竟弄得他下不了台。谭富英说，在这场戏中出现的文天祥，除了要表现他的镇定和坚毅之外，还要加强表现他的机智和对敌人的藐视。一是要借慷慨陈词来表达自己的坚贞之意，二是要让对方早日死了劝降这条心。他知道自己的生命难以保全，更知道敌方不可能善待他，此生再无领军与敌战斗的机会，但求一死以表忠义。

在《正气歌》的几场戏中，谭富英认为最难演的不是与博罗丞相智斗的那场，反而是欧阳夫人率女探监的那场戏。他说："以文天祥这样一个人物，在这样一个特定的境遇中，骤然与自己的妻女相见，内心的相思之情与痛楚可想而知，他毕竟是人不是神，而且是一个理该承担爱护和养育之责的男人。如今出现在妻子面前的他是在被奴役的环境下，带给妻女的只有悲痛和伤害。在这种时候，如果一味地去表现文天祥一心为国的精神，既不合常理，更不合常情。因此，必须表现他内心的情感流露。但表露感情，又怕流于表面化的伤感情绪。关键是分寸把握，多一分则过，少一分则不达，像这样的情境，在京剧剧目中很难找到先例和范本。"话到此处，谭富英又不自觉地陷入片刻的沉思。稍过一会儿，他接着说："这场戏却非常重要，既不能完全删除，还不好随意改动。通过那场戏的演绎，则可从平凡的夫妇和父女之间的感情中，反映出英雄人物在日常生活和人伦关系中的真实表现，使人们感到文天祥也具有常人一样的情感。英雄出自常人，常人也可以成为英雄，英雄也是一个有血有肉的人。可是每当在重要关头，他们的个人感情往往又得溶化在伟大的民族感情之中，家国情怀，孰重孰轻必须分得清楚，像文天祥这样的人，不能拥有丝毫的含糊。因此，英雄像常人一样具有丰富的感情，但又与常人不一样，他不能让自己完全陷入儿女感情之中，这种矛盾如何恰当地加以统一，这就是难中之难。所以，我认为这场戏的基调只能是悲壮，绝不能是悲伤。"他的话，顿时使记者想起谭富英在这场戏中安排的一个表演得非常深刻又演绎得非常到位的场景：在欧阳夫人率女探监的时候，听说文天祥明日就要在柴市就义，夫妇俩只能强忍心中之痛而相互慰勉，把分别之痛强压在心中而不形于色，尤其不能在敌人面前示弱。当文天祥劝送欧阳夫人出监，正在自己准备回监时，他猛然听得女儿一声滴血的喊叫"爹爹！"仅这一声叫，却充满了父女生死相隔的凄怆。这时候，谭富英饰演的文天祥，当他听到这一声叫之后，立即表现出一种为之心碎的表情，他的面部似乎有过一丝让人难以觉察的痉挛，可就在一刹那之间，他又迅速平静下来，缓缓入监，令人印象深刻。他不愿让女儿看到自己的悲痛，也不想让敌人看到自己的软弱，只能用超强的意志来当麻药，使自己进入一时的无我状态之中。

记者就这一表演细节向谭富英提问：你怎样才能准确地把握这种情绪？他说："我曾设身处地想过，我每次在和妻女分别的时候，心里都有感伤，我真想落泪。可是，文天祥现在是处在敌人的囚禁和严密监视下，不同于往常。他是大宋的丞相，一言一行，一举一动，都代表着整个民族在和敌人作尖锐的斗争，因此他决不能在敌人面前落泪，要保持尊严！这是整个民族的高大气节。"从谭富英的话中不难听出，他既是在谈文天祥，也是在谈自己。

在与记者的交流中，谭富英还表达了一个看法，他说：演员在舞台上必须完成剧本创作的主要部分，即舞台的实践部分。因此，演员应该很好地研究剧本，如果发现不合适的地方，还得诚恳地向剧作者提出意见，重新修改。这就是人们通常所说，来源于生活，还原生活的道理，演戏，其实就是还原生活的过程。他说："我在《正气歌》的演出中曾经这样做过，获得了很好的效果。譬如我认为文天祥为国就义，他主要是为了争取民族独立和生存而宁愿牺牲自己的生命。因此，我主张把'妻女探监'那场戏中'报国不成我心尽，只有一死报君恩'的唱句，改为了'保国不成终身恨，拼将一死报君恩'，这样比较符合文天祥为国一死的本意，使这位民族英雄的事迹更显光彩。同样都是死，但一个是被动死，一个是主动赴死，意义则截然不同。"

谭富英主张，京剧演员在表演艺术上，要从电影话剧中吸取和学习先进的表演方法。他在文天祥"柴市尽节"那场戏中，曾经参考过电影《赵一曼》中赵一曼走向刑场的表演方法。他说："当我念完了'人生自古谁无死，留取丹心照汗青'时，我先保持自己身份，缓缓地向前走三四步，然后以镇定而急遽的步子下场，表示文天祥对敌人毫无畏惧，决心一死的那种坚毅而勇敢的心情，这种表演方法就是学的电影《赵一曼》。我每演至此，总觉得内心的感情和外形动作配合是协调的。"从他的谈话中，记者深深地感到，作为一个嫡传的谭派老生，谭富英真正地继承了谭鑫培的现实主义表演方法，并在这一基础上，迈向了更高的艺术境界。

建国之后

Jianguo Zhihou

主席给小培点烟

新中国成立以后，百废待兴的中国，在推翻"三座大山"的扬眉吐气中迸发出惊人的能量，在广袤的国土上，处处焕发新生。虽然说一切都在革故鼎新中大踏步前进，但人们对京剧的热爱与钟情依然不改。在北京的戏园里，虽然有时髦的新戏与歌舞，但京剧并没有一点退出舞台的迹象，大多数人依旧爱走进张贴京剧海报的戏园里。特别是那些痴情的戏迷们，不仅戏照听，角也照捧。在古老的京城里，那些京剧名家名角们的演出，似乎更加频繁，作为国粹的京剧艺术，在太平的国土上，盛开出更加璀璨夺目的光辉。

1950 年年初的一天，根据中央安排，由谭富英和梁小鸾联袂登台，在北京六国饭店礼堂，演出《红鬃烈马》中的一折《武家坡》。该饭店原由英、法、美、德、日、俄六国合资共建，所以取名六国饭店（也称各国饭店），更是京城第一大饭店。这座闻名遐迩的饭店，始建于 1905 年，在清末和民国，一直是高官和名流出入的场所，直到 20 世纪 40 年代后，这种地位才逐步被北京饭店取代。六国饭店地上为四层，地下为一层，内有客房二百余套，是当时北京最高的洋楼之一。当时的六国饭店，主要供各国公使和官员，以及上层人士在此住宿、餐饮、娱乐。清末"庚子事变"以后，八国联军入侵北平，辟东交民巷为使馆区。在这里除了建设使馆之外，还建设了各国的兵营、医院、银行、洋行，还有这家六国饭店。百余年来，六国饭店成了中国近现代史上诸多重大事件的见证者。比如 1912 年，原计划去南京就任大总统的袁世凯因突遭兵变，被迫躲进六国饭店；1926 年，主持正义的一代报人邵飘萍，被张作霖诱出六国饭店，秘密枪杀于天桥；武昌起义功臣之一的张振武，也在此被袁世凯派人诱杀；1928 年，日本女间谍川岛芳子，她在此迷惑了张作霖的副官，获得张作霖回东北的确切时间而炸死了东北大帅；1949 年 4 月，已经进入北平的中国共产党，在这里迎接了以张治中为首的国民党政府和谈代表团等。新中国成立后，六国饭店成为外交部招待所，后来改称"华风宾馆"。

谭富英领衔主演《红鬃烈马》中的一折《武家坡》，如此醒目的海报，在六国饭店门前一贴，无疑抢去了半座北京城的风头。戏还没有开锣，礼堂里早已观众如潮，很多人都提前在门外排队，翘首期盼幕布早点拉开。令很多人没想到的是，毛泽东主席竟然也成了那天戏场里的一名观众。因为安全需要，消息封锁十分严密。凡来此担任保卫和其他工作的人员，一律着便装随观众一同入场。那些事后得知毛主席来了剧场的戏迷们，为错失一睹伟人风采的历史机遇，连肠子都悔青了。毛泽东主席年青时就喜欢京剧，他像很多中央首长一样，特别衷情谭派艺术。自称是谭富英戏迷的毛泽东，特地前来观看演出。当毛主席走进礼堂的时候，场内骤然响起如雷的掌声，经久不息……原本在后台的谭小培，急速赶到台前观众席，代表演员们迎接毛主席。谭小培恭敬地说："毛主席好！现在戏还没开始，是否请主席先到后台休息片刻？"毛主席和蔼地一笑说，现在到后台恐怕有点不合适，不要去影响演员们的情绪，还是等戏散了，我再去慰问大家吧。毛主席边说边笑地拉着谭小培一起落座观众席。锵锵锵锵……大戏在一阵铿锵的锣鼓声中拉开了序幕，毛主席边看戏边与谭小培交流谭派艺术的精髓与奥妙所在。谭小培似乎有点诚惶诚恐地对主席说："真没想到，身系国家大事的主席，竟对谭派这么熟悉！"毛主席谦虚而幽默地说："我并不太懂戏，但是喜欢，一旦看多了，难免有了一知半解，可算是自学成才吧！"从来不离烟的毛主席，在与谭小培的交谈中，习惯性地伸手从口袋里掏出香烟。见此情形，谭小培连忙抽出一支自己的香烟敬给毛主席。毛主席接过谭小培的烟，又将自己的烟回递一支过去说："我们交换一支，你吸一支我这个尝尝！"

此时的谭元寿，正在后台伺候父亲谭富英。得知毛主席到来之后，一心想瞻仰伟人尊容，今天这近距离的机会绝不能错过。于是，他用双手轻轻地将帘子扒开一条小缝，注目朝观众席上望去，就是这突然间的一望，险些惊掉了他手中的茶壶。他看见毛主席正拿着打火机，给祖父谭小培点烟。假如不是亲眼目睹，他真不敢相信这是真的，内心还在替祖父担忧，一向精明的老人家，怎么能让主席给您点烟呢？当主席回递一支烟给谭小培的时候，他似乎在不知所措中接了过去。当主席拿出火机斜着身子靠过来要给他点火时，谭小培拿烟的手不自觉地颤抖着说："这如何使得，这如何使得。"一向被人称为智多星的他，顿时感到语言表达不畅，只顾忙着往后连连退让。主席看着谭小培，笑得更加爽朗："大家都是同志嘛，难道你高兴我脱离群众吗？"毛主席依然坚持为谭小培点上了烟。一待演出完毕，毛主席在谭小培的陪同下来到后台，他向谭富英一伸大拇指，称赞他的表演名不虚传。

20 世纪 50 年代，谭富英多次进中南海为毛泽东等中央领导演出。毛泽东看戏很仔细，有一次看过《空城计》之后他对谭富英说：朝珠是清朝才有的，诸葛亮是汉朝大丞相，怎么会戴朝珠呢？是因为你的祖父谭鑫培进宫演戏，慈禧一高兴，便赏了他一串朝珠，他不敢不戴。因你祖父在京剧界的地位，别人也就跟着戴了，久而久之，即成为一种风潮。你考虑考虑，今天还有戴朝珠的必要吗？听了毛主席的一番话，谭富英从此演该戏再不戴朝珠。还有一次，毛泽东看了谭富英的《捉放曹》即指出：汉朝那时还没有凌烟阁，是为唐朝李世民所创，你的唱词"凌烟阁上把名扬"经不住推敲。还有陈宫唱"听他言……背转身自埋怨……"这是他自己的内心独白，曹操怎么会说"你言多有诈"呢？显然与场景不合。后来，谭富英与裘盛戎、王则昭商量，将毛主席提到的几处戏词，一一都进行了认真的修改。

毛主席喜欢看京剧，而且酷爱谭派戏，尤其是《定军山》，他敬佩黄忠老当益壮能战能胜的神勇，这与他大无畏的战斗精神天生相融。每当聆听谭派那种大气磅礴好似高山流水般的唱腔时，他必神情飞扬，心中不禁萌发诗意。他往往一边看戏，一边抽烟，谭派的精湛表演让他不知不觉地融入戏中。毛主席不仅爱看谭派戏，还破例地多次接见谭家人，无论是老谭、小谭，还是小小谭，都曾是他的座上宾。从小习惯聆听家乡评弹的周恩来总理，起初，对京剧则偏向于梅派那种柔美婉约多一点。但在毛主席的影响下，他也慢慢走近了谭派，常常有心给主席制造观看谭派戏的机会，而且多次陪同观看。由此，周总理也渐渐成了谭派戏迷。毛主席曾经笑着对周总理说，如果你陪我看一次谭派戏，我就陪你看一次梅派戏。久而久之，谭派和梅派双双在毛主席和周总理心中扎下了根，甚至难分伯仲。后来，周总理对毛主席说，如今你看，你我都成了谭派和梅派的双重戏迷，无论走进哪派的戏场都一样入迷！谭梅不分，这种亲密关系在另一个场合得到了延续。

安详告别

谭小培，排行第五，行内行外都尊称他五爷。五爷晚年几乎息演，很少参加演出，除非为儿子助阵，他把所有的精力都用于了谭富英的演出和英秀堂的管理上。他拥护共产党，热爱新中国，尤其是在患病期间体现得尤为突出。谭小培晚年，做了一件令他感到特别光荣而欣慰的事。在朝鲜战争打响之后，他毅然抱病重登舞台义演筹款，为抗美援朝捐献飞机大炮。1953 年 3 月，谭小培被疾病折磨得已经不能起床，恰遇谭富英报名得批参加中国人民志愿军赴朝慰问团，不待儿子开口，他拉着富英的手说："自古忠孝难两全，好男儿应该为国尽忠，不用管我的病，你也管不了，去吧！"他想用力捏一下儿子的手，给他传递一点力量与信心，可惜却使不出一丝力来，只能用微弱的目光与富英对视一次，这就是他与儿子最后的诀别。儿子身负国事含泪走了，父亲望着那个渐渐远去的背影平静地撒手人寰。

谭小培的丧事，严格按照北京和谭家习俗办理，灵柩在家中停放三天，任亲友吊唁。后事的料理得到了梨园公会的大力协助，他们派人在英秀堂南院，放置一个硕大的铜茶炉，上面印有"梨园公会"字样。旁边有白布覆盖的茶桌，上面摆着许多瓷器茶杯，过道里还摆着"梨园公会"字样的条凳，供吊唁的人饮茶或暂歇。平日除了进佛堂祭拜才有人进入的南院，那几天却人流如织。家中请来了谭小培的生前好友毛六爷帮助料理丧事。毛六爷熟知此中程序和应筹，称得上行家。他根据谭小培的信仰，请来了道士、和尚与喇嘛，一同在宅中铺设道场，专供他们诵读经文超度亡灵。一时间，喇嘛那浑厚的男低音，道士们嘹亮的男高音，还有和尚手中那些丰富多样的敲击响器发出的音，共同在英秀堂的天井里回荡。

为了便于来人吊唁，谭小培的灵柩安放在宽敞的客厅里，特将屋门和门框全部拆下。棺木两旁的谭家儿孙与家人，按男左女右、长辈在前、晚辈在后的顺序，分两边跪在垫子上（跪灵）。每当吊唁的人到来，门口便敲起鼓声，跪灵的人便要低头跪下。来人行礼无论是鞠躬或磕头（因来人需按辈分行礼，凡长辈只需作揖鞠躬即可，而晚辈或年少的平辈，一般都得跪下磕头），跪灵的人必须躬身低首以示答谢。而坐在屋角一旁的谭夫人，只需起身稍稍低头，双手握拳贴身放在侧腰部，上下磕几下，以示谢礼，这和男人们抱拳行礼具有异曲同工之效。跪灵的人刚刚还礼未毕，大门外的鼓声又急骤响起，一个步履踉跄的男子，边走边哭地奔进院来，口中竟大声地呼喊着："五哥——五哥呀！"这人来到谭小培灵前纳头便拜，哭过几声即被家人扶起。他转身走向站起身来的谭夫人，轻轻地说了几句安慰的话，即被人请进内室用茶。由于此人带有浓重的南方口音，并且举止特殊，使跪灵的人们有些不解。来人姓杜，人称杜阿四，是谭小培的生前好友，常日谭家人都尊称他杜四爷，他家就住在英秀堂后的李铁拐斜街内。据说杜四爷曾开过"南班子"（妓院），家中曾收养过两个女人。一女后来被他收为儿媳，另一女经谭小培建议并引荐，去拜师学唱京剧，后来在京剧界有所成就与名气（此为后话）。

尽管谭家对谭小培的后事早前有所准备，但由于需要穿孝袍的谭氏宗亲人数众多，制作孝袍的白布料一时告急，忙差人到瑞蚨祥速购大五幅白布。制作孝袍的重任自然落在唯一会用缝纫机的谭韵寿夫人身上，此时身怀六甲的她，却不能放下手头的活，那几天着实苦了她。为了赶制速度，不得不分一部分布料出来，拿到后街一家裁缝店里加工。为了答谢前来吊唁的亲友，在高搭席棚的院落及饭厅内，摆了好几桌酒席。在厨房外边临时砌起大炉灶，外请厨师及家中师傅共同料理席中菜肴。虽说大部分来人都告辞退出，依然有部分想陪谭五爷多坐坐的人。在客人用餐时，同样怀有身孕的谭元寿夫人，依然拿着一只垫子，按桌依次给用餐的客人们磕丧头。当时，谭元寿夫人怀的是第三胎，即后来的立曾，谭韵寿夫人怀的是第二胎。此外谭富英的五子寿康，也是在这年的农历二月初二出生。这一年谭家陆续添口，谭小培生前十分欣喜。

喧闹的白天过去后，天渐渐地暗下来，灵堂内外灯火通明，往来的人流依然没有止息。晚上还有一项重要活动，毛六爷请来的白云观的道士要做法事，俗语称为"放焰口"，地点设在谭小培屋前的院子中间。在铺着白布的长桌子两侧，各坐四位道士，靠北侧坐着一位道长，称为正座。只见道长手持铜铃摇动起来，然后像合唱团的领唱一样，领先高唱经文，带动两边的道士共同诵念，每个道士手中都有一本经文平放在桌上，并用竹签按时翻动书页。在念到高潮接近尾声时，道长将准备好的馒头，像吃泡馍一样掰成很多小碎块，撒手向桌前的空地上抛去。按照事前大人的吩咐，孩子们都得撑开孝袍去接住馒头，然后吃掉。一场法事做完之后，厨房里专为道士们准备好了斋饭夜宵。晚饭后，忙碌了一天的人们，为了继续操办第二天的丧事，除了安排静守灵堂的人，其余人等，尤其是小孩子们，都悉数回到自己的房中休息。灵堂的门敞开着，在摆放祭品的供桌上，燃烧着不灭的香烛，寓意"不能断了香火"。所以，夜间需要派专人值守。丧事的第三天，转入"送三"，也叫"结三"。由部分家人，将摆放在英秀堂大门外和谭小培灵前的纸马纸轿、纸钱元宝和纸扎的童男童女等等，送往虎坊桥一带的空地上"烧活"，表示这些物品升天之后，仍为逝者享用，吊唁活动至此宣告结束。

出殡那天一大早，杠房便来人将棺木盖四周用木条钉死，这意味着家人与亡者诀别，全家老小不由得失声痛哭。尤其是女眷们撕心裂肺的哭声，加深了众人的悲痛，谭家人自感心中的天塌了下来！哭声此起彼伏，从院内一直延续到大街上。在哭声中，杠房的人用外面罩着布套的绳子将棺木套好，然后将木杠穿过绳子，稳稳地将棺木抬起走出院子穿过南院，来到那扇平时很少开启的黑门前。由于棺木体积太大出不了门，只得将两扇门板都拆了。抬杠的人费了很大的力气才将棺木小心翼翼地抬出小门走到街上，他们将早已准备好的棺罩盖在棺木上，前后共计四十八人，一齐将棺木抬起。罩上这层棺罩，象征着亡者的身份非同一般；抬杠的人越多，表明这棺木的价值不菲和仪式的气派非凡。谭小培的寿材称作四十八杠，少于这个数的便叫三十六杠，还多一层的就叫六十四杠为顶级（谭小培生前曾交代，父亲去世用的六十四杠，他不能与父亲一样，只能用四十八杠）。从平地抬起棺木走到街上，这四十八杠要走得平稳，不能上下颠簸，更不能左右晃动。在抬杠人群的前面有一执事，手握两根硬木尺，不时地相互敲击，引领着抬杠的人稳步前行，不断发出外人听不懂的行话。大约不外乎指示抬杠人如何步伐一致，何时向何方转弯，还得注意避让障碍之物一类的指令吧。棺木巨大街巷狭小，后面抬杠的人看不见前面的脚，又不能低头走路，如若前面不设一个人指挥引领，还真不知如何将这棺木一路平稳地抬到墓地。在送葬的队伍中，还有一个专门负责向空中抛掷纸钱的人，谭家为此特请来了业内高手，纸钱讲究要抛得越高越好，散开要讲求均匀，还要认准时间和节奏。

这一天，英秀堂除了门房和厨房有人留守外，女佣们全体出动，加上亲友和谭富英剧团赶来送葬的人，还有临时加入队伍中的，在和尚、道士、喇嘛的吹吹打打下，光仪仗队就足有一百多人。这种阵势惊动了街坊四邻，也吸引了许多路人。沿路两边站满了人，很多人都默默地赶来送谭小培最后一程，也有人为了一睹名伶孝子的队列与风采，还有人在队列中寻找他们熟悉的演员，一时间使得街巷拥挤不堪。出殡的队伍被围观的人群挤来挤去，形成了一条舞动的长龙。为了安全和维持秩序，派出所特派来很多警察在前面疏导，才使出殡的队伍沿着预定的路线，从李铁拐斜街向东路经观音寺，走进大栅栏街。许多店铺门口设立了临时摊位，一为预备招待送殡的人饮水，一为答谢谭小培这位曾经的老主顾。用了常日两三倍的时间，仪仗队才穿过大栅栏来到前门大街，再向南直奔永定门外的谭家墓地。

从前门大街到永定门，还有很长的一段路程，为了方便老弱妇孺，出殡前特地预备了一些马车，是专从李铁拐斜街那家马车店租来的。开始乘车的是一些老幼妇孺，后来，谭富英也被人推着坐上了马车。那天，在出殡的队伍中，由谭韵寿顶替父亲承担孝子（他实为孝孙）的角色。参加完葬礼之后，谭富英强忍悲痛，拖着疲惫的身心，遵照父亲遗训，匆匆奔赴朝鲜战场，去履行尽忠报国的大义。一连喧闹了几日的英秀堂，一下子显得冷清了许多，而谭小培的祭奠活动，仍在家悄悄地进行。在谭小培客厅中的八仙桌上，摆放着亡者的大幅遗像和一些祭品，香炉中燃点着藏香。下人们不曾忘记，每天都点燃一支香烟放在小碟上，再沏上一小碗茶水，专供亡灵享用。还有一项祭祀活动叫"出殃"，每天晚上都将谭小培的灵位牌写好"点主"，端端正正地摆放在遗像前。这项活动一直由毛六爷主持，其他人一律回避，各自在房中关好门不准出来，尤其是孕妇。毛六爷口中念念有词，敬请他尽快升天，不要再在英秀堂里徘徊，以免吓着孩子们，舍不得离开也要舍，这正是中国丧葬文化中的"是神归庙，是鬼归坟"的神喻。

1953 年农历八月三十日，谭小培走完了七十有一的人生历程。在他的丧事后几天，因谭富英和谭元寿都在朝鲜战场，谭韵寿便成了谭家的主心骨，一切都由他替父亲发令，一切都由他替父亲代劳。谭富英在朝鲜归来之后，孝袍自然不必再穿，但他穿着一套灰色棉服，继续为父亲守孝。在这期间，他足不出户谢绝会客，一向不苟言笑的他，除了家人喊他吃饭回复之外，甚至一天都不说一句话。他整天将自己窝在沙发中看书，守孝之时也为自己疗治心伤。

谭门的五爷，京剧的五爷，大家的五爷，走了。

他无愧于京剧艺术，无愧于良知，无愧于人民。

对生活，对情感，对人间，他只有诸多的不舍……

忠孝难两全

1950 年 6 月，朝鲜战争爆发，战火直烧到我国东北的鸭绿江边。"雄赳赳，气昂昂，跨过鸭绿江。保和平，卫祖国，就是保家乡。中国好儿女，齐心团结紧，抗美援朝打败美国野心狼！"这首志愿军战歌，在全国人民心中燃起熊熊火焰，英雄的中华儿女踊跃报名参军，听从祖国召唤奔赴朝鲜前线。全国人民紧急动员起来，为慰问在朝鲜前线浴血奋战的志愿军，特组成了"中国人民赴朝慰问团"，先后三次奔赴朝鲜前线。这时的谭富英当仁不让，主动报名申请，切盼以自己的演唱去慰问前线志愿军战士，给他们输送温暖和力量。经过组织审批，谭富英被正式批准参加 1953 年第三批慰问团。

抗美援朝，保家卫国，这是一场唇齿相依的保卫战，更是一场保卫世界和平的正义之战，也是每一个华夏儿女的神圣义务。继北京之后，上海、天津、武汉，全国各大城市的文艺界都沸腾起来，积极义演筹款为朝鲜战场捐献飞机大炮，连那些多年息止舞台的老艺人，也纷纷登台，场面十分热烈。刚参加完西北天兰铁路典礼回到首都的谭富英，得知北京市戏曲界妇女联谊会即将在中和戏院举办两场义演，为支援抗美援朝捐献飞机大炮。他赶过去对负责活动的吴素秋、小白玉霜、魏喜奎他们说："搞抗美援朝义演可别把我给忘了啊。"他们几个一听就笑说："您来得正好，我们刚好准备去请您。""不用你们请，我这不来了吗？谭富英马上接话。""组委会计划演一出京梆两下锅的《红鬃烈马》，前面《武家坡》由秦凤云、何桂云、刘桂红几位梆子演员担当，后面的《大登殿》想请您跟玉蓉大姐（王玉蓉）合作，您看成不成？"吴素秋带着商量的口吻问谭富英。因谭富英资格老声望高，身体又不太好，吴素秋他们不敢硬派活。谭富英听罢双手一抱拳说："行，我服从分配。"谭富英的一番话，令在场的众人大为感动。三十多年来，很少露面的"两下锅"，这次又出现在首都剧场，这不仅为演艺界少有的演出形式，更是观众久违的期盼。

虽说圆满完成天兰铁路通车典礼演出，得到组织上和领导的嘉奖，但那一次历险让剧组人员终生难忘。1952 年，兰州至天水铁路建成通车，谭富英的太平京剧团应邀承担庆祝通车典礼的演出任务。那时，盘踞西北的马步芳残匪，出没无常为害一方，烧杀抢掠无所不为，当地治安环境堪忧。六天六夜的火车旅程，途中安全具有极大的风险。有人曾向谭富英建议："这一趟路途遥远很不安全，您又身体不好，不必亲自带队。有几位主演前去完全可以担当，相信他们能出色完成演出任务！"谭富英却连连摇头说："这可不行，越是危险，领班人越要带头。人家该去冒险，我就该畏难退出？不用说艰苦和危险，就是枪林弹雨，我也得领着大家伙一块儿去闯！"一番话说得斩钉截铁。为了照顾他的身体，保障到达后的演出，组织上研究决定，大队人马乘坐火车，谭富英改乘飞机。为此，领导们真还很费了一番口舌。那天夜里果然出事，一伙持枪匪徒偷袭兰州市委机关所在地，架着机枪疯狂扫射。剧团住地虽说离市委机关有一点距离，但枪声听得清清楚楚。经过一场激烈的战斗，活捉了那帮匪徒，事态得以平息。第二天，市委领导即来剧团表示慰问，同时提出建议：为了安全，剧团今天暂休一天，待肃清余匪确保安全后再安排演出。谭富英当即向领导表示，我们还是按原计划进行，不能因为几个土匪袭击就中断演出，你们领导都不怕，我们还怕什么呢？他转向演员们说，今天继续演出，大家怕不怕？演员们异口同声地说，您说得对，继续演出，我们不能让几个匪徒给吓着了。兰州的领导们，对谭富英和演员们英勇无畏的精神十分赞赏。结果，整期演出任务圆满完成。

谭富英，一位有名的大孝子，早出晚归都得给父亲请安，如果在外面饭局上遇到老爷子爱吃或少见的佳肴，他总会到账房交钱请师傅单做一份，饭后带回家给父亲品尝。当他即将赴朝鲜战场慰问志愿军的时候，父亲已经卧床不起。他每天在床前待候，却一直不敢言说自己即将赴朝的事。谭富英心里明白，作为大儿子，临终时父亲最需要的就是他。世上没有不漏风的墙，谭小培还是知道了谭富英赴朝得批的事，便主动对儿子说："豫升啊，自古忠孝不能两全，赴朝事大不能耽搁，不要管我的病，我会好的，你只管去吧。"父亲的深明大义，让谭富英热泪双流，一个头叩下去，恳请父亲原谅儿子不孝。他毅然诀别弥留之际的父亲踏上赴朝征程。可是，列车刚刚开到天津，他就接到父亲逝世的噩耗。依照谭家规矩和自己心愿，他应该给父亲入殓、接三、出殡，办丧事。领导当即安排他回家奔丧，同行们都认为他这一回北京，不可能再跨过鸭绿江了。按照京城风俗，父亲去世必须戴重孝，最少要守孝"五七"。而谭富英回京后，待父亲的遗体刚刚入殓出殡，就戴着热孝日夜兼程赶赴丹东，与同志们一起跨过鸭绿江。剧评家胡金兆撰文回忆了谭小培逝世后谭富英赴朝途中赶回北京奔丧的情景："就在那次谭家办丧事的某日，我去前门买点东西，走李铁拐斜街，路经大外廊营'英秀堂'，恰遇小培先生大殡。我伫足而观，见身着孝服、手捧灵位的孝子富英先生，低头蹒跚而行。咦！谭富英怎么如此干枯瘦小？那么多好听而又气足声宏的唱腔，难道真是从这个瘦弱的胸腔中发出来的？"

　　一踏上战火纷飞的战场，看到遍地都是战争创伤，处处皆见英雄的中国人民志愿军和朝鲜人民军兄弟并肩作战生死与共的场面，不禁令人血脉贲张。从来没有上过战场，更没听过枪炮声的演员们，一旦走近浴血奋战的战士身边，一种大无畏的勇气也油然而生，没有一点胆怯和畏缩。慰问团的艺人们，深入抗美援朝前线的战壕、掩体中，冒着生命危险和零下二十多度的严寒，在冰天雪地的露天广场演出。慰问团到达志愿军总部后，谭富英和李多奎、裘盛戎、言慧珠参加了东线慰问活动。他们不顾劳累，不畏前线炮火，顶着风雪，访连队，进坑道，每到一处都拿出十二分的激情，铿锵有力地对战士们说："毛主席托我们向志愿军同志们问好！党中央祝贺你们在战场上取得的伟大胜利！祖国人民派我们来前线慰问你们！待战斗结束的那一天，同胞们会给你们庆功！我们将拿出最好的节目，你们想听什么我们就唱什么，你们想看什么我们就演什么！"听到来自祖国的艺术家们真诚的话语，战士们感动得泪眼盈盈，他们将手中的枪举得老高，欢呼声、呐喊声几乎掩盖了远处传来的炮火声。由于敌机不断轰炸骚扰，慰问演出（包括后方）多数时候不能在露天里进行，只能在较大的坑道里点上几个汽灯，以此照亮并不宽敞的临时剧场。"李多奎的《打龙袍》、谭富英的《借东风》、裘盛戎的《将相和》、言慧珠的《玉堂春》，主角配角相互交替，有时一台戏四个人都出场。为了让每个战士都能看到戏，他们还在山沟的炮位上，山顶的哨所里，听得见机枪声、闻得着硝烟味的前线，争抢着给战士们唱上一段京腔京韵。在演出间隙，他们同志愿军战士促膝谈心，在嘘寒问暖的关心中传递家乡消息，转达家人的问候和祖国亲人翘首他们凯旋的期待。在朝鲜战场上，他们感受到什么是民族与同胞的亲情，更加体会到惦念祖国和亲人的滋味。身居异国他乡，在炮火或敌机的轰炸声中相互关切，抑或危险来临时奋不顾身地替他人遮挡，这种亲情和友情的感受，是每一个演艺人员一生难逢的体会。

入朝后的谭富英，一改常日沉着安静的个性，将父亲去世的悲痛化为火山爆发的力量，演出不分日夜，更不畏炮火纷飞，似乎浑身都有使不完的劲。无论演出条件多差，有时一天连演两场甚至三场，既不叫苦，更不叫累。那种亲临战场的表演，唱腔远比舞台上响亮，动作更彰显力度之美。每到一地，慰问团均受到志愿军广大指战员们的热烈欢迎。谭富英没有请假提前回归，一直坚持演出到最后才随团返京。据谭富英后来回忆："父亲生前跟我说过，慰问志愿军是国家大事，不能退缩，更不能将家事置于国事之上。谭家人对祖国的忠，不仅体现在舞台上，更体现在战火中。我谨遵父亲的教诲和遗嘱。志愿军出国作战，爬冰卧雪不畏流血牺牲，他们需要祖国人民去看望。""战火连三月，家书抵万金"，更何况是祖国亲人来到前线儿郎身边，他们不仅带来了祖国亲人的问候与温暖，还给前线送来了久违的京剧，战士们无不为此感谢祖国的关怀。尤其是在外国疆土上，在战争的硝烟里，让战士们亲耳听到中国的戏曲与歌声，那种从骨子里都能感受到同频共振的音符，能让每一个志愿军战士从关怀慰藉中催生无穷的力量而不可战胜！谭富英作为戏剧界中的第一个党员，也是谭门中第一个加入中国共产党的人，他不能有负这份荣耀，报名入朝是他义不容辞的行动。他没有辜负党对他的培养和期望，也没有为谭家人脸上抹黑，唯一令他遗憾与愧疚的是，他没能为父亲守孝。当然，谭富英知道父亲不会怪他，但每每想起来，不免还是有些伤感，但他从不后悔。假如历史再重来一次，谭富英依然会义不容辞地报名前往。

1931 年出生的谭韵寿，谱名寿丰，属羊，乳名二羊子。1951 年，他随团赴朝鲜演出慰问志愿军，成为谭家第一个踏上朝鲜的人。当时，包括谭小培在内，全家人都积极支持，觉得那是一份难得的光荣，并非是每一个艺人想去就能去的。在朝鲜战场上的某一天，当谭韵寿刚刚走出防空洞外，突遇敌机疯狂地俯冲扫射，他根本来不及躲闪，一颗子弹射中他的胸部。在砰的一声中倒下的他，被战友们迅速抢起抬进了防空洞，大家麻利地脱下他的衣服，察看伤情并着手实施急救。鲜红的血液染红了他左上胸的部位，战友们来不及一颗一颗地解开他的衣扣，急伸两手抓着衣襟，用力往两边一拉，一排扣子噼里啪啦地应声飞落。突然间，咣当一响的落地声让大家一惊。身旁的战友忙捡起一看，原来是一个被子弹打扁的铁皮烟盒。不知是因为烟盒的咣当声，还是战友们的惊呼声，谭韵寿微微地睁开了眼睛，发现自己正躺在战友怀里。与死神擦肩而过的他，感觉眼前真亮，战友真亲，生命原来竟这般美好。是那件厚厚的棉袄缓冲了子弹的穿透力，更是那个铁烟盒为他挡住了那只死神之手。他伤得并不太重，敷上急救包再换几天药就会好起来。看着醒来的谭韵寿，欢呼雀跃的战友们紧紧地握住了他的手。

谭元寿与父亲谭富英在同一年赴朝慰问演出，却先于父亲几个月随总政京剧团到达战场前线，又晚于父亲回国返家（祖父去世时他还在朝鲜，为了让他安心于前线演出，家人为此请求组织一直没将噩耗告诉他）。虽然父子俩同在朝鲜境内，但慰问的路线并不相同，所以，他们在朝鲜从未谋面。当谭元寿完成朝鲜演出任务回到英秀堂时，祖父的丧事早已结束，他唯一见到的是那个还没拆掉的丧棚。作为祖父的长孙，因国事赴朝未能送祖父最后一程，谭元寿为此深感内疚，无声的泪水任擦也擦不尽。他带着沉重的心情走进房中，面对祖父的遗像沉沉地叩了下去。他再也看不到祖父的笑容，摸不到老人家的体温，他不觉一阵眩晕，不由自主地倒在了地上。待他醒来时，已是躺在自己的床上，他依然止不住地向天喊叫，爷爷！谭元寿哀伤的叫声令满屋的谭家人都感到悲伤。面对如此场面，谭小培的在天之灵，一定会包容为国事未能送终抚柩的孙子。赴朝慰问志愿军，这是英秀堂的骄傲，没有遗憾，只有欣慰！

为了国家，为了民族，为了响应支援朝鲜保卫祖国的号召，谭富英、谭元寿、谭韵寿三父子，前后三批奔赴朝鲜战场慰问志愿军，这是谭家光荣骄傲的一页。

谭余门下女须生

谭门唯一女须生王则昭，1923 年出生于天津，成长于北京。九岁私从老师学戏，10 岁登台演出，14 岁进入西安夏声戏校，是该校唯一女学生，16 岁成为西安"世界舞台"主演。其父王天熹，保定人，毕业于保定军官学校。

王则昭天生的男子性格，骨子里具有叛逆性，深得军人出身的父亲喜爱，被视为掌上明珠。王则昭小时候被父亲带进戏院看了几回戏，就迷上了，常常缠着父亲要去看戏，她喜欢看孙玉仙的《碰碑》。

抗战时期，王则昭随父亲到了西安，暂时在银行工作。当时，银行里有个票房，有一位王老师私下教她学唱戏。父亲见她一心想学戏，便帮女儿找了一位启蒙老师杨子玉（湖北人），因她嗓子非常亮，很讨师父喜欢。当时，西安有一所夏声戏楼，但只收男生，王则昭只能旁听。有一天戏要开场了，一位老生角却迟迟没来。于是，杨子玉老师推荐王则昭临时顶上。当时十几岁的王则昭，胆子特别大，她临时顶替上场，不但毫无畏惧，还心中窃喜。因她平时学唱了几出戏，路子较熟。结果上场一开腔，台下就响起了掌声。一场戏下来，王则昭赚得了人气，刘仲秋（戏校校长）当场拍板收下了这名女学生。因学校管理十分严格，男女生不能同校，虽然破例收了她，却不能安排住校，只能让她走读。入校后王则昭学的戏渐渐多了，登台的机会也更多，很快成为学校一位出名的学生。王则昭天生不爱旦角戏，特别喜欢武戏和猴戏，尤其对老生一角情有独钟。当时，王则昭演出《失·空·斩》中的王平，轰动了西北剧界，大家都说她完全没有雌音，是一位天生的老生人才。

抗日战争胜利后，1945年年底王则昭回到了北京。京城不比西北，名角如云，刚回北京的王则昭，顿失在西安那种鹤立鸡群的地位，正式登台的机会不多，倒是义务戏演得不少。王则昭从不看轻义演，一为奉献爱心，二为赚得观众眼熟。虽说一时没有机会加入北京这边的正式剧团，更没有机会拜在她钟爱的谭派门下，她也并不十分着急，她知道任何事都急不来，要有机缘。那时，还属国民党统治时期，王则昭接受了旁人的建议，由她领头，将当时流落街头的演员收拢起来，单独成立一个剧社，自己当了社长，但她并不太懂管理与经营，效果并不理想。因受父亲影响，她报名参加了中国人民解放军，被分到西北军区文工团京剧队。虽然天天吃的小米饭，但战友情深，年轻的队伍里充满了火热的激情，一贯具有男子气质的王则昭，十分热爱部队生活。

1949 年新中国成立，北京这边组织京剧慰问团到西北，部队剧团推荐王则昭参加慰问团演出，有幸结识了程砚秋和叶盛长班长。王则昭一去，程砚秋便让她先唱一唱。王则昭第一天唱的《文昭官》，第二天唱的《托兆碰碑》。一出戏下来，程砚秋即为她鼓掌说，不得了，你的嗓子太好了，我收不了，你可以随团到北京，有机会再另拜高明。当时，王则昭很想回到令她魂牵梦萦的北京，却又有点舍不得脱下这身心爱的军装，更舍不得部队火热的生活。1950 年，谭小培和谭富英一起带剧团到兰州演出，那时王则昭还在西北，当她看了演出后就迷上了，坚决要求学习谭派艺术，并立志拜在谭派门下。

谭小培很少收徒，更不收女徒弟。自谭鑫培开始，谭门严令不收女徒，但王则昭却是唯一的例外。收王则昭为徒的那天，谭小培晚上就到祖父和父亲的牌位前焚香，请求先人原谅。那天门房通报，叶盛长来访，他不仅随身带来了一位女青年，还恭恭敬敬地向谭小培递上一封被封口的信。谭小培拆读那封并不太长的信，看完后不禁眉头微锁，情绪显得有些凝重。谭小培没有提到信中内容，叶盛长也没提，两人不仅没提及信中内容，更只字不提写信的人，屋里似乎渗透着些许神秘。还是叶盛长开口直奔主题："则昭真的不错，她崇尚谭派，更想学谭派，信你也看了，就请富英收下她吧。"一贯很有主见更不逾规的谭小培，那天似乎有些失常。他对叶盛长说："你我心里都明白，我们谭家从不收女徒，则昭就当是个例外。但富英戏份较重，又语言不多，收她不太合适，则昭就当我的关门弟子吧。"叶盛长对谭小培双手一拱示谢，两人没再往下说，只交代了几句场面话，即带着王则昭出门。对于谭小培收王则昭为徒一事，很多人都不解，谭家人也不知内情，没有人敢问，谭小培从来也不提。曾有人私下议论，王则昭能顺利拜谭小培为师，叶盛长只是一个引子。据说，写那封信的人来自中央军委。不论是否真实，唯有这一说，谭小培无声地收下王则昭为徒，才有了比较合理的解释。不过，聪明活泼的王则昭，很快取得了谭小培的信任与喜欢，不仅耐心地教她学戏，还常常像一对爷孙一样，一起上街采买。从此，王则昭就成了英秀堂的一员，大外廊营里常常飘出她的笑声和戏声。

谭小培为王则昭细说谭派戏，还给她讲述梨园掌故。比如《武家坡》里，一般的唱词为"他三人与我有仇恨"，谭小培认为应该改为"你的父与我有仇恨"。因为薛平贵娶了王宝钏，她的父亲却嫌薛家贫穷很不愿意，是这样才有了仇恨。一般唱词是"西凉川四十单八站"，谭小培则教王则昭唱"西凉川一百单八站"，以此来形容西凉川的确很远，古时只能步行或骑马，一百单八站更能体现其遥远。除了学谭派戏，王则昭还向名票张伯驹和刘砚芳学余派戏。不久，独自成立了北京新声京剧团，聘请杭子和、朱家夔、马连贵为鼓师、琴师和大锣，聘请孙毓堃、陈喜兴、王少亭、王福山、钱宝森、刘砚亭、哈宝山、詹世辅等演员（刘砚亭和哈宝山后来也是谭富英剧团的主要成员）。剧团在长安戏院首演《失·空·斩》，特请侯喜瑞演马谡、钱宝森演张郃。谭小培、张伯驹和马连良、谭富英、宋继亭、李和曾、李宗义、宋德珠、任志秋、张君秋等都来戏院看戏，演出获得一致好评。王则昭感到特别高兴，她不仅能把老师们教的东西用于戏中，还把成立剧团时所借的钱也还上了。只是演出一多，有时难免赶上与谭富英打对台戏，心里有些过意不去。师哥谭富英则反过来鼓励王则昭，对她在北京演出颇受观众欢迎表示祝贺。于是，王则昭与谭家走得更近了，在谭家学艺三年，除了师父之外，为人宽和厚道的谭富英给她留下深刻印象。

谭富英对师妹王则昭很关爱，时常代父给师妹说戏。谭家的规矩大，徒弟在师父面前可以坐着，儿子却不行。王则昭去老师家学戏，一般去得较早，谭富英往往因头天有戏睡得晚，第二天起床后去父亲房间请安，王则昭早已在座，他却只能垂手侍立。每当师父说"我这儿没有什么事，你歇着去吧"，或者说"你给师妹再说说戏"，他才离开上房回到自己屋里，抑或让师妹跟着他去说戏。谭富英为王则昭分析过《问樵》的范仲禹，清水脸、青褶子、高方巾、福字履，如果不是斜系着一本破书，就不是范仲禹了。那一本破书，既点名了人物身份，又增添了儒生的痴气。他还为王则昭说过《举鼎观画》《碰碑》《捉放曹》等整出戏，并时常介绍谭派看家戏的艺术心得，闲暇时还亲自操琴给王则昭吊嗓。他嘱咐王则昭，搭班时别逞着自己是主演，不和别人对词，要博采众长，"择着用，才能化"。"嗓子是唱戏的本钱，有钱要花在刀刃上，不能乱花钱，若把本钱赔光了，就没有了资本。""宁让艺术压着钱，别让钱压着艺术，来戏班挣小钱的伙伴们不容易，要关爱他们。"谭富英还鼓励王则昭向其他老生名家学戏。一次，王则昭在英秀堂与谭富英聊天谈艺时问："师哥，奚啸伯名声这么大，一定不错吧？要不怎么能成为四大须生之一呢？"谭答："那是当然，奚先生造诣很高，你有机会时，要看看奚先生的《白帝城》，很有特色。"王则昭后来看了奚啸伯的《白帝城》，钦佩不已，她多次拜访奚啸伯，学了《白帝城》《浔阳楼》《脂粉计》，确实丰富了自己的表演艺术。经过师父和师哥同意并推荐，王则昭又拜张伯驹学了余派戏。从此，她一天去大外廊营，一天去后海，谭余两派的戏她都认真地学，还常跟富英师哥探讨谭余两派艺术的相互融合。

"文化大革命"期间，谭富英被江青开除出党，还为此隔离了两个月。1968年下半年，谭家人陆陆续续地被组织安排搬出英秀堂，迁到东城区北京饭店后面的红霞公寓。自此之后，英秀堂便成了谭家人永远的怀念。王则昭第一次去红霞公寓看师兄，心情都不好，相互落泪。谭富英对王则昭说："现在我更少说话了，别提在别人面前掉眼泪，不敢啊。"谭家规矩大，他在家是长者，喜怒不宜在子女面前流露。隔离期间，天天要他交代问题，除了学戏、唱戏，实在没什么可说，后来就被放了回来。有一次，西哈努克访问中国，中央领导陪他在中南海小礼堂看演出，团里通知让谭富英去陪看戏。当时是冬天，谭富英不知道小礼堂里那么热，他穿着毛衣棉裤还外套皮大衣，实在热不过便脱了衣服，因衣服汗湿了出门经风一吹，在家躺了半个多月。后来西哈努克又来了，还让谭富英去陪，当时他不想去，可汽车都到了门口，不好再推脱。那次是夏天，他还记着小礼堂里热，于是，只穿一件半袖衬衣，没成想里面的冷风开得很大，一着凉又病了半月。那时，王则昭常去看师兄，只有相互谈戏时，才让他暂时忘却烦恼。每次告辞，王则昭心里都惆怅不已……

后来，王则昭所在的天津建华京剧团的《大·探·二》很出名，角色搭配很硬，三位主演嗓子都好，对唱十分精彩。花脸、青衣时常换人，王则昭的老生却从来就没换过。观众听说她是谭小培的女弟子，艺出名门，她的名头更加响亮。王则昭跟其他演戏的女孩子不一样，具有一定的文化基础，又刻苦好学，特别是有一副得天独厚的好嗓子，很快就享誉津门，成为天津京剧舞台上深受欢迎的名角。天津的观众出了名的挑剔，王则昭作为一个外埠女演员，能够一炮打响，还能在海河边扎下根，足以证明她的艺术造诣和驾驭舞台的能力。

谭小培逝世，谭韵寿急电王则昭，她立刻赶到北京大外廊营守孝。王则昭像孝子一样，每天守在师父身边。那些天去吊唁的人络绎不绝，只要有人来了，她就跪下磕头还礼。出殡时，王则昭穿着粗布孝袍，为师父披麻戴孝。她捧着师父的遗像，一直送到坟地。师父去了，虽然擦得干眼中的泪水，却抚不平心中的泪痕，师父教她谭派戏曲，她陪着师父去街上买菜购物，那些点点滴滴像电影回放的镜头一样，注定忘不了。

新编《将相和》

1949 年北平（今北京）和平解放，京剧艺人和其他各界艺人一样迎来了艺术新生，共同迎接一个戏曲繁荣的时代到来。为庆祝中华人民共和国诞生，各个剧团争先恐后编演新戏，谭富英特约翁偶虹编写《小鳌山》（根据《水浒》清风寨宋江被擒的故事改编）剧本。翁偶虹写好剧本后，即到大外廊营谭家交稿商谈。

走进英秀堂的翁偶虹，一经通报，即被谭富英接入里屋。第一次进入谭富英的房间，翁偶虹不禁环顾室内，屋内布置相当简洁，两套沙发，一张圆桌茶几，周边围放着几把方椅。室中既无猜想中的文玩点缀，亦无养眼悦心的花木扶疏，让来者感到几分不解与新鲜。洁白的墙壁上，满挂着历代帝王和贤臣的图像。一部《三国演义》被打开平放在沙发的夹桌上，可见主人正在阅读该书。后面是一方小木匣，一只精制小巧的煤油炉，即放在小木匣上，紧靠煤油炉旁边，为一把西洋制造的小铜壶。前面还摆放着一把小茶壶，两只小杯子。翁偶虹曾对人说，谭富英的房间，既不像尚小云的"芳信斋"那样珠辉玉朗，也不像程砚秋的"雅歌投壶弹棋说剑之轩"那样诗情画意，更不像余叔岩的"范秀轩"那样古朴堂皇。这一切的布置，完全出乎他的想象之外，与想象中的富丽堂皇或极为考究的文化氛围大相径庭，这也是翁偶虹所见京剧名家中房间布置最简朴的一个。看翁偶虹站在屋内似乎陷入了沉思，谭富英在轻声呼唤中请客人喝茶，这才将翁偶虹的思绪拉回到剧本商谈的来意中。

对于翁偶虹的突然造访，谭富英感到格外喜悦，知道他十有八九为剧本而来。于是，一贯不善客套的谭富英一边斟茶，一边直奔主题，两人谈《三国》，谈《水浒》，谈剧本，话语投机，氛围十分融洽。谭富英建议，在宋江智赚秦明之前，再加一段二黄"导、碰、原"板唱腔。翁偶虹认为此说合乎情理，于是欣然接受。谈完剧本之后，他们紧接着商讨演员人选，拟由杨盛春饰花荣、慈少泉饰刘高、陈永玲饰刘妻、张世年饰王英、刘庆义饰燕顺，裘盛戎则为秦明的当然人选。谭富英热情留下翁偶虹在谭府用餐，他们对坐而饮，平时不太喝白酒的谭富英,那天主动陪翁偶虹喝了两小杯。因谭富英的儿辈们今天都有戏去了剧场,夫人和儿媳们,则按家规站在一旁,斟酒布菜。据翁偶虹在《我与谭富英》一文中说,因为各种原因,真实编排的《小鳌山》,虽说经过几轮排演,后来却未实现演出,但意外地为另一剧本《将相和》的合作创造了机会。

在 20 世纪 50 年代,谭富英与其他著名京剧演员合作,陆续排演了一批新戏,其中最具代表性的《将相和》《失·空·斩》《群英会》,均由他和裘盛戎主演。《将相和》的故事,出自《史记·廉颇蔺相如列传》及《列国演义》第九十六回。原为《完璧归赵》,另一名为《连城璧》,剧本共有《渑池会》《廉颇负荆》《争功请罪》三出。后来,翁偶虹和王颉竹合作,在这三出戏的基础上,将其改编成《将相和》:秦昭襄王,假意以十五城换取赵国的宝玉和氏璧,赵惠文王知道其中必然有诈,却因国小力弱而不敢抗拒。正当赵王无计可施之时,恰有舍人蔺相如自荐携璧赴秦,赵王大喜,即安排蔺相如奉命前往。在秦国大殿上,蔺相如察知秦王本无诚意,且不惧油鼎之胁,并以一番大义陈词责问秦王,誓以玉碎人亡而反胁,致使秦王无奈收场。蔺相如不负赵王之命,终而完璧归赵,如此以弱胜强的超人睿智,被传为历史美谈。秦王后来又设宴于渑池请赵王赴会,蔺相如即随赵王同往。席间,秦王借鼓瑟羞辱赵王,却反被蔺相如所辱,后由廉颇大将军接应,得以护送赵王顺利回国。因蔺相如连立大功,即被赵王封相。廉颇自恃功高不服,几次主动挑衅相辱,蔺相如均谦恭避让,他深知一切皆为国计，将相绝不宜冲突，必须团结一致以对外，才能谋得国安民生。在日久天长之后，蔺相如的智慧和大度，终于使廉颇受到感化。于是，他主动负荆去相府请罪，从此将相和睦共商国是，使秦国不敢擅自入侵。

当初，翁偶虹等人，皆为新中国试验京剧团的李少春、袁世海改编剧本，成剧后却一时不能演出。于是，谭富英便托万子和出面向翁偶虹以求剧本。得知万子和前来之意，翁偶虹却有些犹豫。这时，恰遇李少春来访，翁和万即向李谈及此事，李少春却坦诚地说："谭先生要排《将相和》，那是一件好事，您可以把剧本给他。将来他演他的路子，我演我的路子，毫不抵触，一出戏完全可以演出不同的风格嘛。现在，我和世海确实一时难得抽出时间与精力来演此剧，为什么要把一个这么好的剧本束之高阁呢？再说这也是你们编剧的一番心血，将他早日搬上舞台，奉献给观众，也不埋没你们的劳动嘛。"李少春十分大度的一番话，使翁偶虹心中的云雾顿开，便与万子和一同急赴天津，找到正在天津演出的谭富英商议《将相和》的剧本改动。谭富英认真地看过剧本后，诚恳地提出三点修改意见：删去了"庆功宴"一折，让蔺相如在金殿对策时上场；对"过函谷关"那段唱词，仍然沿用刘鸿声当年演出的路子，唱西皮导板、原板，将人辰辙改为江阳辙；"负荆请罪"一段，蔺相如可唱碰板二黄原板。根据谭富英的建议，翁偶虹改好剧本后对谭富英说，您的脑后音很充实，其实唱人辰辙应当没有问题，不然，《空城计》中的慢板、二六，怎能那样脍炙人口呢？谭富英即答，当年，刘鸿声先生所唱的这一段人辰辙，我只听过，却没有学过，单凭听唱片照猫画虎，未免有点欺世之嫌。咱们这出《将相和》为新编剧，莫若费您一点脑筋与笔墨，改个辙口，全剧的词句得以焕然一新，也算是我们的创作吧。一向谦虚谨慎的谭富英，对艺术的严肃态度，令翁偶虹肃然起敬。

不久，李少春和袁世海的《将相和》，与谭富英和裘盛戎的《将相和》分别在津演出，双双获得好评。两个版本中的主要演员，他们在表演、做功、唱功等方面，各有千秋，都充分地发挥了自己的艺术特长，给观众呈现了风采各异的艺术效果。1952 年，《将相和》在第一届全国戏曲观摩大会上荣获剧本奖。后来，马连良等京剧名家，亦相继演出了《将相和》，使该剧成为一时的热门。对于谭富英在这出戏中的演唱，曾有人如此评说：《将相和》是一出许多名家都演过的名剧，而"扑油鼎"一节，相比而言，唯有谭富英的表演把蔺相如那种"怒发冲冠"的神气传达得最为突出，这显然与表演者本人的修养和气质有关。后来，刘琦在《怎样评价谭富英》中说：人们在评价谭艺时，对其在气质方面的这些过人之处往往忽略，或者估计不足。谭富英的表演从来不在棱角分明中追求独特，而是在细节处理时无微不至，观众必须入心地看与听，才能洞察其中的精妙所在。谭富英的戏从来都不浓烈，就像一杯淡雅的陈年女儿红，劲在酒后，味在其中。

有人甚至认为，《将相和》可以作为谭富英的第一代表作。廉颇得胜回朝，蔺相如长跪敬酒。虽然戏中只像一个过场，谭富英却演得极为认真，动作及表情都显示出对廉颇的极度尊敬，无论演员和剧中人，均无一丝做作之嫌，这正构筑了蔺相如顾全大局，对廉颇能一再忍让的思想基础。蔺相如在捧璧入秦途中有一段"奉王使命在秦邦"西皮导板转原板的唱段，谭富英对该唱腔的处理简练明快，加上台步快（表现在马上），十分恰当地表达了蔺相如义无反顾地力保和氏璧与赵国荣誉的决心。在秦王殿上，蔺相如先是佯称和氏璧有瑕，用计收回，然后却视死如归勇扑油鼎。谭富英在演出中没有使用浑身颤抖和反复抖袖的传统身段来表演，只见他两眼直盯似如冒火，当他义正辞严而声色俱厉地念出"来者不怕，怕者不来""任凭尔等"时，从几句精彩的念白中，体现出一副大义凛然而视死如归的英雄气概。从平淡中见奇，以真情推动身段和表演，这就是谭富英的表演风格。

谭富英在演出《将相和》时，已经年届五十，因其武功基础好，所以，在四位秦兵将他高举过头（二人托肩，二人举足）准备投入油鼎时，他竟能将身体挺得像铁板一样平直，不仅表现出将生死置之度外的决心，舞台形象也显得出奇的挺拔矫健……在渑池会中，赵王中了秦王的诡计，降身为秦王鼓瑟，因而蒙受羞辱。蔺相如见国君受辱，内心极度愤慨，为了挽回国君的尊严，强言提出让秦王击缶，秦王自然不允。此时，谭富英饰演的蔺相如强抑心中愤怒，慢步走到秦王面前，猛然将双袖卷在臂上背于身后，目光如剑胡须吹起而直逼秦王，将热血上涌愤怒的表情淋漓尽致地展现出来。一句"要以项上之血，以溅大王之脸"，念得铿锵有力……蔺相如的一股凛然正气，竟然使得凶悍的秦王一时为之胆怯，不得不勉强击缶。当时，谭富英的表情，不仅镇住了剧中的秦王，而且震撼了台下的观众。剧情至此，全场一时鸦雀无声，都全心关切着蔺相如的"拼命"将会导致怎样的结局。凝心静听的观众们都被惊呆了，竟然不自觉地对剧中人产生一种敬畏的心理……能让观众产生这种感受，皆因谭富英以不多却极含内力的念白和动作，演出了剧中人物大无畏的气势。

针对谭富英的演出艺术，吴大徵曾说：余生也晚，在京剧方面的见识也极为有限，但还曾瞻仰过四大名旦、四大须生的风采。但他似乎不敢相信，在谭富英之前，包括他大名鼎鼎的祖父和老师，有人能在舞台上创造出这样的正气凛然、极有力度而又不具表面化的英雄形象来。尤其是由老生行当来创造如此绝境，所以值得大书特书。谭富英演此剧入戏之深，感人之深，相比梅兰芳的《穆桂英挂帅》、程砚秋的《荒山泪》、裘盛戎的《姚期》以及袁世海的《九江口》，还有20世纪50年代由崭露头角的青年演员们演出的《杨门女将》，毫不逊色，只有过之而无不及，堪称历史最高水平的艺术精品。吴大徵认为，《将相和》中"负荆请罪"一场，李少春、袁世海和谭富英、裘盛戎，他们对剧本做了两种不同的处理：第一种是廉颇、蔺相如跪倒后对唱散板；第二种是廉颇请罪时，蔺相如开唱二黄："老将军你何必身背荆杖，有什么衷肠话细说端详……"这段唱词语气恳切，表现出蔺相如真心诚意与廉颇和解的心情。碰板首句结尾"身背荆杖"四字，谭富英行了一个九曲十八弯的大腔，不仅淋漓尽致地展示了谭派唱腔的艺术精华，更充分体现了剧中人物此时惊喜交并一时难以言表的极度激越的心绪。剧情演出至此，观众情不自禁地报以热烈的掌声。谭富英与蔺相如神形高度统一的艺术境界让人兴奋不已，使观众绝不仅限于听了一句好腔。

万如泉、万凤姝、万如海等人，在《谭门五代老生唱腔赏析》一书中，也曾评论过谭富英"奉王使命到秦邦"这段唱腔。他们认为：第一句，谭富英唱得甚有气势，"邦"字凝重有力；"蔺相如马上暗自思量"的"暗"字后的衬音，还有"自"字的压音唱法，重在强调语气，把剧中人赴秦国途中仍在慎重分析与思虑的内心活动，细致地做出了交代；"唯有我赵国地独挡西强"一句，唱腔不暴不躁庄重雅正，"独挡西强"唱得简约稳重潇洒挺脱，剧后让人赞不绝口而回味无穷。谭富英在演唱中特别强调语气和注重分寸感，能在舒缓的唱腔中又显出潇洒，主要是为他能通透人物的思想情感，否则，难以达到与观众共鸣的效果。赵国为什么能出现这样的局面，皆因文臣武将们团结共谋力保家邦，蔺相如为此感到深深的欣慰。用这种内在孕育的情感所表现出来的情绪，就像春来草绿一样，使欢悦之声得以自然流露。

走向光明
Zouxiang Guangming

谭派支边

"让我们去宁夏，给心灵放个假"这是电视中热播的广告语。古老的西夏国，如今不再是处处尘土飞扬的边塞，摇身一变已成为贺兰山下一颗璀璨的明珠。今天的宁夏京剧团，与 20 世纪 50 年代不可同日而语，她已是演绎与传播华夏文化的摇篮与中心，是宁夏人民心中的圣地与殿堂。走进宁夏京剧团，现代的建筑，超大的阵营，先进的设备，丰厚的待遇，是全体演职人员实现理想的沃土，更是他们钟爱而不舍的家园。1958 年，中国京剧四团初来宁夏时的一声叹息，早被时光带入历史。那些热爱艺术，乐于奉献的演员们，兑现了努力奋斗的承诺，在自己逐渐成为宁夏人的历程中仰望星空，看到了像故乡一样的圆月，一切是那样亲切，一切是那样热乎，一切是那样不能割舍……

1958 年，宁夏回族自治区成立，主席为刘格平，时任国家民委副主任的马玉槐调任宁夏回族自治区副主席。马玉槐副主席在国家民委任职期间，经常带领中国京剧院四团出国慰问演出，与该团上上下下十分熟悉。为了繁荣宁夏的京剧文化，服务宁夏人民的需要，在自治区主席刘格平的极力支持下，马玉槐副主席亲自赴京向中央提出申请，请求派京剧团去宁夏支边。申请得到了中央批准。为了支持大西北戏曲事业发展，丰富西北人民的文化生活，经研究决定，中国京剧四团整团搬迁到宁夏。于是，中国京剧四团的众人光荣地成为了宁夏铁路通车的首趟乘客。那时的演员们，思想较为单纯，尤其是组织纪律和事业心特别强，大多数人积极响应国家号召，他们怀着建设边疆、发展戏曲事业的美好愿望，一路欢歌笑语，在一声长长的汽笛中火车抵达宁夏站。当他们走出火车站时，入眼皆是一片新搭起的帐篷，脚下没有一尺平坦的路，行李也被无序地堆放在地上，全是乱糟糟的一片。开始，有人以为是报错站了，难道这儿就是领导们在北京出发前所说的美丽宁夏，这就是我们今后立足与生活的地方？一时反差很大，有些年轻人经受不住而眼眶湿了。当时，在北京的宣传画报上看到的宁夏非常漂亮，优质水稻、黄河大鲤鱼等等，令人向往。也有些人说，这儿可能是郊区吧，到了市区肯定会不一样。但是，大家被告知，这儿就是终点。如梦方醒的学员们，这才意识到从北京到宁夏的严峻事实。在帐篷周边，都是一些土坯矮房子，四处一片荒野，生活用水还得靠肩挑手提，床铺都是用砖头码起来的。虽说大家有些情绪，但既然来了，就得脚踏实地，不仅要生活，还要演出。领导号召大家，作为人民的文艺兵，必须鼓起精神来。北京也不是凭空生出来的大城市，凭我们的双手可以建设嘛。那时的人们觉悟都比较高，一经领导鼓动，还真有效。

谭富英属马，谭世英也属马，正好相差一轮，按谭家习俗一辈顺排，谭家人管富英叫七爷，管世英叫十爷。富英和世英，英秀堂中的一对兄弟，儿时的一对玩伴，京剧舞台上的一对搭档。无论是生活还是事业，世英都被富英牵着往前走。富英话不多，玩心也不大，但跟世英特别合得来，他们俩在一起拿弹弓射鸟，一同在欢笑中打闹，先后走进富连成科班，一同登上京剧舞台，注定了前世今生结伴……谭世英是谭嘉瑞（谭鑫培二子，曾在父亲的七张半唱片中伴奏拉琴，人们习惯称他谭二爷）的次子，谭小培的侄儿，谭富英的堂弟。谭世英出世时，祖父已在前一年去世。长大后，即被叔父谭小培亲自送进了富连成，和富英一样坐科学戏。出科后，多与富英一同演出。那年谭世英跟着谭富英一同在上海演出了三个多月。谭富英晚年（谭小培之后）的演出事务，多由谭世英来负责。谭世英不仅能登台唱戏，他的鼓技和琴技基本功也相当扎实，深受同行爱戴。

　　谭鑫培去世后，谭小培没能完成父亲不分家的临终嘱托，弟兄们还是含泪分了家。人大分家，树大别权，皆为中国传统，谭小培在父亲遗像前焚烛禀告。谭小培一直坚守着英秀堂，并从弟兄们手上一一将从英秀堂中分得的财产回购，他不忍让父亲一手建起来的英秀堂的一间房屋落入外姓人手中。英秀堂是谭家的，老爷子的遗像，永远被供奉在他不舍的英秀堂中。在那次分家中，谭家很多人陆陆续续搬出了英秀堂，而谭嘉瑞（直至百年离世，一步没离开此地）一家依然固守在英秀堂里。1939 年，婚后的谭世英为了拓宽居所，不得不搬出有些拥挤的英秀堂，从大外廊营 1 号就近迁往大外廊营 15 号。虽说人搬走了，情却搬不走。谭富英常常在吃夜宵时，会让伙计老洪去胡同南面的十五号，请谭世英过来，兄弟俩一起品酒赏月。谭富英不太喜欢白酒，常常喝一两杯黄酒，偶尔也喝一点进口白兰地。世英在富英的班里唱戏，常扮谭派经典名剧《定军山》中的张郃。后来，谭世英一家又迁址西四，离英秀堂稍远了一些，再不方便随叫随到陪谭富英喝酒吃夜宵了。

　　1958 年，响应国家支持边远少数民族地区的戏曲振兴，谭世英一家，还有谭喜寿（谭富英三子，武生演员），也一同随中国京剧四团调往宁夏，为边区京剧事业的发展奉献终生。谭世英育有子女七人，长子谭韵扬，因属马，谭家人都喜欢直呼他"小马儿"，原中国京剧院武花脸演员，唯他一人后从宁夏调回北京，现在依然活跃在京剧舞台上，沿着其祖伶界大王开创的京剧事业之路一步一步往前走。次子谭韵龙，虽说没有学唱京剧，也依然身在艺术圈中。他是兰州铁路局干部，曾先后在兰州铁路文工团演过话剧、小品、相声，也曾担任过文工团艺术指导和导演诸职。三子谭少英，为宁夏京剧团花脸演员（曾参加过 1997 年在北京举行的"纪念谭鑫培诞辰一百五十周年演出，饰演《盗御马》中的窦尔墩。在一次全国京剧大赛中，勇获花脸跳判金奖。那次大赛谭元寿没有被组织批准回避，依然端坐在评委席上投出他手中举贤不避亲的神圣而庄严的一票，容后文详述）。长女凤茹，次女晓冬，三女凤秋，四女明珠。虽说他们远离北京去了宁夏，依然谨守谭门家规，四个女儿均未入梨园行。谭家的传统是，女的不准唱戏，男的也不准娶女演员为妻（直到谭孝曾娶了阎桂祥，才在谭富英的亲自掌舵下打破祖训）。那时的谭家女，连听戏都只能偷着听。但不论谭家儿女身在何方，立足何业，但他们都热爱京剧，永生不忘英秀堂。即使是生活中的谭家妹谭明珠，一段黑脸包公，也唱得让人血脉贲张。连大学在读的谭峥（谭少英之子），也能学唱一段高祖的《秦琼卖马》。虽然不免有些稚嫩，但谭派之风犹在。

搬到宁夏的那年，谭凤茹刚好 18 岁，而两岁的谭少英还不谙世事，被父母抱着离别了古老繁华的都城。当年在宁夏这边刚一安好家，不问条件好坏，先要下乡慰问演出，演出前都是在油灯下排练，很长时间才习惯。1960 年，宁夏京剧团开始对外招生，为了推动京剧本土化，让宁夏人接受与喜欢，专门招收了一批宁夏籍学员。当时宁夏京剧团的条件有限，为了给新演员搞彩排实习，不得不跟其他剧团借乐队。其间，谭世英不仅自己上台演出，还负责组成一个乐班，由他出任指挥。他说：一个演员，不仅要学会唱戏，还要懂得锣鼓跟乐器，你连场面都不懂，将来怎么演好戏？任凭别人敲打，那不乱了方寸吗？那些舞台上的名角都有自己专属的乐队，如果场面不好，再大牌也要逊色几分。谭世英提倡全才培育，宁夏京剧团这边的起点要高，不能以会开口唱几句或比画几下为标准，即使再精彩，那一点点光彩照不亮舞台。谭世英不仅是个好演员，更是个好教员，后半生的他逐渐转向以教学为主。也许受富连成学习和旧时传统教育的影响，他教学很苛刻，常常拿着教鞭对学员们说："好演员都是苦练出来的，你去问问，哪一个名角没有吃苦就成功了。"他的学生大多数是宁夏这边的名角，还有些能在全国京剧大赛中获奖。谭世英不仅演老生，有时团里需要，还客串演小花脸和丑角。谭世英被人称为一个出色的戏曲教育家，团里人都喊他谭教员，没人不对他竖大拇指，去台湾演出时还被全岛热捧。

也许，谭家人天生就属于舞台。有一次宁夏团里演出缺角，马肃和司马懿只有一个人选。当时有人主张让谭少英上，说英子肯定行。于是，谭少英扎上大靠，第一次在舞台上披褂上马。因父亲临场，对谭少英既是支持又是压力，高度紧张使他的心被揪得生生地疼。为了谭派，为了父亲，为了自己，他绝不能出错，唯有自我鼓励"我一定行！"上场前，谭世英对儿子说，踏踏实实地演。心中只装着戏，不要管别人，怕什么？不出也得出。在台后，别人替谭少英勾好了脸，谭世英一看笑着说："行!"谭世英坐在台下最前排，一切在目。到《空城计》换装时，谭世英不放心地又去后台，在少英的脸上添了一笔说，这样就更好了。当台上的字幕一出时，谭少英的脑子里就只有戏了，一心只想着演出和角色，真正是心无旁骛，瞬间整个人都入戏了。全场演出相当成功，掌声久久不绝。

谭世英科班毕业即被选留富连成任教，富连成的学生毕业被留下来任教是少之又少，这是一份难得的光荣与重任。谭世英没有推却，他也更热衷于戏曲教育事业。他没有忘记爷爷的教导，从生活中学习，从实践中得来，并不断地拓宽自己的知识面，博采众长化为己用。边教学边登台演出，不断地在理论与实践的结合中探索与提炼，决心以自己的所得引导学生们少走弯路，使他们尽快的成长和优秀起来。他深深懂得，一个人走得再高，也撑不起整个京剧事业；一朵花再艳丽，也开不出一个春天。谭世英热爱戏曲教育，他在学生的成长中看到了京剧的发展与希望。

谭世英除了专心演戏和教戏外特别喜欢看书，只要有一点空闲，手上总捧着一本厚厚的书，尤其是古典书籍，他将《三国》中的人物性格与经历背得滚瓜烂熟。他常去茶馆听评书和看各种艺术表演，从中吸取精华，由他扮演的马谡和张飞不仅形似且神似，深得同行赞赏。谭世英在戏曲表演之外，更是一位多才多艺的人才，他的锣鼓经相当精妙，在关键时刻常常能顶角救场。他承袭了父亲的遗传，高超的琴技令谭富英特别看重，经常陪谭富英在家拉琴吊嗓。1949 年

2玥，谭世英响应国家号召，在天津的杨柳青报名加入中国人民解放军，成了一名部队中的文艺战士。从此，将自己锻炼得更加坚强与英武。

谭世英几乎将他的一生奉献给了戏曲教育事业，他的学生很多，但从不提倡学生叫他师父，他说新时代了。所以，学生们统一都喊他谭教员，他也乐于接受。他教过的学生中不乏一些出类拔萃的佼佼者，比如殷元和、张元奎、方荣翔、高长青、王长青、义维华、梁嘉禾……他爱家，爱子女，重教育，家教严格。他的儿子考戏校时，作为考官的他，却将少英的试卷推给别人批改，一切让别人评说，这就是谭家不变的家风与品德。

敬爱的谭世英教员留念：

我怎么也忘不了，时常想起我童年时在北京，您给我说的开蒙戏《黄金台》中的伊立。今天在济南，时隔四十年重逢！

您的学生：方荣翔

八一年四月

从上面方荣翔所书不足百字的留念中，我们不难读出其中的师生之情和教育之德的温度。方荣翔与所有的学生一样，不仅将教员的称呼喊在嘴上，更印刻在心中。学生们的尊师重道之风，这也是谭世英最为看重和感到欣慰的。

　　谭富英生来极像母亲，相貌英俊，是谭派舞台上最具俊气神风的一个。而谭世英则很像谭小培（五爷），跟谭元寿的身材差不多。谭世英（比谭元寿年长 10 岁）和谭元寿一样原属总政歌舞团，后来又一同转入京剧团。谭元寿曾经说过，十叔（谭世英）真是个人才，可惜去得太早了。

改革与新生

　　1945 年 8 月 15 日，上海思南路 87 号梅公馆，梅兰芳通过身边的话匣子，终于等到了日本人无条件投降的消息。他一下子从座椅上跳起来，独自在家里振臂高呼：中华河山终于回到炎黄子孙的怀抱，日本侵略者滚出中国！在举国欢庆中，息影八年的梅兰芳，曾经的失落与酸楚，被这份中国人期盼而迟来的喜悦所浸润。当年十月，五十一岁的梅兰芳，在上海美琪大戏院重新登台，重穿戏装，重见他魂牵梦萦的观众。他以一出专于唱念的昆曲，开启回归的演艺人生。

在他的复出声明中，梅兰芳不无感慨地说："对于一个演戏的人来说，八年的演出空白期是怎样的损失，是这场罪恶的战争让我提前衰老了。今天，我只能放低嗓音，给大家先吊半出，明日后日再接着吊几段。请大家给我一点时间，说不定过不了几天，嗓子就恢复一些了。"在日本投降后的两个月内，四大名旦相继回归亮相舞台。戏迷们不难看出时光对他们身形带来的改变，他们被迫放下了功夫而发福了。"四大名蛋"的诙谐之说开始在戏院内外被人谈笑。这是战争的罪恶，这是伶人的悲剧。令京剧演员没有想到的是，在他们还来不及高歌太平到来的时候，解放战争的炮火已经燃起。

1948 年 12 月 13 日，北平的城门在隆隆的炮火声中关闭，这座孕育了京剧的古老都城，迎来了黎明前的艰难时刻。东北野战军与华北野战军九十多万人，将北平铁桶似的围在圈中。为了古都和人民免于战火硝烟的摧残，中国共产党和中国人民解放军以足够的耐心，给予国民党守将傅作义是固守黑暗还是走向光明的选择。在战争阴云的笼罩下，与百姓生活紧密相连的京剧，似乎一时显得多余。在北平大外廊营的英秀堂里，几位京剧名角聚集在谭小培的桌前，他们只能在一杯清茶的长吁短叹中探讨和祈求。没有人能准确地预测明天将会是怎样的结局，更没有人能剔除烦恼而置身事外，智多星谭小培显得从未有过的无奈与伤感。牌局失去了往日酣战的魅力，头顶的灯光也在炮火声中忽明忽暗，映照出一张张忐忑与厌倦的脸庞。可怕的战争毁灭了人们流连戏院的闲情逸致，大多数京剧艺人为了一日三餐而四处奔波寻求谋生。在 1935 年的京剧火热期，正是谭富英挑班的时候，那时的北平曾经拥有京剧艺人 5000 人，而在现时的围城期，这一数字已然锐减到不足三百人。1949 年年初，《北平日报》上一篇题为《炮声震碎了戏饭碗》的报道，真实地记述了伶人的疾苦与企求和平的愿望。幸好这一切有了一个光明的结局，1949 年 2 月 3 日，这一场笼罩在北平上空的阴云散去，中国人民解放军在前门举行盛大入城仪式，古都北平幸免于炮火摧残，终于以一种国民期待的方式和平解放。令人窒息的三个月围城远去，北平的街道上人来人往，商店酒楼家家张灯结彩。如梦方醒的京剧人又开始在晨曦中吊嗓，准备迎接重新登台的那一天到来，准备以良好的状态，饱满的情绪，响亮的歌喉，为艺术而歌，为人民而歌，为晴空万里下的鲜花怒放而歌。

1949 年，中华人民共和国成立，"中国人民站起来了！"中国解放了，京剧解放了，谭家解放了。"人民艺术家"这一光荣的称号，让曾经栖身于社会底层的艺人们幸福得流泪！毛泽东、周恩来、刘少奇、邓小平、彭真等党和国家领导人，常在中南海观看谭富英的演出。光荣陪同的谭小培总是被排坐在毛主席和刘主席中间，他们在嘘寒问暖中共话家长里短，非常亲切和蔼近人。每当舞台谢幕，毛主席总是站起来鼓掌，几次与谭富英近身合影。后来，谭元寿和谭孝曾也常陪谭富英一道去中南海演出，也曾去过毛主席家中做客。从中南海回家的谭富英无限感慨地说，共和国的领导人和朝廷的官员就是不一样，他们是那样地平易近人，没有一点居高临下之感。

周恩来总理，他关心演员，崇拜艺术，甚至悉心关注每一个新上演的剧目，在祝贺与鼓舞的掌声之外，每次观看演出必定登台与演员合影，受到戏曲界众口一词地称道与敬仰。周总理胸怀宽广，知识渊博，对中国乃至世界上的多种戏剧形式和剧目，均能谈出起源与发展，常常有针对性地发表独到的精辟见解。周总理看过许多大小演出团体的戏，只要时间允许，他常到后台慰问演职人员并热心交谈，常常诚恳地提出许多建设性的建议，使演职人员感到莫大的鼓励和十分的亲切。谭富英对此感怀至深，由此下定决心：从今往后，共产党指向哪里我就走向哪里，只要有益于祖国和人民，定当全力以赴！是共产党给了京剧艺人以新生，是共产党给了谭家以幸福和荣誉。艺术的心是常温的，艺术的追求是不止的，为了党和国家，为了人民，伶人不能忘记往日的屈辱，更不能忘记来之不易的被人尊敬的身份。

1956 年，中国工商业社会主义改造渐近完成，国营化已经成为传统班社普遍的风尚。这年夏天，张君秋率领自己的班社到武汉演出，在一次饭桌上的偶然交流中，接待人员随口相询，你的剧团是国营的吗？问者口中稀松平常的一句话，却让还没有国营的张君秋，似乎在台上一时难接戏词。谎称国营不是他的性格，如实禀告私营又羞于启齿。一向精明的张君秋，只能在曲折迂回中应答："我们是归公家领导的。"回到北京后，张君秋毅然选择了国营，与马连良、谭富英、裘盛戎等的班社合并在一起，成为京城又一家国营大型剧团——北京京剧团的首批主角。

文艺为工农兵服务，这是全新的时代期许，拿什么服务，怎样去服务，这是每一位沐浴在时代春潮中的艺人突然遭遇的陌生课题。在京剧舞台上，腐朽与新生，保守与革命，传统与现代，成为每一位台上台下的艺人绕不开的话题。1949 年 11 月，文化部成立戏改局，轰轰烈烈的戏改运动正式提上日程，由著名剧作家田汉担任戏改局局长。对于京剧的改造，在首届全国文代会《关于新的人民文艺》的报告中指出，要用历史唯物主义的观点来创作新的历史剧。如延安时期创作的《逼上梁山》和《三打祝家庄》，标志着京剧新的历史发展方向。由此，京剧戏改有了最初树立的两面旗帜。经过一个半世纪的积累发展，到新中国成立初期，京剧传统剧目多达 5300 余出，大多为帝王将相、才子佳人的题材。要对如此浩如烟海的剧目文本进行全面改造，显然是一项超出管理者和艺人能力的巨大工程。当时有过一个文件，先禁了二十几出戏，比如《杀子报》和一些恐怖血腥或色情的剧目，还有一类就是有损劳动人民形象的戏。在当年首批遭禁的五十五个京剧传统剧目中，就有京剧名旦程砚秋唱红多年的私房本戏《锁麟囊》。为此，性格率真的程砚秋，在当年的一次戏曲改革会上，对戏改局表示不满。随着审查的剧目越来越多，一场所谓的戏改风波开始在京剧艺人之间暗自流传。这场戏改风波后，程砚秋带领自己的和声社踏上了前往东北巡演的列车。此时的程砚秋，刚被任命为中国戏曲研究院副院长，整日紧紧相随的是一位全副武装的小警卫员。对此，程砚秋显然感到不太适应，他说，我只是一个演员，只顾唱戏，也没得罪什么人，不会有人伤害我，你去忙你的吧。小战士连忙敬礼回答，我的任务就是保卫首长。这样的回答，让程砚秋和所有艺人凛然一惊。从昔日跑码头的艺人，到如今专人保卫的首长，如此巨大的反差，足以让每一位艺人内心隐藏的任何委屈与不解转瞬间化于无形。伴随着社会主义改造在各行业和各领域的推进，京剧改制工作也渐近高潮，加盟中国戏曲研究院、京剧实验工作团的艺人持续增加。1955 年 1 月，中国京剧史上第一个国营化大型演出团体中国京剧院宣告诞生。众星同台，名角云集，这是新生的中国京剧院留给当年每个人最深的印象。如此盛况，毫无疑问成为这个国家级演出团体书写自己长达半个多世纪的骄人篇章的起点。

1959 年，新中国迎来十周年庆典，举国上下沉浸在巨大的喜悦与兴奋中。全国各地京剧院团纷纷排演新戏，准备进京献礼。梅兰芳大师排出了经典剧目《穆桂英挂帅》，在新落成的人民大会堂上演。另一出经典剧《赤壁之战》由中国京剧院和北京京剧团联合首演，萧长华演蒋干，马连良演孔明，谭富英演鲁肃，叶盛兰演周瑜，袁世海演曹操，众多名角共同演绎了一出精彩绝伦的《群英会》。该剧为备受观众青睐的大型传统剧，也是演员们常演的经典剧目。组织这样的一场演出，谈何容易，场面大，演员多，名角汇聚，在旧社会的戏曲舞台上，是无论如何也难以实现的。过去，人们司空见惯的是名角打对台，在耗尽众人的内力中成就一人之荣耀。而今天，众星云集共同创造宝贵的艺术精品。

北京京剧团

1956 年 12 月 28 日，北京京剧团正式组建，由原来的马连良剧团与北京市京剧二团和三团合并而成，团长马连良，副团长谭富英、张君秋、裘盛戎。1960 年，赵燕侠的燕鸣京剧团并入北京京剧团，即增加赵燕侠为副团长。于是，形成了马连良、谭富英、张君秋、裘盛戎、赵燕侠五大头牌合作的豪华阵营。团内下设办公室，主任陈少霖，副主任谭世秀、黄元秀、李幕良、郝友臣，负责排戏和安排演出，以及率团外出等工作。办公室下设演出科，由张洪祥、刘雪涛、马宗仁、周和桐四位科长统率剧务人员，负责团长与副团长之间演出剧目的协调。为了保证和提高日常演出质量，团里还专门成立了北京京剧团艺术委员会，由马连良兼任主任，马富禄、刘雪涛任副主任。据1958年北京京剧团花名册统计，全团共有175人，可谓机构健全，规模庞大。

建团伊始，观众们不无担心，尤其是那些老戏迷甚至感到不可思议，马谭联合，谁能容下谁呢？1957年1月2日至3日，北京京剧团举行建团后的第一次公演，广大观众都拭目以待。当时的剧目有马、谭、张、裘合演的《龙凤呈祥》，当谭富英的刘备与马连良的乔玄见面时，台下的掌声足足延续了两三分钟。

北京京剧团在组团后的两年中，加工整理并演出了《大红袍》《赤桑镇》等传统戏曲，还排演了新编历史剧《海瑞罢官》《赵氏孤儿》《官渡之战》《青霞丹雪》《珍妃》《秋瑾传》《诗文会》《状元媒》等，极大地丰富了京剧的上演剧目，受到观众的欢迎。马、谭、张、裘、赵这几位艺术家，在演出中贯彻了不争角色、不争戏码、不争名次的"三不争"精神。如《秦香莲》一剧，张君秋演秦香莲，裘盛戎演包拯，谭富英饰陈世美，而马连良则演只有两场戏的王延龄。大家知道，谭富英是出了名的孝子，谭小培在世时，他每天必到父亲的卧房三次问安。父亲去世后，他对继母依然敬重如生母。像陈世美这种不忠不孝的人，令谭富英从骨子里讨厌。既然团里安排他演陈世美，出于团结协作的精神，他也欣然接受，而且尽力将人物演好，特意安排了新腔，唱出了人物的感情起伏，让团里人和观众对他刮目相看。1963
年，由长春电影制片厂拍摄的彩色戏曲电影《秦香莲》公映后，广大
观众在赞誉裘盛戎饰演的铁面无私的包拯、张君秋饰演的善良正直的
秦香莲、马连良饰演的机智正义的王延龄的同时，没有一个人忽略谭
富英饰演的陈世美。他成功地塑造出一个见利忘义、抛妻弃子到不惜
狠心加害的小人的独特舞台艺术形象，得到了观众的特别赞赏。

　　1958 年，谭富英与马连良、裘盛戎、张君秋合演《赵氏孤儿》，
谭富英演赵盾，虽然这个人物的分量不是很重，但是谭富英一如既往
像排演新戏一样，认真准备。有段时间他话不多，且紧皱双眉沉思不
语。翁偶虹从马连良那里得知，谭富英正为"闹朝"一场中赵盾击獒
扑犬的表演担心。翁偶虹说："闹朝扑犬的表演，我看过晋剧说书红
的路子，也看过京剧唐韵笙的路子，他们各有千秋，自有技巧，有空
让我给他说说。"次日，在马连良家的客厅里，翁偶虹详细地讲述了
晋剧《八义图》和京剧《闹朝扑犬》的不同表演路数，谭富英用心倾
听，颇受启发。后来在彩排时，他便技巧地融入了说书红和唐韵笙的
表演特色，并创出自己的心得意境，演出十分成功。谭富英在"花园
祷告"中演唱的大段二黄唱腔，沉重悲怆，真挚恳切，使赵盾忧国忧
民刚直正义的忠臣形象，在剧中得到生动的体现。按照通常的唱法是
先内唱导板，出来再唱一句回龙，然后转唱原板。这种板式安排，在
这里却不太合适，按照京剧传统习惯，唱完回龙必须接长捶。这种锣
鼓节奏和情调，与心事重重的赵盾不够和谐。赵盾唱完"耳听得梆声

响三更三点"之后，他慢慢走进花园跪下焚香，再站起来向天祷告，这时才开始唱，这就需要相应的锣鼓来衬托和配合。所以，谭富英的这段唱词，先是内唱导板"今夜晚月不明星光暗淡"，然后出场接唱散板"我赵盾为国家心内忧烦"。谯楼鼓响后，又接唱一句散板"耳听得梆声响三更三点"。下面接锣鼓撞金钟，直到烧香、磕头、起身，锣鼓停住，再接唱碰板转原板。这样不但衔接紧凑，情绪连贯，且别致新颖符合剧情。戏评家张梦庚曾这样评论谭富英《赵氏孤儿》中的演唱："……如谭富英饰演赵盾，他通过劝晋灵公远奸佞，近忠臣，戒酒色，正朝纲，通过与奸佞屠岸贾的斗争，揭示出赵盾视死如归、忠心为国的品德。他慷慨激昂的唱腔，更突出了赵盾的性格，准确地表达了赵盾的思想情感。因此，他不但感动了行刺他的钽麑，同时也感动了观众。"

谭富英在传统戏《搜孤救孤》（饰程婴）中的两段唱腔，也是非常精彩。头一段"白虎大堂奉了命"，通过唱腔的"起"导板，"承"回龙，"转"原板，"合"即收煞，表现了程婴百感交集的复杂心情。"虎"字唱得峻峭刚劲，"大堂"二字则以舒缓低腔唱出，形成与"虎"字的高低对比，表现出程婴极力压抑内心的激愤。他在唱"奉了命"的"命"字时，"运用了脑腔共鸣，在运腔之中做到潜气内转、曲尽情出，颇有其祖父之风范"。在"手持皮鞭将你打"一句唱腔中，谭富英把"将"字三个音符中的两个进行了装饰，呈现出唱中的阻滞之声，把程婴持鞭打人的犹豫不决、难以下手的复杂心情，表现得惟妙惟肖。

另一段"躬身下拜把话论"，谭富英更是唱得含蓄自然，牢牢地抓住了人物的内心活动。为救赵氏孤儿，即将罹难的好友的儿子，程婴强忍内心悲痛和世人误解的委屈。因此，后面"见的人都来叫骂"和"个个骂的是小程婴是一个无义之人"两句。前句中那个"叫"字和后句中的"一个"两字，谭富英唱得非常突出，用相对高亢的声音来表达程婴的悲愤忧伤。整个唱段始终抓住了一个"情"字，他用低沉压抑的声调，来表现强抑悲愤之情；他用颤音悲唱，来表现忍痛割弃；他用语气化的声腔，来掩饰无可告语的忧伤；他用歌唱，揭示了程婴犹如璞玉的美德，在朴素真挚的演唱衬托下，更显出质的华美。

谭富英为人恬淡豁达，从不争名位。他和裘盛戎在太平京剧团合作时，常让裘盛戎唱大轴。有时裘盛戎唱《姚期》，他就在前面来一出《桑园会》。他虚心向马连良请教，为马连良在《十道本》中配演李渊，还配演过《四进士》中的毛朋。张君秋演《状元媒》，他配演宋玉，大家称赞说："谭老板一心想的是整个剧团。"北京京剧团排演现代戏《智擒惯匪座山雕》时，谭富英要求扮演群众角色，团里却没同意，他就主动担任音响效果工作，深受全团演职员工的爱戴。一次在安排角色时，谭富英与李少春互相谦让鲁肃这个角色，最后拟定谭富英和李少春轮流扮演，马连良饰诸葛亮，李和曾饰张昭，景荣庆饰孙权，叶盛兰饰周瑜，裘盛戎饰黄盖，袁世海饰曹操，孙盛武饰蒋干。众多著名艺术家同台合演，曾震动了京城剧坛。在前期演出本第二场的"决策过江"中，诸葛亮紧随刘备之后上场，这就出现一个难题，因为京剧观众的欣赏习惯是看"角儿的"。头牌演员初次上场，必定报以热烈的"碰头好"，而两大主演同时登场，这个"肥彩"的归属就难以界定。在梨园界素有李神仙之誉的李少春，巧妙地安排在谭富英的刘备唱西皮原板"注视曹操下江南，壮志未酬空身叹"两句之后，请乐队加了一个小垫头。然后，马连良的诸葛亮逸然上场，接唱原板"举手擎天等时间"，这样，舞台下的两阵彩声则泾渭分明。在《赤壁之战》的排演过程中，作为导演团成员的谭富英，曾经认真地向阿甲和翁偶虹提出许多修改意见，均被采纳。阿甲称赞道："谭先生平时不太爱说话，而谈必中肯，是位可敬可畏的艺术家。"翁偶虹将此话转告给谭富英，他连连摇手说："不敢当，不敢当，我只是为了整体圆满，想到了就说，哪有什么好点子！希望大家多多启发，也许能触动我的一得之愚。"

马连良和谭富英，少年同入富连成坐科，一块学戏唱戏。成年后则各领一军，都为老生界的代表人物，在 20 世纪三四十年代，均系老生界的执牛耳者。马连良新戏迭出，算得上是改革派的代表人物。谭富英却恪守传统，以谭派经典剧目活跃于舞台。马、谭合团之后，谭富英曾主动说："师哥，从今往后，我就傍你了。"这个"傍"字，从享誉菊坛大名鼎鼎的四大须生之一的谭富英嘴里说出来，可谓非同一般。假如说，当时北京京剧团四大头牌中的张君秋或裘盛戎说这句话，还能让人理解。而从谭富英嘴里说出来，就显得格外地不一样，这个"傍"字，身处那种地位的人不是谁都能轻易说出口的。当然，马连良岂能不知自己这个师弟的技艺与能耐，怎能大模大样地实受？他一再对谭富英表示，咱们一块使劲，把团里工作搞好，把戏唱好，别的咱都不说了。老哥俩凭着自身的高风亮节和高超技艺，告诉所有业内外人士，他们合作得非常好。因为二位王牌老生心无芥蒂，互相尊重，终于打消了众人的担忧。《十道本》这出戏，谭富英原来本不唱，因为马连良说话，哥俩才合作。这出戏的前面主要是马连良饰演的褚遂良的念做，原来当十道本章奏毕，这出戏的高潮已过，现在因为后边还有谭富英饰演的李渊的一大段二黄，所以，整出戏前后都有高潮了。当年麒麟童、马连良也合作过这出戏，麒麟童演褚遂良，马连良演李渊，可惜那时没有留下音像资料，如今这出戏，只有马谭合作这一珍品了。

当年谭富英和马连良合团共演，可说震动了整个京剧界。因为二位老生泰斗共组一团，这在过去，让人连想都不敢想，然而今天却实现了。当时就有不少人提问，这个班的戏怎么唱啊，他们能团结一致吗？谭富英却说："哪有师兄弟闹不团结的？作为师弟，我傍着师哥不就完事了吗？"师弟的话令马连良十分感动，也给了他一剂安慰的良药，他爽朗地一拍师弟的肩头说："什么都别说了，咱们摽着膀子，一块把戏唱好。"在后来的岁月里，不仅谭富英说到做到了，马连良从来也没以团长自居，处处都与师弟平起平坐，人们常常看到他们两人走路时都相互谦让前后，实在令人敬佩。在马连良主演的《三顾茅庐》和《赵氏孤儿》中，谭富英甘当绿叶，而且想方设法地把戏演好。在新编《赤壁之战》中，他主动要求扮演戏份不多的刘备，而把鲁肃一角让给李少春，对此，导演团十分感动。谭富英不仅尊重马连良，对其他演员也加以扶持，在戏中一样为他们甘当配角。他和马连良曾在张君秋主演的《状元媒》和裘盛戎主演的《铡美案》中，分别饰演宋玉和吕蒙正，以及陈世美和王延龄。他们甚至唱压轴，而把大轴让给赵燕侠。谭富英和李毓芳、李世济分别唱过《桑园会》《朱痕记》，马连良也和李世济合唱过《三娘教子》。两位大师对青年演员的关怀和爱护，都被传为梨园佳话。北京京剧团中的名演员很多，却能精诚团结通力合作，一心为戏，团风极正，这和谭、马的表率作用是分不开的。

正是由于马、谭、张、裘、赵五大头牌精诚合作，技艺超群，北京京剧团连续多年好戏不断，《赵氏孤儿》《官渡之战》《状元媒》《三顾茅庐》等新戏层出不穷。在这些新排剧目中，从表演到唱腔，从音乐到服装、道具，进行了全面改革，使舞台演出焕然一新。不但不要国家负担工资等费用，每年还向国家上缴 26 万元，按当年平均月工资 30 元来说，无疑是一笔巨款。

真像他爷爷

　　只要是喜爱京剧，又看过谭富英的《群英会》的人，绝对忘不了那场使人无法忘怀的表演。比如他的道白，初听起来，好像觉得并不像别人的"京剧味"那么足，仿佛跟平常人说话没什么两样，更不那么"拿腔拿调"。但细听起来越听越想听，味在其中，享受也在其中，这却是一般演员无法达到的境界。假如让人一听，就知道你是在唱或是在念，唱得再好念得再妙，最多也不过是娴熟和有技巧而已。假如，你能让人从聆听中感受到仿佛是自然的生活再现，但细听起来，京剧那种与众不同的韵味又深深地流淌其中，既给人以轻松愉悦，又让人入迷忘情，这就是专家们常说的，让人不自觉中投入和迷恋。比如在"对火字"一场戏里，谭富英饰演的鲁肃那句"哎呀巧得很哪，他二人俱是一个'火'字啊"念白，给人留下的印象无法忘怀。还有他的动作和神情，似乎在随意中让演员和剧中人融为一体，直将人带入故事之中，让人一时忘却原来是在剧场中看戏。

谭富英的靠戏、官衣戏、箭衣戏和折子戏，每场演出效果好得难以用笔墨形容。尤其是靠戏和唱功，观众的反响极好。剧中的经典唱段，每次不待行腔落下，彩声和掌声便迸发而起，剧场内时常还有些许"骚动"。那些极度兴奋的观众实在忍不住，便交头接耳地说上几句"谭老板这嗓子真好！""唱戏这玩意，还得说是谭富英""今天的票钱，仅仅这一句就值了"。一两千人的大剧场，议论稍稍一多，便形成顷刻的"骚动"。不过，这些观众往往都具有较高的欣赏水平，纪律自在心中，一待抒发情感即静下来。他们不仅仅为剧场秩序，更为享受谭富英下面的演唱，且不愿漏下一句谭腔之美。大凡去外地演出，谭富英走到哪里就唱红哪里，他的唱腔酣畅淋漓朴实大方。谭腔中的快板字字清晰，句句扣人心弦，势如疾风骤雨一泻千里。特别是吐字和收音干脆利索，令人百听不厌……他每次演出，台下观众都如痴如狂，一个劲地为他叫好。即使是《探母》中的"回令"，那两个"屁股座子"，准能赢得一个满堂彩。有一次，谭富英在天津唱《打棍出箱》，正巧厉慧良准备来北平贴演这出戏，当厉慧良看了谭富英的演出之后，当即表示在北京不再贴演这出戏。

李仲明在《百年家族》一书中曾提及，有一年，厉慧良准备进京演出，计划首贴《打棍出箱》一剧。当他在天津看过谭富英的这出戏之后，即摇着头说："这次北京演出，不贴《打棍出箱》了。"厉说"当时戏中的箱子，即为后台的戏箱，很沉重，谭富英的'出箱'，是在三挺之后即从箱子里滚出来，干净麻利。"其实，厉慧良文武兼擅，既能演武生也主唱老生，他有嗓子且很受听，中年前也常贴老生戏，要贴演这个戏，应该没有问题。以厉先生的水平论，若能演出，定会有相当效果。但谭富英的演技令他由衷地折服，不贴演以示尊重。其实，在过去的名伶中，曾有类似想法的人真还不少，谭富英本人也曾有过类似的想法。有一次，谭元寿曾对李仲明说过："当他父亲看完孟小冬老师的《搜孤救孤》以后说，小冬这出戏演得太好了，以后这出戏我就收了。"《搜孤救孤》这出戏，谭富英过去常演，光是唱片就灌过不止一次，他为什么说这话？因为如果他还演此戏，观众必然会联想到孟小冬的那出。这出戏孟小冬受过余叔岩亲传，莫说谭富英，其他著名老生也几乎难以超越，充其量是两相伯仲。

厉慧良对谭富英极为推崇，业内人都曾有耳闻。在 20 世纪 80 年代初，李仲明和相声名家刘文亨，有一次在天津和平路人民剧场附近，正好碰到厉慧良。很久未见，仨人就在马路便道上聊了起来，李仲明建议："咱们找个没人的地方说说话吧。"人民剧场旁正好有个小胡同，于是，他们便走进胡同的僻静处聊了好久。根据李仲明的记忆，那天，他们也提到了《打棍出箱》这出戏。厉慧良说："马连良和谭富英这出戏，那是各有特色。'问樵'一场，若有好的小花脸，马先生演得非常精彩，这是生丑的对戏，双方动作必须协调。若说'出箱'这场戏，谭先生真不赖，老生们都唱不过他，出箱时那般地干净漂亮，人家武底子好啊。"李仲明说："我看谭先生《八大锤》'断臂'的那场戏也好，'顾不得生和死天做主张'唱罢，右手举剑，桌上一拍，再砍左臂，走抢背，真利索，满堂彩。"刘文亨说："那是当然，戏谁都能唱，好角自然不同。别看'断臂'那么熟的戏，你刚才说的那个动作，我们叫'转角楼'。如果你的功夫欠一分火候，那出戏的精彩劲就全没了。"

吴小如（著名书法家吴玉如之子、文学教授）酷爱京剧，年轻时经常发表有关京剧演员和剧目的评论文章，并利用教学之余学习京剧，主工老生，曾向名须生贯大元、名票韩慎先和刘曾复等问艺，是一位极具水准的戏剧评论家。他曾著文说：余叔岩的传人，众所周知的有"三小四少之说"。三小：杨小朵（杨宝忠之子）、谭富英（谭小培之子）、孟小冬（后来又师从梅兰芳）。四少之一即为吴彦衡（名旦吴彩霞之子），曾拜师余叔岩，后来专工武生；另三少为王少楼、李少春、陈少霖。余叔岩为陈少霖姐夫，但陈少霖始终对余叔岩执师礼。吴小如认为，"三小"中，条件得天独厚，天生禀赋最好的即为谭富英。他说："谭富英的嗓子天赋奇佳，甚至有些超过乃祖的地方。他饰演的人物确实冇得说。否则，绝不能一出科就挂二牌。20 世纪

30 年代初，即自挑大梁，盛名远播，拥有大量观众群。"有一次，吴小如现场观看谭富英的《南阳关》，一个引子"威风飘荡统雄师镇守南阳"，一共才有十一个字，竟连获三个满堂彩（其实，"师"字他本是半句一顿，尾音向下平铺，并不以高亮取胜，却因韵厚气足，观众不由得喝彩），一般名家都难以达到。还有一次，吴小如看了谭富英的《战太平》之后，心情激动久久难平，竟一夜无眠。由此可以看出，这出戏给吴小如多大的震撼。他认为，谭富英塑造的华云，举止和眉宇间，别具一番忠勇之气。细腻的表演浑然天成，毫无雕饰痕迹，实在感人至深。吴小如不知看过多少名角和好戏？能让他看完一出戏后夜不能寐的，除谭富英之外，还从没听他对人说过，更不见只字片言的书写。他特别指出，谭富英的《奇冤报》《碰碑》《珠帘寨》等戏，出出让人解渴，如饮香醪般过瘾。

戏曲作家翁偶虹，既是一位编剧高手，早年还曾是一位花脸名票。翁先生曾自谦地说，自己还不能算是梨园中人。其实，业界和广大观众早视其为梨园名宿。他和众多艺术家相交甚厚，与谭富英相交很早，而翁偶虹观看谭富英的戏则更早。谭比翁年长四五岁，翁在八九岁时即看过谭富英的戏。那时，谭富英还在富连成班中坐科。翁偶虹对谭富英的评价为："承系祖法，又具自身禀赋，有些唱腔确非他人所及。"如《失·空·斩》城楼中的西皮慢板和二六，《斩马谡》中的导板快板，《定军山》中讨令、激将的二六，《行军》中的快板，《斩渊》中的流水，《战太平》中的一句"头戴着紫金盔齐眉盖顶"，《游街》

一场中的倒板、原板、快板和"站的是你老爷将华云",《珠帘寨》中的三个"哗啦啦",《探母》中的"见弟见娘",《洪羊洞》里的"自那日朝罢归"之快三眼,凡此种种,都是令人百听不厌的唱段。还有一些像《鼎盛春秋》中的"风吹云散现虹霓",《奇冤报》里的大段反二黄,《公堂》一场中的几句快板,《大保国》里"杨波奏本气昂昂",《甘露寺》《法门寺》《黑水国》等剧中类似的舒朗明澈醇美动听的唱段,真是举不胜举,确非一般演员所能企及。

对于谭富英的念白做表,翁偶虹认为:如水流花芳,妙造自然,不矜才,不使气,看似潦草,实则为适当的潇洒,朴实无华而华隐于内。所谓"诗宜朴不宜巧,然必须大巧之朴;诗宜淡不宜浓,然必须浓厚之淡"。正如"陈年之酒,风霜之木,药淬之匕首,非枯杭闲寂之谓"。至于他的武功,更是有口皆碑。《卖马》之耍锏,《定军山》之刀花,《战太平》的虎跳,《探母》《断臂》《打棍出箱》《奇冤报》等剧中的吊毛、抢背,无不干净利落,稳准帅脆,避花拳绣腿之嫌,具璞玉浑金之质,足以彰显其极深的艺术修养和极强的艺术个性。从自己的意识见解出发,表现出自己的艺术见地,不受古限,不为人牵。看谭富英的戏,唱念做表就是看着舒服,似乎看不出什么奇妙独异棱角分明之处,可观众又特别钟情他的戏。这就是大家所以称之为大家,从不以棱角示人。

翁偶虹堪称谭富英的知音,在所有评论谭富英的文章中,翁先生的文章最具见地,其对谭富英推崇备至,誉为大家。当然,翁偶虹也说过，这只是他的个人见解。在评论谭富英的戏曲艺术上，翁偶虹和吴小如略有异处。翁偶虹认为，谭富英的念白，有时显得过于草率，不甚讲究。对此，翁偶虹自己又说过，如果谭富英的念白再能和唱功相比肩，那岂不是完美至极，无纤毫不足的人物了吗？即便是世界级的顶尖艺术大师，也有某一方面的不足，哪怕是一点点，这才是客观和唯物的。所以说，谭富英是人不是神。

　　老舍，近代中国文学界具有深远影响的一位大作家。他的代表作《骆驼祥子》《四世同堂》等长篇小说，以及新中国成立后创作的剧本《方珍珠》《龙须沟》《西望长安》《茶馆》等，均为享誉文坛的经典之作。老舍生于清末京都，少年时期适逢京剧蓬勃发展。旗人出身的老舍，从小即与京剧结缘，一生喜爱京剧和曲艺，他还写过京剧剧本《新王宝钏》。有一次，他听过谭富英的戏后即对人说："真像他爷爷。"短短五个字，但分量足有千金之重，这是老舍对谭富英发自内心的赞美。"真像他爷爷"，他爷爷是谁呢？伶界大王谭鑫培。谭大王在京剧界的影响和声望，无论是戏曲界公认，还是在国人心中，唯有梅兰芳大师可与其比肩。谭鑫培对京剧老生的卓越贡献，直到今天也没有人能超越，而老生戏仍然"无生不谭"地繁荣于舞台。老舍曾听过谭鑫培的戏，谭大王谢世时，老舍已是双十年华了。如果他没有听过谭鑫培的戏，以他为人和为文的性格，绝不会贸然给出"真像他爷爷"的评说，唯有比较，才能有感而发。老舍对谭富英这五字评论，给今天的京剧界和我们留下了极大的想象空间。老舍说谭富英的唱腔

"真像他爷爷"，足以说明谭富英的唱功的确非凡。当年，梁启超曾赞誉谭鑫培"四海一人谭鑫培"。如今，老舍又赞美谭富英"真像他爷爷"。可见谭鑫培和谭富英祖孙二人的京剧艺术是何等的超凡脱俗。

希望之光

　　谭元寿,谭派第五代传人。是"带艺投师"入科,具有一定的基础,所以学戏速度较快,入科后半年就登台演出。谭元寿第一次演出,在北京大栅栏内的广德楼,剧目为《四郎探母》,由他饰演杨六郎,白元明饰演杨四郎。此后,谭元寿即与哈元璋、白元明等合演过《珠帘寨》(谭饰程敬思)、《搜孤救孤》(谭饰公孙杵臼)。当时,谭元寿主演的文武剧目还有《南阳关》《鱼肠剑》《秦琼卖马》《奇冤报》《石秀探庄》《蜈蚣岭》《长坂坡》《莲花湖》《大溪皇庄》等。

　　谭元寿曾经跟宋富亭学过一出尚（和玉）派的《四平山》，扮演勾尖嘴儿脸的李元霸，公演那天，尚老先生特意将自己常使的一对锤拿给他使。那时谭元寿年龄还小，尚先生使的兵刃向来又比别人的重，他耍起来很吃力，一场戏下来，两只小胳膊都肿了。此时的富连成不很景气，不得不时常加演彩头戏。谭元寿参加演出过《乾坤斗法》《狸猫换太子》《桃花女破周公》等戏。

　　出科后，谭元寿恰遇嗓子倒仓，从十七岁到十八岁，一年未能登台演戏。私下练了一年苦功，每天顶着星星到太庙（今北京劳动人民文化宫）去吊嗓子，期盼早日康复。元寿知道，凡倒仓期间必须勤练，如一怠惰，错过了恢复期便终生无望，这对一个演戏人来说，无异于剥夺生命的残酷。还有一部分人受身体条件限制，永远恢复不了。所以，元寿从内心为自己祈祷，千万莫让那种厄运降临在自己头上。他相信凭着谭家的遗传基因，再加上自己的刻苦努力，定能尽快恢复，绝不可能就此毁却前程。于是，他比任何人都更加用功。

　　朱世友每天跟着谭元寿一同去练功，他的家与大外廊营对门，他学小生，后来去了台湾。每天同在太庙用功的还有王世荣，他是拉胡琴的，后来在北京戏校教学。下午，谭元寿即在家中院内练武功，并由徐少琦拉弦吊嗓。在此期间让他受益最大的，莫过于舅父宋继亭，按照谭派戏路，重新调理他早前在科班学过的文武老生戏，行话叫"下挂"。亲娘舅对元寿关爱有加，几乎把全部心血都倾注在外甥身上。

　　看儿子如此下力练功，且大有长进，谭富英看在眼里痛在心里，更喜在心里。谭富英虽然很少给儿子说戏，但在高兴的时候，常常让元寿把舅父教他的戏走给自己看，然后再有针对性地进行重点指导，以利于儿子的表演归于谭派正宗。一年以后，谭元寿的嗓子渐渐得以恢复，又慢慢开始登台表演。最初，他与杜近芳合演《红鬃烈马》，先后搭过叶盛章的金升社、叶盛兰的育化社、荀慧生的留香社和裘盛戎领衔的班社，均担任二牌老生。

1949 年，喜逢谭孝曾出世，经父亲同意和安排，谭元寿第一次去天津挑班。他先后在南市庆云和群英两座戏院演出，当时与他合作的有旦角郭韵蓉、花旦凌鸣宵、花脸贺永华等。琴师为张铭禄，鼓师为姚占岐。谭元寿兼演老生和武生戏，颇受天津观众欢迎。天津既是谭家人的第二故乡，又是戏迷水准极高且十分挑剔的检验场，能否在天津打响，事关一个艺人的前途与发展。每当听到台下观众的掌声响起一次，谭元寿的信心就增长一分。在天津庆云戏院演出期间，有一天，梅兰芳剧团管事的李春林，受梅兰芳委托找到谭元寿，让他速回北京与梅葆玖合作演出。于是，谭元寿暂别天津舞台返回北京，与梅葆玖合演《红鬃烈马》《二进宫》《探母回令》等戏。前后演出二十多场，梅兰芳对此非常满意，并对谭元寿鼓励有加。

1950 年，谭元寿加入了天津中国大戏院共和班，那个班阵容相当整齐，有青衣新艳秋、武生王金璐、铜锤花脸王泉奎和架子花脸景荣庆等人。该班从正月初一便拉开帷幕，接连的演出没有间断，戏院里天天满场。头天的戏码为《金榜乐大团圆》（即《御碑亭》），接后便演《红鬃烈马》，戏场反映很好。接着，谭元寿与王金璐合演《连环套》《长坂坡》《举鼎观画》（后来，王金璐则按麒派的路子演出《徐策跑城》），谭元寿还首演了学自李少春的剧目《打金砖》。在共和班那段日子，谭元寿既加深了戏曲表演艺术的功底，又密切了与天津戏迷的互动之情，收获不小。

那年冬天，谭元寿应邀与陈永玲、梁慧超、李世章、张洪祥等人陪叶盛兰到南京做短期演出。他们在中华剧场等几处戏院，先后演出了《罗成》《八大锤》《翠屏山》《游龙戏凤》等戏。演出结束后，叶盛兰即回京加入中国戏曲研究院实验工作团。谭元寿与张铭禄、刘砚芳、张蝶芳、李德彬等组成小组，改赴上海演出二十多天。曾经是十里洋场的上海，对戏曲人更对谭家人并不陌生，多少人在那里崛起，又有多少人在那里倒下。上海历来还是戏曲流行的前沿。作为一个戏曲演员，如果不来上海登台，就追不上前沿。所以，谭元寿毫不犹豫地来了。一待演出期满，谭元寿即备返京，离家真有好一阵了，心中的思念不可抑制地加深。不曾想到的是，戏还未结束的头一天，上海天蟾戏院的老板即挽留谭元寿、张铭禄参加天蟾实验京剧团。能被天蟾戏院老板挽留，对于一个年轻演员而言，是一份难得的荣耀。于是，谭元寿未说二话便留了下来。

此时的谭元寿，主演文武老生兼演武生戏，演出剧目，均按李少春文武不挡的路子。当时上演的有《打金砖》《野猪林》《金钱豹》等剧目，其中合作演员青衣先后为李砚秀、张曼君、赵啸岚、李丽芳，武生为张铭禄等。谭元寿在天蟾戏院近两年的演出，得到了上海观众的认可与赞赏。有人曾评论说：那时的海报广告，对谭元寿均冠以李少春之徒、谭富英之子的头衔。既然是少春之徒，头三天的打炮戏便是《打金砖》《失·空·斩》《三岔口》《安天会》等剧目。同台的还有张铭禄、张曼君等新秀。谭元寿更是铆上了，每晚文武双出，前《失·空·斩》，后《三岔口》。第一期为十四天，天天满座，盛况空前。他和张铭禄合作的《三岔口》，完全按李（少春）、叶（盛章）的路子。当时他年轻，精力充沛，把李少春和谭富英的绝活一一展示，每出戏都呈现出很高的艺术水平。因此，一连在天蟾演了几期，并一再续演，时近两个月才离沪返京。时隔不久，谭元寿第二次来沪，仍在天蟾舞台。但《三岔口》的搭档已不是原来的张铭禄，而换了郭金光。起初观众有些疑虑，不知郭金光是否能行。观后方知，郭金光的活儿也不错，二人搭档默契，同样赢得了响亮的掌声。第二次与谭元寿合作的旦角为李丽芳，他们还演出了《野猪林》等新戏，卖座相当好。上海是谭家的一块福地，从谭鑫培到谭小培、谭富英，再到今天的谭元寿，个个都在这里唱得响能卖座。谭元寿曾不止一次地想过，曾祖在上海唱出了"伶界大王"的桂冠，祖父唱出了"三小一白"的名头，父亲唱出了"新谭派"的风采，我在上海能唱出什么反响呢？这不仅是他的思索，也是他的目标。

1952 年，在上海前后演出两年的谭元寿，暂别了令他无限感慨和留念的上海回到北京，成了光荣的中国人民解放军总政京剧团的一员。当时，团里的主要演员还有李丽芳、童葆苓、班世超、郭元汾等人。1953 年，谭元寿从朝鲜慰问中国人民志愿军回国不久，中国京剧院曾找过谭元寿，希望他能加入该团。当时，剧作家任桂林，为裘盛戎编写了新剧《连环套》，裘有意让谭元寿出演黄天霸。出于多方面因素考虑，谭元寿与谭世英于 1952 年双双加入了总政京剧团，后于 1956 年又一同转入了中国京剧院四团。因服从国家安排，谭世英于 1958 年随中国京剧院四团整团调往宁夏。为了继承谭派老生艺术的需要，谭元寿在谭世英迁调前已加入了谭富英、裘盛戎的北京京剧二团。后来，北京京剧二团与马连良、张君秋的剧团合并（谭元寿照例随团加入），更名为北京京剧团。1960 年年初，谭元寿又随马连良、谭富英、张君秋、裘盛戎领衔的北京京剧团再次赴上海天蟾舞台演出。按照剧团安排，谭元寿有时为四位主演担当配角，有时周日白天演出，即与裘盛戎合演全部《连环套》，或与周和桐合演《野猪林》。有时也单独挑大梁主演日场中的全部《打棍出箱》《定军山》等谭派剧目，上海观众对这个早已熟悉的谭元寿，毫不吝啬掌声。

在谭元寿的艺术成长过程中，也曾得到过马连良的提携与指导。有一天，马连良看过谭元寿的《野猪林》后问他："元寿，你怎么不演一演《广泰庄》呢？这个戏演徐达，跟林冲一个扮相，就是紫箭衣，紫将巾，戴黑三。只是累点儿，你演最合适。"谭元寿却不好意思地回答："三大爷，这出戏我真不会。"马连良诚恳地说："没有人天生就会的，不会我可以跟你说说。明天下午我在家等你，准去啊。"第二天，谭元寿怀着敬仰和感激的心情，如约去了马家。马连良用扇子敲着桌面一板一眼地教他唱腔，然后又教开打。这出戏为边打边唱，亦文亦武比较繁重，对演员的体力和功夫要求相当高，差一点的人还真挺不住。马连良手把手地教给谭元寿，非常耐心细致，全程一丝不苟。过了一段时间，谭元寿在虎坊桥的工人俱乐部公演《广泰庄》，马连良亲自为谭元寿把场，效果相当不错。演出完毕，马连良即与谭元寿现场交流，并指出其中的优点与不足。

那次，北京京剧团排演《赵氏孤儿》，马连良点名要谭元寿扮演孤儿赵武，当排演到"说破"一场时，那是程婴和赵武的戏，每逢谭元寿与马连良站在一排时，他总小心地往后面撤半步，以此来突出前辈的位置。开始马连良并没注意，当他发现后即严肃地说："元寿，当年你老祖谭鑫培先生演《桑园寄子》和《朱砂痣》，就是我给他演的那个小孩子，我跟你们谭家学了多少东西呀，相互可不分彼此，你跟我客气什么？再说，在这出戏中你可不能看见我就发怵。当时，赵武急着要知道自己的身世和仇人，程婴却怕赵武接受不了这个现实。所以，急的应该是你，怕的应该是我；你快，我慢；你不把我逼到一定的火候，我怎么能'实说了罢'呢？所以，你只能往前抢，可不许往后撤。"经过马连良这一提示，谭元寿入戏很快，再上场就真的把戏给演出来了。后来，谭元寿也常跟马连良的儿子马崇仁一起同台演出，无论是谁担当何种角色，合作相当默契与融洽。马崇仁既能唱老生，又拜过侯喜瑞学花脸。谭元寿演《打金砖》的刘秀，马崇仁便扮演马武；谭元寿演《失·空·斩》的孔明，马崇仁即扮演马谡，红花绿叶相得益彰。

1957 年，北京京剧团编演新剧，根据曲波《林海雪原》小说中的第十章至二十一章的故事情节，改编成《智擒惯匪座山雕》一剧。少剑波派杨子荣乔装土匪，打入座山雕内部潜伏下来，为部队日后攻山剿匪作内应。杨子荣携带那张座山雕志在必得的"先遣图"，装扮成奶头山的副官胡彪，冒险闯入威虎山，几经艰难曲折，终于取得了座山雕的信任。中途，栾平突然逃至威虎山，使杨子荣一时处于身份被识破的极度危险之中。杨子荣利用座山雕并不认识真胡彪的缺失，机警智慧而大胆地与栾平当堂对质，通过一番激烈的舌战，败下阵来的栾平被处死。后来，杨子荣利用百鸡宴麻痹敌人，少剑波率小分队即时赶到，一举歼灭威虎山残匪，生擒了座山雕。谭元寿饰演少剑波，小王玉蓉、马长礼、郝庆海、翟韵奎分别饰演土匪一枝花、杨子荣、栾平等。当时，谭元寿初次饰演现代戏人物，在舞台上表现一位解放军指挥员的艺术形象，为他后来表演《沙家浜》中的新四军指导员郭建光，奠定了坚实的基础。后来，谭元寿还在《党的女儿》一剧中，首次饰演反面人物苗主任。在《青春之歌》中，饰演中共地下党员卢嘉川。由此，拉开了谭元寿饰演时代新戏的序幕。

上善若水
Shangshan Ruoshui

天津在呼唤

1906 年（光绪三十二年），淮河流域苏北和皖北地区发生了一场
罕见的洪涝天灾，持续时间之长，涉及范围之广，影响程度之深，历
史罕见。连续不断的倾盆大雨不分昼夜地下着，漫江漫河的大水，使
苏皖地区很快成为一片泽国。这场巨大的水灾给千疮百孔的清朝社会
带来了雪上加霜的破坏，流离失所的饥民，在下餐无着落的焦虑中四
处逃散，死伤无数，整个灾区迅速陷入严重的粮食危机。这场水灾自
光绪三十二年四月起，直至六月二十八日，使得洪泽湖、高邮湖以及

京杭大运河等水位一直攀高不退。据当时的水文奏报，洪泽湖积水竟高达一丈六尺一寸，高邮湖码头的水位猛涨至一丈六尺九寸。上游沂、泗诸水，叠次暴发洪潮，悉数倾入江北运河，呈现百年难遇的齐涨之势。灾情蔓延数月，日趋严重，国家救援不力，灾民难有活力之望。于是，在政府之外，各界人士积极伸援，全国各地伶人纷纷组织登台义演，为解灾民饥寒以效微薄之力。有些伶人在参加义演之外，还自掏腰包慷慨相助，常怀善心的谭家人更是义不容辞。接到天津慈善会的赈灾义演邀请，谭鑫培即行组班并带着小培急赴天津。

据《中国戏曲志天津卷资料汇编（第二辑）》记载，1907年（光绪三十三年）3月17—21日，天津广益善会发起人陈念新，假李公祠为苏院助赈义演。是年61岁的谭鑫培，携子谭小培及一众名演员应邀来天津，从3月17日至3月21日，连演五天六场。演出阵营庞大，台下观众如云，实际效果超越预期。与谭鑫培同来天津的主要演员有：王瑶卿、金秀山、水仙花（郭际湘）、德珺如、王长林、谢宝云、麻穆子和谭小培。随同谭鑫培来津的演员还有（德胜班）的谭嘉祥、纪寿臣、吴彩霞、王才保等。演出剧目为：《失街亭》《洪羊洞》《取洛阳》《牧羊圈》《打棍出箱》《玉堂春》《审李七》《碰碑》《武家坡》等。谭鑫培一行到达天津，当天晚上即登台开场。

3月17日晚场，在权先茶园演出，演出剧目和演员为：第一出是丁元善、张全吉等人的《御林碑》；第二出是王俊卿、奎月亭、周福玉、王小长、李海山等人的《挑滑车》；第三出是谢宝云、狗二哥等人的《钓金龟》；第四出是德珺如、孙占奎、张金吉等人的《辕门射戟》；第五出是王瑶卿、金秀山、谭小培等人的《法门寺》；第六出是水仙花、王长林、金秀山等人的头二本《又钉计》；第七出是谭鑫培、王瑶卿等人的大轴《汾河湾》。演出结束全场起立，如雷的掌声不断，谭鑫培三次谢幕，观众们才缓缓退出剧场。当天剧场爆棚，连走道里都挤满了人，气氛十分热烈。那天，如潮的人流激发了演员们的内在激情，大家十分卖力，谭大王更是英气勃发光彩照人，整台演出给了观众们一个饱满的回馈。谢幕后，陈念新率领一干人等即赴后台，一一与演员握手致谢并祝贺，特别感谢谭大王领队前来倾情演出。他们不仅代表组织者更代表灾民，除了感谢还是感谢！

第二天 3 月 18 日的晚场如期拉开剧幕，当天上演的演员和剧目为：第一出是丁元善、张全吉等人的《雅观楼》；第二出是小穆子、甄炳奎等人的《二进宫》；第三出是王俊卿、李德山、奎月廷等人的《郑州庙》；第四出是谢宝云、孙耀廷等人的《望儿楼》；第五出是谭小培、金秀山等人的《黄金台》；第六出是水仙花、王瑶卿、德珺如、王长林等人的头二本《虹霓关》；第七出依然是谭鑫培、金秀山等人的大轴《捉放曹·宿店》。第二天的人比头天更多，大家争相一睹谭大王风采。谭鑫培很有一段时间没来天津演出了，晚年的他相对年轻时的登台频率自然有些降低。所以，只要谭鑫培来了，观众们就纷纷想要抓住这难得的机会，这也是组织者决心邀请谭鑫培来天津的原动力所在。

　　第三天 3 月 19 日晚场，华灯初上，踊跃的观众便在场外徘徊溜达，急盼剧场大门早点打开。更有那些事前未能购得戏票的观众，焦急中按秩序排出一条长龙，耐心地等待因故退票的人更多地出现。好不容易剧场里响起了锣鼓点，只苦了那些没有等到退票还不愿散去的观众，他们一听到锣鼓声，心中也不知是痒还是痛，只好竖着耳朵，哪怕听到一两声从门缝里漏出来的谭大王的演唱，也不枉赶来一趟。当晚上演的演员和剧目：第一出是丁元善、张全吉等人的《风云会》；第二出是甄炳奎、小宝奎等人的《天水关》；第三出是小穆子、杨来福等人的《探阴山》；第四出是王俊卿、奎月廷、萧奎英、王小长等人的《金钱豹》；第五出是水仙花、王长林、狗二哥等人的《英杰烈》；第六出是金秀山、仇月祥、杨来福等人的《牧虎关》；第七出大轴是谭鑫培、王瑶卿、德珺如、谭小培、谢宝云、王长林等人的《探母回令》。当天依然演满七出，台上是倾情表演，台下是钟情享受。

　　3 月 20 日，谭鑫培来津演出的第四天，演员和观众们的神情，依然像花开一样茂盛，尤其是观众，他们比后台的演员来得更早。那天还是晚场，当天上演的剧目和演员：第一场是孙占奎、仇月祥等人的《取洛阳》；第二场是杨来福、甄炳奎等人的《朱砂痣》；第三场是王俊卿、李德山、奎月廷等人的《艳阳楼》；第四场是王瑶卿、谭小培、谢宝云等人的《回龙阁》；第五场是水仙花、德珺如、王长林等人的《马上缘》；第六场大轴是谭鑫培、金秀山等人的《托兆碰碑》。相比前三天，今天少排一场戏，但演出时间相差无几，演员和观众都带着惬意满足而归。

3月21日为本次演出的最后一天，应广大观众强烈要求和组织者安排，分别排出早晚两场。为此，陈念新早早带人拜望和慰问谭鑫培和一众演员。对于演员而言，既有巨大的爱心支撑，又有谭大王领队，他们不知疲倦地愿为赈灾献一份力，没有人计较苦和累。组织者和演员们双方互致问候，祝愿当天的演出圆满谢幕，以答谢观众的热情与抬爱。当天日场：第一出是张全吉等人的《战樊城》；第二出是盖天红等人的《太平城》；第三出是小穆子、甄炳奎等人的《鱼藏剑》；第四出是十里香、尤宝林等人的《双全印》；第五出是王俊卿、李德山、奎月廷等人的《莲花湖》；第六出是金秀山、谢宝云等人的《断太后》；第七出是谭鑫培、王瑶卿、水仙花、德珺如、谭小培、王长林等人的大轴《御碑亭》。

日场后，演员们草草用餐休息，养足精神，为演好最后晚场的戏蓄力，不能给观众留下一丝疲软之态，必须带着十二分的劲道登台，这才是为艺的精神。3月21日晚场：第一出是孙占奎、王小长、张朝立等人的《汜水关》；第二出是八仙旦等人的《黑风洞》；第三出是盖天红等人的《男起解》；第四出是小穆子、孙耀廷、杨来福等人的《九更天》；第五出是金香翠、李月珍等人的《桑园会》；第六出大轴是谭鑫培、王瑶卿、水仙花、德珺如、谭小培、王长林、金秀山、谢宝云、麻穆子等人合演的《穆柯寨·穆天王·辕门斩子》。

此次义演，全程票价：散座1元，两廊5角，包厢20元。这回演出，晚年的谭鑫培不仅没有一点累的感觉，反而倍觉兴奋和安慰。天津可说是他的第二故乡，六岁随父来此，从街头卖艺到粥班登台，一直到走上京剧的人生舞台。他在天津入科学习，并与侯家结缘完成大婚，怀抱娇儿与父亲一起勇闯北平。谭鑫培从来没有忘记天津时期的少年岁月，每次到天津，他都有一分莫名的依恋与激动。尤其人到晚年，这份情感日渐加深。这次来天津，一解自己渴别之情；二为多带小培练练。谭家未来的大旗还得靠他扛啊！天津是最出名的观众捧红演员的码头，只要小培在这里站稳脚跟，就可放心地将谭家的接力棒交给儿子。这次演出效果奇佳，他留心观察谭小培表演赢得的掌声不少，他从心里笑了。三为赈灾义演。这是谭家人必须传承的功德善举，义不容辞。也许，谭鑫培认为，这次演出最大的受益者应该是他自己。

1910 年 3 月底，谭鑫培再次应邀来天津凤鸣茶园连演数天，3 月 31 日出场的演员为谭鑫培、金秀山、慈瑞泉、孙喜云、谭小培、德珺如等人，剧目为《辕门斩子》《朱砂痣》《失街亭·空城计·斩马谡》。从 4 月 1 日起连日演出，登台的演员为谭鑫培携京都双庆和班的金秀山、慈瑞泉、李玉廷、王少奎、花翠芬、谭小培、德珺如、展树轩、孙喜云、李小芬、奎云峰、祁彩芬、董月山、童子红等。剧目为《洪羊洞》《关王庙》《黄鹤楼》《探寒窑》《目连救母》《鱼肠剑》《蟠桃会》《广太庄》《当锏卖马》《董家山》《忠孝全》《宗庙锋》《四杰村》《钓金龟》《取成都》《大登殿》《奇冤报》《双摇会》《岳家庄》《摘缨会》

《天水关》《摇钱树》《南天门》《九龙山》等。

当时的天津，大街上的大戏棚和蹦蹦演出较为盛行，似乎成为一种时尚，为部分普通市民喜闻乐见。演员们都不穿行头，他们身着便装，既不化妆，更不用勾脸，临时凑合几个人，即来即上，就地支起场子就演，像玩猴戏一样简单。还有一些街边的二黄棚子，一人打锣钹连带弹月琴，其状甚为可笑，被专业演员们视为太不正规，甚至是糟蹋艺术。在这种清音的二黄棚里，每唱一段就要敛一个大铜子。唱蹦蹦（大部分唱昆曲，其实什么戏曲都有，甚至公然表演淫秽不堪的节目。他们又唱又跳，没有精致的艺术卖点，只有蹦蹦跳跳的热闹。所以，人们称此为蹦蹦）的更不以段论，十多分钟就来一次打鼓，以作敛钱的暗号。每当鼓声敲起，场内便有专管敛钱的人，他们拿着簸箕伸向看客示意向里撒钱。尤其是身着豪华的女客，他们的手伸得更快而更近。顾客们愿意接着听的，即使不给钱也可继续观看。如有久坐之人老不给钱的被他们盯上，拿簸箕的便向你伸出长长的舌头或做出鬼脸来刺痛你的自尊，这种做法往往奏效。这种场子，一天大约可敛钱一千至三千枚。早晚两场所得的钱，则由"地主"（棚主）与艺人依照事前约定，按"三七"或"二八"分成。

面对这种满街随意的蹦蹦，政府和演艺界都坐不住了，大家觉得这不仅扰乱正常的演出市场秩序，更有伤风化。于是《大公报》《民兴报》《天津白话报》《爱国报》诸多报刊连连以"维持风化""严禁演唱淫词""关心风化"为题发文，在市民中着力宣传。紧接着，政府相关团体和各租界均出台文件和措施，组织人员巡查并惩处。为此，还特邀谭鑫培携团来津演出，以弘扬正能量，压制不良风气，他们认为，唯有像谭大王这样的大腕和演技，才能迅速而有效地将这股邪风压下去。像这样的邀请，谭鑫培自当承接，尤其是前往令他挂念不已的天津。在政府相关部门的有力打击下，再有谭鑫培的及时赴津演出，果然，一时泛滥天津街头的蹦蹦得以清除，效果良好。

谭鑫培最后一次来天津演出，据业内有关人士回忆，应该为1914年（民国三年），并非1910年3月底的这次。当时，京都同仁堂药店，在天津估衣街设立达人堂分号，5月20日为其开幕之期，特邀六十七岁高龄的谭鑫培与王瑶卿等名伶，在天津市广东会馆演出堂会戏，酬谢各路客商和嘉宾。令人遗憾的是，那次演出却无资料存查。

腊八这一天

　　腊八这一天，于谭家人尤其是谭小培而言，具有特殊的意义。从谭富英给儿子谭元寿吊嗓的那张照片背景中，可以清晰地看到由某河流水灾救济委员会敬赠，上书"见义勇为"四个大字的匾额，无声地映照出谭家人的善德义举。1948 年 8 月 15 日，上海《申报》曾撰文披露："一代名净金少山因病不治身亡，身后极为萧条，为其家属赡养问题，由谭富英、尚小云、张君秋等，筹备一次盛大义演，作家属生活用。"北京谭家，自谭志道开始，历代频施德善，只要自己能力可为，从不后退。像为金少山领头义演这样的义举，谭家真不知做了多少。谭家人为善为德从不张扬，默默地付出，只为求得心安。

腊月对于戏曲界而言，是一个较为繁忙的日子，但依据谭家规矩，腊八那天照例派人参与施粥，从不间断。根据父亲安排，谭富英腊八一般不接戏外出，也好踏踏实实睡上半天觉，看半天书。只要谭富英歇下来，谭小培也就清闲了一半。腊八那天，一是外无要事，二是内无要事，好不容易落得一身清净，谭小培开始盘算全天的自由行动：早晨先去茶馆，喝一碗茉莉花大碗茶，与平日少见的街坊和朋友聚一聚，话一话家长里短。还有与那些多年的戏迷们一起听听戏，摇头晃脑中击打一下心中的节拍。临近中午回来去胡同王家帮忙施粥，让那些穷苦人图得一餐温饱。下午，索性再去喝豌豆汁，好长一段时日没去，真还种下一份饥渴与思念。

不是特别熟悉京剧的现代人，很难理解戏园与茶楼的历史文化联姻。戏园标明为唱戏的地方，为什么被称为茶园或茶楼呢？尤其在天津，戏园被人们统称为茶楼。除了大型戏院之外，凡有茶喝的地方就有戏唱，凡有戏唱的地方必有茶喝。天津早前的戏基本都在茶楼里上演，一来为喝茶与听戏两便，二来又不拘泥于大戏与小戏上演，随时都可拉开场面。数百上千人的场面，三五十人的小规模，都能找到合适的茶楼空间，这是原本潇洒的天津人一块自由选择的闲情逸致之地。

在老北京的传说里，京剧，最初是由茶楼走进了戏园。大多数北京人喜欢沉浸于戏曲之中，这既是一种生活方式，更是一种温情慰藉。老北京茶馆几乎与天津一样，并非只是专供人们喝茶的处所，而是一块让人们常聚的文化之地，北京人的性情和京城的特性，都体现在这茶与戏的相融之中。人们一边喝茶，一边听节目，有京剧，有杂谈，有相声……各个茶馆有各自的戏班和艺术人群，表演风格既有大同又存小异，各种喜好任人挑选。在北京茶馆里，有一种令北京人情有独钟的大碗茶，人人喜爱且世代相传，即使是异域之客走进北京茶馆，也会在稀罕中去品尝一下这种价格便宜特色鲜明的大碗茶。著名词作家阎肃的那首歌《前门情思大碗茶》，被李谷一唱得韵味悠长，还有老舍的名著《茶馆》，无一不将老北京的风俗人文体现得淋漓尽致。

大栅栏这条街，是老北京的商业繁华区，有吃的，有喝的，有用的，有唱的，在这条街上的每一个店铺里，几乎没有人不认识谭五爷。无论何时，无论是否奔他的店子而来，只要看到谭五爷，东家都会主动热情地道一声："五爷好，进店坐坐。"一为招揽生意，二为热情交流。腊八那天，谭五爷直接走进了东记茶楼，他特别钟爱那家的茉莉花茶。以五爷的话说，喝了东记的花茶，悠长的余味，一路回到英秀堂还久久不散。随着岁月的积淀，大碗茶已经成为北京城的文化与精神象征之一，北京人的包容、厚德和淡定，均一一浸泡在一碗普通而平实的茶里。其实，大碗茶的用料均为茉莉花茶的碎末，经过冲泡与沉淀，甘、醇、香、冽几味调和，为其他茶无法替代。这不仅因为茶叶、泡法或茶器不同，且与地方水质极有关联。在老北京城里，家家都打有水井。因为地质原因，北京的井水普遍含碱量较高，用茉莉花茶冲泡，找到了茶与水的完美结合。每当揭开大碗上那个薄薄的碗盖时，被北京人称之为碰鼻儿香的那股香气就扑面而来，让人在喜爱中贪恋。谭五爷确实喜欢这一口，每当闲暇之时，他必定来此一坐，在细品慢尝中抚慰一下疲惫的身心，并与落座周围的邻里与诸多熟悉的面孔在相互问候中话一话友情，享受一下悠淡闲适的生活，实为人生一大乐趣。

与四海儿（谭寿昌）在东记茶楼回来之后，谭小培便直奔胡同王家去施粥，这是他每年腊八的必去之地。腊八节，为中华民族一个传统节日。腊八的原意为祭祀祖先和神灵，祈求丰收、吉祥和避邪。《礼记》中有记："腊者，接也，新故交接，故大祭以报功也。"意思为腊月是辞旧迎新的交点，所以，特举行盛大祭祀活动，报答一年来神灵的护佑。在清代的雍和宫里，腊八盛典极为隆重。宫内陈列一口直径2米，深1米5的古铜大锅，重约4吨，专门用来熬煮腊八粥。皇宫内务府，派专员把粥料和干柴运到雍和宫。粥料品种繁多，有上等奶油、羊肉丁和五谷杂粮以及各种干果等。皇家的祭祀比民间早，他们从腊月初一就开始，初六那天，皇帝派大臣会同内务府总管，率领三品以上的官员及民夫到庙里监督称粮运柴。初七清晨，皇帝派来的监粥大臣下令生火，并一直监视到初八凌晨，直到一大锅粥全部熬好为止。皇帝派来的供粥大臣，率领官员开始在佛前供粥，宫灯照耀，香烟袅袅，鼓乐齐鸣，众喇嘛进殿颂经，随后把粥献给宫廷，同时装罐密封，用快马送往承德行宫和全国各地。直到天亮以后舍粥完毕，盛典才算结束。地方政府和民间施粥则不同，或在门口，或在街头，或在院内，直接面对穷苦百姓。一口口硕大的锅，熊熊燃烧的柴火熬煮。等粥熬好后，盛进一个个外面包着棉布的大木桶里，既利保温，又防热粥烫人。一等粥温降至适口的温度，施粥人员便开始用大瓢舀起，倒入一个个排队的饥民碗中。从午前十点多钟开始，一直施到午后，有时还连续布施几天。按照中国传统理念，施粥具有十种功德：施粥者施寿，施色，施乐，施力，施辩；饮粥者灭饥，除渴，顺气，净腹，助化。无论有病无病，无论是贫是富，常服食稀粥，有益于身体健康。

中国的腊八节，最早源于西周，根本不是近代流传的那样，说农民年底吃不上饭，只能把剩下的陈年杂粮放在一起煮粥，以此糊口度过年关。传说释迦牟尼在菩提树下悟道之前，一直在流浪，因饥寒交迫，身体逐渐不支，幸好腊八那天，有个牧羊女给了他一碗粥，以此救济了饥饿之身，使他终于在菩提树下悟道。所以，人们便把那一天定为腊八节，所有的寺庙僧侣腊八都施粥，既是布善也是感恩。每年腊八，谭家都积极参与胡同王家的施粥活动。腊月初七，谭小培便安排家人，将几袋大米和豆子，送往胡同南面王家的粥厂。王姓家庭，是大外廊营胡同里一个大户人家，曾于 1936 年在自家院落里创办过一所民办小学。为资助这所学校，谭小培曾率领当时儿子挑班的扶椿社，专程赴天津明星戏院演义务戏筹款。腊月初八，是喝腊八粥和泡腊八蒜的日子，有句谚语"腊七腊八冻死寒鸦"。意思为天寒地冷的季节，连寒鸦这种耐寒的鸟类都会被冻死。更不说倒卧在街头巷尾的那些流浪乞讨的人。这天谭小培从茶馆回来得较早，因他心里惦记着施粥的事。当他刚刚临近粥厂的时候，王先生便大声迎接："五爷来了，我们正好准备开始了。"于是，谭小培将衣袖一挽，亲自拿起粥舀子，站在木桶旁。那天的人真多，三个木桶三排队，一直持续近两个时辰才勉强结尾。王先生望着五爷一笑说，五爷，累着了吧，进屋坐坐喝杯茶。谭小培一边放下袖子一边说，不用了，大家都歇歇吧，我几步路就回家了，用不着麻烦。话一落音，人已走出几步之外。"五爷慢走，谢谢哪！"王老板的声音还在五爷的身后回响。其实，谭家施粥每年有两次，在腊八之外，还有除夕那一天。谭小培是腊月三十的生日，所以每年除夕那天，英秀堂都要安排一次善举——施粥、谢天、谢地、谢父母，周济天下苍生。几乎全体动员，用砖头在院里垒起临时灶台，架起几口大锅，从上午就开始熬粥，下午便在大门前开始布施，一直到华灯初上才收场。每年谭家施粥，谭小培都事必躬亲，从不缺席。排队等待施粥的人，几乎从街头排到街尾。谭家人从不吝啬，施粥越多，谭小培越高兴。谭家一年两度施粥，一直延续到民国后期。

在王家施粥回来，五爷稍坐片刻，又带着四海儿（谭寿昌）出门，趁着晚前的片刻空闲，去喝一碗他忘不了的豆汁。谭富英难得戏间休息，让他躺着看看书，五爷从不随意打扰这个专心于戏的儿子。对于豆汁的喜好，北京之外的人确实难以理解，那种既不香又不鲜的怪味，竟然为世代北京人所好。起初，谭五爷让四海儿喝豆汁时，他只浅浅地尝了一口，便龇牙咧嘴向父亲不停地摆着手。五爷看着儿子笑说，慢慢来，将来你一定会喜欢的，否则，你就不是北京人。豆汁，是老北京一道独有的风味食物，自乾隆十八年兴起，距今已有200多年历史。老北京人都爱喝豆汁，受各种时兴饮料的影响，青年人爱喝者越来越少，但传统依然没有消失。

豆汁含有丰富的蛋白质、维生素 C、粗纤维和糖，并有祛暑、清热、温阳、健脾、开胃、去毒、除燥等功效……这就是其貌不扬其味也不美的豆汁，一直深受北京人喜爱的原因所在。豆汁的主要原料为圆粒绿豆，在滤尽淀粉后，剩下来的就是豆汁。味儿酸溜溜的，暗含一丝丝甜。据专家考证，豆汁的营养不亚于现在的酸奶。豆汁有多种喝法，有生喝，有熟喝，有烫嘴的热喝，还有熬熟放凉喝的。老北京人大多喝热豆汁，一边喝豆汁，一边吃酥脆的焦圈和辣味儿的芥菜丝，喝得滴滴淌汗方感舒适酣畅。熬豆汁十分有讲究，最好在似开锅又没开锅时闭火，这正是保持豆汁品质和口味最佳之时。若等到完全开锅，绿豆汁就变成了麻豆腐（这是北京的另一道品牌食品）。豆汁，是北京饮食文化的一个缩影，其貌不扬，身价不高，但滋味永隽。凡喝豆汁的人，第一次就喜欢喝的可是少数。头一回喝豆汁，大多数人都被熏得捂鼻闭嘴，可是喝过两三次之后，却说不出来原因地深深惦记上了。也许，这就是北京豆汁的独特魅力吧。对于豆汁而言，谭家人更有一分特别的情感。谭鑫培一生爱喝豆汁，曾经还被一样喜欢喝豆汁的慈禧赏喝过。后来，五爷爱上了，四海儿也爱上了，谭家人都爱上了。

好一个马长礼

提起马长礼，知道的人也许并不很多，但提起刁德一"这个女人（哪）不寻常"那句拐了好多小弯的唱腔，很多人定会说原来是他啊。假如再说他是谭富英的徒弟，那么，他的名字自然又多了一层色彩。

马长礼为谭富英弟子，又是马连良义子，他还刻苦钻研过杨宝森的唱腔。在他身上兼蓄谭、马、杨三家之长，像谭派的《红鬃烈马》，马派的《十老安刘》和《借东风》，杨派的《伍子胥》和《洪羊洞》等剧，他演来都十分精彩。后来，他与谭元寿合作演出京剧《沙家浜》，竟成了他戏曲生涯中的经典代表作，他饰演的刁德一在全国戏迷心中留下了深深的印迹。

马长礼，北京京剧院老生演员，著名京剧表演艺术家，生于1930 年，比谭元寿小两岁，原名马崇礼，祖籍北京。幼年进入北京荣春社科班学艺，出科后曾向刘盛通学老生表演并私淑杨派。1954年正式拜在谭富英门下，又深得马连良喜爱，被收为义子，他还得到过李少春的指点，戏路很宽，能娴熟地演唱多种流派名剧。在精于谭派戏曲之外，他演唱的《伍子胥》《失街亭·空城计·斩马谡》等剧，体现了杨派艺术的典雅凝重而韵味醇厚的特点。《四进士》《甘露寺》等剧，则完美彰显马派艺术的潇洒飘逸和俏丽多姿的风格。马长礼善于运用不同特点的声腔塑造人物形象，在样板戏《沙家浜》中，将一个外表温文尔雅，内心狡猾奸诈的国民党特务刁德一，刻画得惟妙惟肖，让人过目不忘。

马长礼，原来是一个夹着靴包搭班演戏的院子过道，起初跟着裘盛戎的"戎社"一起。后来，该社与谭富英的"同庆社"合并，组成"太平京剧团"。有一次，他在裘盛戎的《铫期》剧中扮演王子，李世奇给他编了一段二黄原板唱腔，马长礼登台一唱，颇受观众欢迎。谭富英听了以后，觉得此人有培养价值，是一块唱戏的料，如能精细打磨，应该可以出成果。于是，他在后台见到马长礼时即对他说："爷们儿，哪天到家里去，我给你说说。"见谭富英主动让他到家里去，马长礼一时感动得不知所措，真有点不敢相信自己的耳朵。谭先生要给他说戏，这该不是做梦吧！英秀堂谭家，那是多少人梦寐以求的地方，我真的可以进去吗？马长礼在兴奋中一个劲地问自己。那天回家，他一进门就提高嗓音像喇叭似的外加连蹦带跳。妻子从没看过丈夫这样，简直像一个大小孩一样，知道必有好事。但她什么也没说，更不用问。根据她对马长礼的了解，在这样的状态下，他绝对藏不住心中的消息。果真，马长礼迫不及待地将谭富英主动要给他说戏的快乐与妻子分享。从此，谭富英很关注马长礼，只要看出他在台上有什么不合适的地方，便很认真地告诉他哪些地方不对，要怎样改正。当然，谭富英也不忘经常表扬他，鼓励他，给他信心，给他关怀。

那一年，马长礼不幸身患肝炎，一时不能登台唱戏。剧团里一天发给他 1 元钱，一个月 30 元生活费，还按照规定只发两个月，两个月之后真的一分钱都没有了。马长礼断了生活费，但他的肝炎还远没有痊愈，不能上班，生活没有着落不说，还得拿钱医治。眼看山穷水尽，马长礼急得一筹莫展，想不出有哪条路可走。正当他心急似火燎的时候，谭元寿却突然来到他家，并给他送来了 40 元钱。马长礼一时不敢伸手去接，瞪着眼不解地望着他，泪水直在眼眶里打转。谭元寿知道他的处境，更理解他的心情，主动拉着他的手说："父亲知道你困难，特嘱我给你送点钱来，你就接着吧。先坚持一下，人只要往前走，脚下总会有路。不要太担心，日后只要能帮，我们不会抛下你不管。"当时，马长礼的感激之情无以言表。且不说这 40 元钱在当时是多么重要，他们之间一不沾亲，二不带故啊。谭富英那么有名的艺术家，却惦记着一个贫病交加夹靴包的人，想不感动也难啊。马长礼忍不住哽咽了。后来，马长礼拜了谭富英为师。按照旧习，拜师必须花钱请客，这是不能减免的礼节，更被业内人士十分看重。否则，拜了师也不算，行内人都不认，或者说你那只是说说而已。谭富英知道马长礼当时的经济状况，不说几桌客，就是几个人他也请不起。后来客还是请了好几桌，但都是谭富英掏的腰包。酒桌上，谭富英举杯对大家说，今天是我的徒儿马长礼请客，大家抬桩多喝几杯，以后还请多多关照，我在这里先行谢过大家了啊！虽说谭富英极力为马长礼撑面子，但来人都心知肚明，一为敬佩谭富英的爱徒情深，二为马长礼祝福。场面甚是热闹，大家都喝了不少酒。那天，请来了那么多大家，又挑了那么高级的饭店。马长礼知道，这是他终生都还不了的一份情。

从 20 世纪 50 年代后期到"文化大革命"前，是马长礼艺术生涯中的一个高峰期。这时的他，嗓音清婉纯净，行腔圆整规矩，特别是在使用"擞音"的时候，能够做到优美而不花哨，响亮而不呆板，展现了极强的艺术魅力。在这一阶段，他以演出谭、杨两派戏为主，如《探母回令》《大探二》，还有从《战樊城》开始的全本《伍子胥》，皆为表演水平极高的剧目。"文化大革命"之后，马长礼在演出谭派戏之外，着重演出了一些马派戏，如《借东风》《十老安刘》《甘露寺》《胭脂宝褶》《赵氏孤儿》《一捧雪》等，使马派戏迷得到了满足。马长礼具有很高的创作能力，在继承传统的基础上，每每能使角色得到充分的发挥，取得了显著成就，深得同行认同与赞赏。"文化大革命"前夕，他曾在现代戏《青春之歌》中扮演卢嘉川，在《草原烽火》中扮演地下共产党员李大年，在《智擒惯匪座山雕》中扮演杨子荣，在《杜鹃山》中扮演温七九子。"文化大革命"期间，马长礼除了众所周知的刁德一之外，他还扮演过《红灯记》里的李玉和，《智取威虎山》里的参谋长，《海港》中的老工人马洪亮。"文化大革命"之后，马长礼在新编古装戏《管仲拜相》中扮演管仲，成功塑造了一个崭新的古代宰相形象。马长礼是一个能在正反角色中转换自如的名角，他的舞台演绎得到了观众很高的评价，《沙家浜》中的"刁德一"，更成了反面人物的经典。

1937 年"七七事变"前，年方 7 岁的马长礼，经人介绍进入名闻遐迩的京剧科班"荣春社"学艺，从此，走上了一条攀登京剧艺术高峰的不凡之路。新中国成立初期，正值风华正茂的马长礼，为了进一步提高京剧表演水平，特地向京剧名家马连良问艺求教。后来，马长礼的艺术天赋得到谭富英赏识，即正式收入门下。同列四大须生的马、谭二位梨园名宿，同时将马长礼收为门徒，一时被人传为梨园佳话。这是马长礼的缘分，更是他的福分，在现代京剧界，几乎没有人能够享有如此待遇。艺术上追求不止的马长礼，从来没有丝毫的满足，在悉心钻研马、谭二派艺术之外，又虚心向杨宝森、李少春等多位名家问艺，还曾向大师级的老生奚啸伯请教过。众所周知，马长礼学马而宗谭，这是他正宗的看家本事，可他又特别喜爱京剧老生另一著名流派"杨（宝森）派"的表演艺术。杨派形成于 20 世纪 40 年代中期，成熟于 50 年代初。其主要成就在于它具有鲜明特色的行腔与演唱风格，均由谭（鑫培）腔徐徐切入，再自余（叔岩）腔一气呼出，是扬长避短地进行二次艺术加工所创造的一种新成果。其行腔吐字，力求稳重苍劲，不浮不飘，得到行家"余音绕梁，三日不绝"的赞誉，马长礼对此感触颇深。提起马长礼与杨宝森的关系，又不得不提到谭富英。

在马长礼正式拜师谭富英之后，有一天，师父突然问他："长礼，你不是很喜欢宝森的东西吗？"听了师父的问话，马长礼感到十分惊诧，一时真不知道该如何回答。既然拜了谭先生，就应该中规中矩地学谭派，为什么还心里装着杨派呢？这在戏曲界十分犯忌。马长礼以为老师是在拿话试探他，抑或生他气。这使得不解的他一时便僵在那里，什么话也说不上来。谭富英却很平静地对他说："我给你打个电话，你就直接到他家里去学吧，剽儿学不好。要学就得认真，没有师父当面教，终究难学到入木三分的看家本领。"谭富英当场就给杨宝森通话："三弟啊，忙吧？我有个学生，非常喜欢你的戏，你可得给他好好说说。我让他亲自上你家去，切莫推辞啊。"既然谭富英开了口，杨宝森连什么人都没问，就连说"好，好，好！"杨宝森都是心里点着灯的人，谭富英是随便能开口的吗？这个戏不仅要说，还真得给人家说好。不然，就不好面对谭富英了。谭富英当即拿出笔纸，将杨宝森的地址写明，当面交给马长礼，还不忘教他进门怎样跟杨先生说，马长礼一个劲地点头应答，什么话都说不出来。临出门时，谭富英还不忘嘱咐他："见了宝森要叫三舅啊。"从此，马长礼便在谭杨两家来回穿梭学习。1958 年 2 月 10 日一大早，马长礼照常去了杨宝森家，一进门，师母谢虹雯却突然告诉他，"长礼啊，你师父走了！"一句话还没说完就泣不成声了。马长礼一下子懵了，他知道情况有异，但他不敢想，更不敢相信。他慌忙跑进师父的房间，一眼看到师父一动不动地躺在床上，伤心欲绝的他，一下扑在师父身上，哇的一声，半天没缓过气来。这一下却把谢虹雯吓到了，急忙拍打着徒儿的背，硬把他拉起来，"长礼，你切莫这样，师父走了再也回不来，我们都不哭好吗？"缓过神来的马长礼一边向师娘点头，一边走向电话机给谭富英那边报信："师父师父，我三舅没了……"后面的话就说不下去了。不一会工夫，谭富英即赶了过来，他直奔杨宝森的床前，掀起白色的床单，惨痛地叫了一声"三弟！"都是在一个舞台上唱老生的，有人说同行是冤家，可马长礼看到的两位师父之间，却是真挚深厚的友情。

不管什么时候，只要提起马长礼，人们就不自觉地想到曾经风靡一时的现代样板戏《沙家浜》中的刁德一。在那个特殊年代里，他大胆地汲取和运用传统经典流派艺术，细致入微地塑造人物，使剧中人的性格表现得十分鲜明，将刁德一演得活灵活现，让他的阴险狡诈在深藏中得到恰到好处的隐射与暗流，其难度之高不言而喻。尤其在

"智斗"和"斥敌"两场戏中，仅有的二十几句唱词，马长礼几乎融会了马派一贯的潇洒流畅，余派特有的圆润挺拔，杨派醉人的行腔韵味，而又根植于谭派艺术之中。真可谓精彩纷呈、丝丝入扣，让人回味无穷。这些经典的唱段，曾一时风行大江南北，即使现在听来，魅力亦不减当年。自从《沙家浜》上映后，晚年不常外出的谭富英，总会将全剧从头到尾地看完。他认真观看和欣赏儿子谭元寿的表演，细细琢磨其中还有那些可以完善，样板戏的创新和传统戏曲的传承，哪些结合得较好，还有哪些是他不太接受和不赞赏的。尤其是，谭派的精华在哪里？看过一次影片，晚上他都得等到谭元寿回来，结合白天的观看，父子俩再仔细分析讨论，如果下次再表演，争取更上一层楼。谭富英也不忘细看马长礼的表演，他高兴自己当初没有看错他，这些年来的进步，证明他真的努力了。尤其是马长礼在剧中沿用了那么多的传统手法，却得到了现在新戏改革者的通过，真要为他鼓掌。

马长礼的艺术人生极不平凡，多方面地探索、吸取、融合、创新，逐步形成了集马派、谭派和杨派艺术风格之大成的独特风格。

谭门弟子

　　高宝贤、殷宝忠和刘志广，同出谭富英门下，尤其是高宝贤和殷宝忠，常被人称为谭门两宝（谭富英的徒弟还有马长礼、孙岳、施雪怀等）。

　　高宝贤，生于 1927 年。在新中国成立之前，高宝贤即参加"新谭派"艺术创始人谭富英的剧团。1954 年，他与马长礼同日正式拜师谭门，成为谭富英首开山门的大弟子。他一直紧随师父谭富英，师徒关系融洽，深得"谭派"真传，代表作有谭派经典剧《定军山》等。

殷宝忠，生于 1924 年，京剧老生演员，谭富英高徒，北京人，殷斌奎之弟，原名殷定忠，在家中排行老幺。

高宝贤常年跟随谭富英演出，在担任谭富英的主要助演期间，深受谭富英喜爱，逐渐成为谭派传人中的佼佼者。高宝贤的很多戏谭富英均在演出前亲自指导排练，演出后还要及时指出优缺点，提出优化表演建议。1957 年，应政府安排和业务需要，谭富英与张君秋联合组建北京京剧团，高宝贤顺理成章地成为师父的助演，且常常代师父与张君秋合演《红鬃烈马》《打渔杀家》《楚宫恨》等戏，曾主演过《定军山》，颇具谭派风范。他曾与裘盛戎合唱《李七长亭》，与李多奎合唱《太君辞朝》，尤其是跟师父合唱的《朱砂痣》《定军山》，可谓珠联璧合，被视为出色的谭派艺术传人。

1954 年 9 月 12 日，北京市京剧二团在民主剧场演出夜场，高宝贤应约登台。当日演出的剧目为《铁面无私清官谱》，演员阵容为：谭富英、杨盛春、裘盛戎、李多奎、陈永玲、杨荣环、马长礼、祁荣雯、李德奎、张洪祥、李庆才、高宝贤、阎桂卿、王元信、翟韵奎、白庆祥、陆洪瑞、刘庆义、张世年、哈金增、慈少泉、李盛芳。当晚的那台戏，不失为一场名家共展风采的盛会。下场后，谭富英拍了一下高宝贤的肩膀说，你和长礼都演得不错，还望更上一层楼。得到师父鼓励，高宝贤在心里暗暗发誓，往后一定要加倍努力，绝不辜负师父和谭派，一定要对得起舞台和观众。

1954 年 9 月 23 日，北京市京剧二团在中和戏院演出，当日演出的剧目为《铁面无私清官谱》，演员阵容为：谭富英、杨盛春、裘盛戎、李多奎、陈永玲、杨荣环、马长礼、祁荣雯、李德奎、张洪祥、李庆才、高宝贤、阎桂卿、王元信、翟韵奎、白庆祥、陆洪瑞、刘庆义、张世年、哈金增、慈少泉、李盛芳。这场演出，无论是剧目还是演员，都是 9 月 12 日民主剧场夜场的翻版，而且越演越精彩，戏迷们看得如痴如醉，掌声和喝彩声是最有力的见证。

1954 年 11 月 4 日，北京市京剧二团在长安大戏院演出，当天演出的剧目为《打龙袍》，演员阵容为：裘盛戎、李多奎、高宝贤、祁荣雯、张世年、慈少泉。那场戏没有师父在场，高宝贤似乎感觉背后有些空落落的，但他暗自告诫自己，一定要演出精彩来，不能让人小瞧了谭门弟子。没有参加演出的谭富英十分关注徒弟的演出情况，得知高宝贤那天的演出受到了裘盛戎的称赞，作为师父的他心中自感欣慰。

1955 年 4 月 12 日，厉慧良旅京演出第一天，北京市京剧二团在中和戏院协助演出。那天演出的剧目为《长寿星》（朱嫱、高宝贤）、《断桥亭》（祁荣雯、杨荣环、阎桂卿）、《盗宗卷》（厉慧良、慈少泉、马长礼、薛慧萍）、《挑滑车带下书》（陆洪瑞、刘庆义、张洪祥、白庆祥、厉慧良）。

1955 年 4 月 13 日，厉慧良旅京演出第二天，依然由北京市京剧二团在中和戏院协助演出。那天演出的剧目为《望儿楼》（朱嫱、高宝贤）、《请医》（李盛芳、慈少泉）、《小放牛》（张世年、陈永玲）、《八大锤》（张洪祥、厉慧良、薛慧萍、祁荣雯）。因为头天的合演相当成功，第二天的观众挤满了整个戏院，场面十分火爆。接下来的三天，依然在中和戏院，一天比一天热闹，一场比一场好看。

1955 年 4 月 17 日，是厉慧良旅京演出的第六天，地点改在长安大戏院，北京市京剧二团再一次协助演出。那天演出的剧目是：日场《太君辞朝》（朱嫱、高宝贤）、《失印救火》（厉慧良、慈少泉、李庆才）、《春秋配》（杨荣环、祁荣雯、何盛清、李盛芳）、《拿高登》（厉慧良、刘庆义、陆洪瑞、王元信、翟韵奎）；夜场《柳林会》（马长礼、朱嫱）、《贵妃醉酒》（李盛芳、祁荣雯、陈永玲）、《英雄义》（王元信、刘庆义、陆洪瑞、黄益安、厉慧良）、《钟馗嫁妹》（翟韵奎、耿少义、亨荣通、马世禄、厉慧良）。日夜连场是真正的大聚会，这样的场面并非天天都有，有些演员和观众都是接连登台与进场，不畏疲惫地从始至终，只为钟情的艺术和爱好。日场有高宝贤，夜场有马长礼，谭富英的高徒成了一时不可或缺的角儿。

1956 年 8 月 9 日，北京京剧团在铁道学院演出，演出剧目为《太君辞朝》（李多奎、高宝贤）。这是马连良和谭富英两团合并后的首场演出，规模和演员阵容与以往不可同日而语。1956 年 9 月 1 日，北京市京剧界为成立"北京市京剧工作者联合会"，在北京市中山公园音乐堂举行筹款义演。当天演出的剧目为《八蜡庙》（李万春饰褚彪，孙毓堃、马崇仁分饰费德功，黄元庆、谭元寿、姜铁麟分饰黄天霸，钱宝森饰关泰，郝寿臣饰金大力，筱翠花饰张妈，李小春饰贺仁杰，梁益鸣饰施公，李韵秋饰张桂兰，马长礼饰秦义成）、《锁五龙》（裴盛戎饰单雄信，闵兆华饰李世民，高宝贤饰徐绩，刘雪涛饰罗成，慈少泉饰程咬金）、《四郎探母》（李和曾、奚啸伯、陈少霖、谭富英、马连良分饰杨延辉，张君秋、吴素秋分饰铁镜公主，尚小云饰萧太后，李多奎饰佘太君，姜妙香饰杨宗保，萧长华饰二国舅，马富禄饰大国舅，马盛龙饰杨延昭，李砚秀饰孟金榜）。在本场大合作中，在京的许多著名演员均出席，盛况空前，反响热烈，演出票每张最高价竟涨到人民币 3 元，中山音乐堂中座无虚席。连续四天演出，剧目和演员基本不变，给了观众充足的入场机会，也为义演如愿地筹得善款。

1956 年 11 月，张君秋加盟北京京剧团。同年 12 月 21 日，北京京剧团在长安大戏院演出，当天演出剧目为《康氏哭灵》（李多奎、高宝贤、慈少泉）。1957 年 2 月 24 日，北京京剧团在北京剧场演出，当天演出剧目为《打龙袍》（裴盛戎、李多奎、高宝贤、刘雪涛、慈少泉、李盛芳）。1959 年北京新年联欢京剧舞蹈晚会举行，当天演出剧目为《穆柯寨·穆天王·辕门斩子》（高宝贤、张洪祥、小王玉蓉、吕长福、陈少霖、李多奎、茹富华、郝庆海、慈少泉、马长礼）。

1960 年 3 月，北京京剧团赴广州演出。随团前往的演员有张君秋、陈少霖、李多奎、赵丽秋、郝庆海、李四广、闵兆华、高宝贤、钮荣亮、刘雪涛、黄元庆、马长礼等，他们在广州先后演出了《红鬃烈马》《状元媒》《望儿楼》等剧。虽说广州与北京相隔千里之遥，又是粤剧地繁华之地，但广州人对京剧艺术亦充满了好奇和喜爱，上座率出奇地高。北京京剧团在演出期间，受到了当地各界人士与媒体的热烈欢迎。

1960 年 7 月 17 日，北京京剧团在吉祥剧场演出，演出剧目为《状元媒》（张君秋、陈少霖、刘雪涛、黄元庆、马长礼、郝庆海、刘永利、翟韵奎、蒋元荣、张洪祥、钮荣亮、关长明、朱金琴、陈志忠、高宝贤、李多奎）。1960 年 11 月 26 日，北京京剧团在北京市工人俱乐部演出日场，剧目为《望儿楼》（李多奎、高宝贤）。高宝贤几乎成了北京京剧团场场不离的演员，大多时候派戏都有他。无论师父是否在场，他都认真地演好每一场，深得同行和观众好评。尤其是谭富英病后不登舞台的那些年，他更加卖力，不想让师父感到一丝失落，誓为谭派的舞台荣耀，发出自己的光芒。高宝贤一生为传承与弘扬谭派艺术尽心尽力，他的弟子和学生颇多，北京京剧院的刘长江，北京风雷京剧团的林雅雯等，都出自他门下。

提起《奇袭白虎团》，就不能不提起殷宝忠；提起殷宝忠，就不能不提起谭派和谭富英。殷宝忠 7 岁即随兄小奎官学艺；10 岁时便与侄儿殷福殿一道同入富连成科班习艺；11 岁离开富连成，改入陈富康、方富元、任富宝等创办的文林社，排名文忠，工老生，师从李玉龙学刘鸿升老生戏，往返演出于京、宁、沪、杭、汉等地。当时，他与武生张文林、武丑李文飞、老旦王文处，被伶界誉为"文林四杰"。文林社解散后，他改投宝兴社，排名宝忠，与高宝贤等为师兄弟。16

岁出科后，去天津搭班，随李文启创办的山东富连成科班，前往冀东、东北各地巡回演出。在多个剧团的学习，多地巡演的历练，不仅提高了殷宝忠的舞台表演艺术水平，且丰富了他的人生阅历。殷宝忠人缘很好，尤其是拜师谭门之后，更加注重为戏与为人，不仅在艺术上日益精进，业内影响亦与日俱增，是一位难得的德才兼备的演员，深得谭富英赏识。特别是在谭富英息影舞台之后，丝毫没有减退对徒弟的关注。每次殷宝忠的演出，他即使不能到场观看，都不忘向同台的演员们问询。每当殷宝忠来京看望师父时，病中的谭富英准与徒弟聊戏，并一一询问徒弟的生活和家人近况，关切之情溢于言表，令殷宝忠感动不已。

1948 年，殷宝忠加入东北民主联军七纵队京剧团，后来被编为第十五兵团京剧团。1951 年加入中国人民志愿军京剧团。在为抗美援朝的志愿军演出期间，经人推荐，拜"四大须生"之一的谭富英为师。从此，悉心专攻"谭派"艺术。1962 年，与尚小云合作演出《红鬃烈马》，一时蜚声剧坛。自 1958 年以后，他一直在山东省京剧团担当主演，长期与方荣翔、宋玉庆、俞砚霞等合作。1964 年参加编演现代京剧《奇袭白虎团》《红云岗》，在担任主演之外，亦兼任执行导演。1976 年后，曾主演过新编古装戏《摘星楼》《闯王旗》等。

殷宝忠这一生最大的幸运，莫过于与《奇袭白虎团》结缘，不仅使他在艺术上得到充分的发挥，也因此在后来的"文化大革命"中，得以幸免于打压。当时接到上级任务，指派他与李师斌、方荣翔、李贵华四人，担当新戏《奇袭白虎团》的创作并出任主演。《奇袭白虎团》当初拟定的剧名为《志愿军侦察兵》，几经周折最终才得以正式定名。怎样用京剧来表现当代题材？那时，大家心里都没有底，这在当时，的确是一道崭新的课题。艺术创新对每一个艺术家而言，原本就不是一件简单的事？殷宝忠说，当时，他们几个人只能比照英雄的真实事迹，把一段段往事变成一场场戏，再将其串成一部完整的剧。这有点像裁缝，先裁好一片片衣料，后缝制成一件完整的衣服，再经过反复修改，效果真还不错。

1964 年，在全国现代戏观摩大会上，《奇袭白虎团》一炮打响，与后来的其他几出样板戏一起，成为国人皆知红极一时的八部样板戏之一，即使是今天登台表演，依然被观众热捧。《奇袭白虎团》一剧，将传统的京剧表演程式和身段，成功地用于现代剧。特别是其中的武打场面，达到了出神入化的地步，给观众留下的印象不可磨灭。京剧名家李少春、马连良等看了《奇袭白虎团》之后，对此剧赞不绝口。在病中看到《奇袭白虎团》的谭富英，高兴得掏出手绢拭擦润湿的眼眶，他要为他的徒弟鼓掌，为现代新戏鼓掌，为京剧之花不谢鼓掌！

天津的刘志广，原是一名票友，26 岁下海，后来有幸进入天津京剧团。团里的人都说他的嗓子特别好，具备唱谭派的条件，应该去英秀堂拜师，否则，真可惜了。于是，刘志广真动了心，便请苏世鸣出面代为牵线。没想到的是，那么有名的京剧大家真好说话，不提任何要求，只要声音条件好，诚心学习谭派就行。得知苏世鸣的回话，刘志广似乎有点不敢相信，真的这么简单就说成了？于是，他即时赶往北京，顺利拜在谭派门下。那时的交通并不像现在这么方便快捷，去一次北京真要耗费一点时间，刘志广每次前去，谭富英尽量多挤出时间给他说戏。谭富英对刘志广说："那些大写意的段落，你完全能像我一样去唱。但在大写意之外的那些地方，你可以根据自己的条件和理解，大胆打破别人的桎梏尝试出新，这就是个体特色。一般流派都是在继承传统的基础上立志创新，从而形成自己的特色。"

刘志广1962年拜师谭富英，没几年"文化大革命"就开始了。谭富英虽说没有挨批斗，但家还是被抄了。因心中挂念和担忧，刘志广常常抽空去北京看师父。每当走近谭宅，远远地看见谭富英一个人坐在墙根下的小板凳上，神情呆滞地低头望着自己的足尖。当时，他真不敢相信，这就是曾经在舞台上光彩照人的师父吗？他竟然萌生一种近乡情怯的敬畏，似乎不敢走近师父，心中酸酸的只想哭。他没有把握能够控制自己，怕在师父面前失态，给老人家带来更大的压力。于是，他悄悄地掏出手绢擦干眼泪，尽力让它不再漫出眼眶。那时，他每走出一步似有千斤之重，当他走近师父，半蹲在老人家面前，紧握着师父那双有些冰凉的手，竟然一句话都说不出来，只是对着师父嚅动嘴巴。还是师父先对他说："你来了"，急忙起身，要去屋里给徒弟倒茶。刘志广轻轻地将师父按在小凳上，自己忙去屋里搬出一张小凳，靠近师父坐着。师父却淡然地对他说，"没事，没事，我这不好好的吗？"谭富英晚年身体不太好，又因"文化大革命"到来，他一直没能登台。跟了师父多年的刘志广，却没能获得一次跟师父同台演戏的机会。待传统戏恢复上演之后，刘志广也唱过几场谭派戏，又一直未能获得与谭元寿同场演出的机缘，被他视为终生遗憾。谭元寿像谭富英一样，和顺好接触，刘志广每次去北京，都乐意去找他交流，谭元寿每次来天津也必找刘志广，相互交往密切。相对而言，谭元寿来天津比刘志广去北京的时候还多一些。刘志广的谭派艺术得到了舞台印证颇有建树，深受观众欢迎，他与同在天津的谭派弟子王则昭，互为呼应，相得益彰。现在上海那边唱潭派的王立军，即为刘志广的徒弟。

台湾梅兰芳

人生如梦，世事无常，对顾正秋而言更是这样。1948 年秋末，顾正秋剧团应邀去台湾演出极受欢迎，档期完结后一再续签，却被后来兵败台湾的国民党困锁孤岛，不得还乡。

顾正秋，1929 年出生于南京，本名丁祚华，乳名兰宝。刚过周岁即遇父亲去世，无依无靠的母亲只好投奔上海娘家。因小兰宝深得顾剑秋喜爱，便多次向其母提出要收她为干女儿。一为家庭经济艰难，让女儿有个好的生活依靠；二为碍于情面，难得有人这样钟爱，兰宝的母亲顺应了顾剑秋的请求。于是，小兰宝便改为名为顾小秋，顾正秋的名字是后来戏校排辈所定。兰宝上海的外婆家有一位爱戏如命的二姨，小小的顾正秋一直跟随在她身边，在戏曲的耳濡目染中渐渐长大。从小喜欢戏曲的顾正秋，十岁时以第一名的成绩考取上海戏曲学校，为该校的首届学生。顾正秋生就一副好嗓子，身段模样样样出众，天生唱戏的好苗子。她六岁即向名伶吴继兰学戏，一生受教于诸位名师，梅兰芳、程砚秋、张君秋等曾收她为徒。她扮演的青衣，唱腔华美，身段超然，杨贵妃、林黛玉、白娘子等绝代佳人，都被她演绎得深入人心。1946 年，顾正秋创建了自己的"顾剧团"，演出足迹遍布全国多座城市，极受观众热捧。她能演的戏挺多，凡四大名旦的剧目都能登台，主要代表作品有《御碑亭》《四郎探母》《宝莲灯》《红鬃烈马》等。

1945 年秋天，中国人民终于迎来抗日战争的伟大胜利，梅兰芳也如愿剃去了蓄长多年的胡须，重新登台演出。第一场戏是在兰心戏院义演昆剧《断桥》和《费贞娥刺虎》。那是顾正秋第一次与梅兰芳同台，深感荣幸之至。第二场演出为 10 月 31 日，在天蟾舞台举行国剧大公演。出席那次公演的名角还有麒麟童、谭富英、李少春、芙蓉草、杨宝森、言慧珠等，又是一次明星大聚会。如此盛况，难得几回啊！有一天，顾正秋去看望梅兰芳，他却提到了由北南来的谭富英在皇后戏院演出，因同来的旦角王玉蓉家中有要事，只能唱半期，特问她是否愿意与谭富英先生合作。谭富英系谭鑫培之孙，正宗的谭派传人，梅兰芳的伯父常为谭鑫培拉琴，梅谭两家为世交，一听说能与谭富英同台，顾正秋未假思索地张口应承。为了得到谭富英的多多关照，由梅兰芳提议并主持，谭富英收了顾正秋为干女儿。如此父女同台，在皇后戏院连演一个半月。

1946 年 9 月，顾正秋从南京回到上海，又一次与干爹谭富英在上海同台演出，她特地请张正芳赶来上海帮忙。谭富英每唱大轴《失空斩》或《打棍出箱》，顾正秋和张正芳便在前面唱《樊江关》或《棋盘山》。当时，顾正秋和张正芳的名声与影响还远在谭富英之后，但观众为她们送上的掌声一样热烈。尤其《樊江关》这出戏，她们完全按照芙蓉草的路数，两人在举手投足之间配合默契，深感尽情尽兴。在旧时中国京剧界，名角和头牌分得十分清楚，他们都各自挑班与组团，很难屈身与人配戏，想让头牌同台演出，几乎比登天还难，唯有赈灾义演一类的慈善演出除外。但凡赈灾义演，想要组织两位或多位头牌同台演出，势必由颇具身份的人出面，事前进行充分的协商与斡旋，才能促成几位头牌一同登台，给观众带来一场大饱眼福的戏曲盛宴。像马连良、谭富英这样的顶尖名角，按常理推断，很难同台会演。但谭富英则为戏剧界极少数不太计较名利与地位的名家，他为人谦逊和善，心中永远只装着戏，与人交往只重在情。所以，他是戏曲界与其他头牌配戏最多的人。那年，当顾正秋在聆听《状元媒》《群英会》《秦香莲》《赵氏孤儿》等唱片时，得知干爹谭富英和马连良、张君秋、裘盛戎、叶盛兰几位著名头牌同台演出，他们一个个拿出看家本领，酣畅淋漓地演唱，"百家争鸣"各展风范，她由衷地为他们鼓掌与欢呼，更为干爹的高尚品德而赞叹。

1948年年末，受台湾永乐戏院邀请，顾正秋带着她的戏班赶赴台北，开始为期两个月的演出。在台湾登台之后，顾正秋一炮走红，每场演出座无虚席。每逢合约满期，戏院却苦苦相留，致使合约一续再续，待到决心返家的时候，终因战败的蒋家王朝退守台湾而无法回还，被迫落根孤岛。为了她钟爱的戏剧事业，为了剧团几十口人的生存，顾正秋唯有将归家的思念暂时深埋心底，一门心思地做好舞台演出，由此写下了戏曲与人生的惊艳传奇，被誉为"台湾梅兰芳"。台湾京剧学者王安祈称，顾剧团在永乐戏院驻演长达五年之久，演出未曾有过一天间断，创造了京剧史上辉煌的"永乐五年"。在顾剧团解散后，各位名角如张正芬（歌手庾澄庆之母）奔赴各地演出教学，"顾正秋真正成了台湾京剧的播种者"。顾正秋习得各家之长，创造出百转千回、独具特色的"顾腔"。一出《四郎探母》，成了当时在台湾的外省人必听的曲目，抚慰了不少游子的思乡情怀。台湾前"行政院长"郝柏村曾透露，他从军时曾在徐州听过顾正秋演唱的《苏三起解》，那句拐了三个小弯的"苏～三"，即使过了一甲子，仍然萦绕心中挥之不去。由此，他决定在八十岁退休之后开始学习京剧。

顾正秋才貌双全，追求者众多，在台湾拥有许多戏迷，包括蒋经国、郝柏村、白先勇等政界、文艺界名流。蒋介石也是永乐戏院的常客。有一次，他竟一人独坐前排，观看了全场演出。岛内民间盛传，蒋经国更是顾正秋的头号粉丝，他一掷千金在永乐戏院包下专座，散了戏还专程设宴款待戏班全体成员。蒋经国费尽心思地追求顾正秋，甚至动了娶她为妻的念头。对于一个年方二十孤身在外的姑娘，心中不知装下了多少恐慌和凄苦，意外地受到"太子"蒋经国的青睐，实在是一棵难得的"乘凉大树"。但顾正秋不为金钱和地位所动，拒蒋经国于千里之外。蒋经国因追她不得，便多般设计诱惑。比如1950年，一家杂志突然撰文剑指顾正秋，说她假借到庙里供奉亡母牌位之机，实则通过无线电"叛敌通匪"。这可是轻则坐牢重则杀头的大罪，顾正秋一时真被吓坏了。此时，蒋经国便及时站出来英雄救美，一夜之间便让这家杂志社消失。为此，顾正秋很是感激，但她依然不肯违心接纳蒋经国，于1953年毅然嫁给了前"财政部长"任显群，婚后淡出舞台，演出多为义演。因费尽心思无果，蒋经国因此发怒，便罗织罪名将任显群逮捕入狱。对此传言，台湾传记作家季季曾多次询问顾正秋，她却婉转地回应，因蒋方良还在，我们还是不谈这些吧。从她的答复中，读者不难想象其中奥秘，由此洞察到她崇高的品德与操守。

虽说顾正秋去了台湾，但戏曲界从来没将她忘记，甚至思念更深，尤其是当故人相聚或同台，不由得时常提起她。比如荀慧生、张君秋、程砚秋他们经常提起，"真不知正秋现在如何，她还好吗？"师生情、同事情、朋友情、姊妹情，情情相连，心心相牵，无法割舍。尤其是谭富英，他是个十分内向而感情专一的人，许多情与话都藏在心中，作为干爹，哪有不思念干儿女之理呢？由于个性使然，他不善表达，更不喜表达。特别是晚年，他常常面对那张高悬墙面的中国地图，双眼紧盯孤岛台湾，半天连脚都不动一下。每当这时，儿子谭元寿就知道他惦记顾正秋了。于是，轻轻地走近父亲身边借着话说："前两天我听香港的一位朋友说，正秋近期还在台湾登台演唱《玉堂春》，可受观众欢迎呢。"谭富英便转过身来，看着儿子还想倾听下文。谭元寿便挽起父亲的手，将他扶到沙发上，茶几上早已沏上的碧螺春，袅袅升腾着白色的水雾。谭富英知道两岸隔离，不可能得到更多详尽的信息，也不便再往下问。其实，谭元寿未必得到过顾正秋登台的消息，只是为了一解父亲心中之念，即将平日偶尔听到的只字片言，随意编一两句像台词一样的话，将沉思的父亲唤醒。他懂得父亲遇事从不深究的个性，有一两句就足够了。虽说谭元寿知道父亲一般不会往下追问，有时真还担心哪一天被父亲往下打探详情的话，难得圆满编撰。所以，精明而有所准备的谭元寿，总是技巧地借用家中抑或儿孙的事来吸引父亲的注意力。虽说方法简单，但每每奏效。

顾正秋一去台湾不返，从此与大陆的亲人、朋友、同事分隔两地音信全无。她常常站在海边对北眺望，曾经生她养她的故乡，如今竟成了梦中回顾的奢望。她曾经吟唱与表演的舞台，只能在脑海中鲜活地回放。那些与她朝夕相处的同伴，那些教她演戏的师尊与兄弟姐妹，是怎样地令她不舍与眷恋。她不知何时能够回到令她魂牵梦萦的故乡，一解亲情和友情的渴别之痛。在止不住的泪流中她默默地合手向天祈祷，早日让我回乡一探吧。随着年龄增长，思念之情日益强烈，顾正秋不由得在期盼中暗生几分唯恐今生不能回归故土的忧虑。1950 年秋天，顾正秋突然接到二姐从香港拍来的电报，母亲已于农历八月十九日去世，她在一阵天旋地转中顿失知觉，不知多久才在满脸泪痕中醒来。也许是上天安排，就在她接到母亲噩耗的那天晚上，顾正秋正好要唱一出《诓妻嫁妹》祭灵的戏。那场戏暗合了顾正秋丧母的悲痛之情，她直唱得痛彻心扉而声泪俱下，台下止不住的掌声与喝彩声此起彼伏。"戏如人生"四个字，在那一刻真实地应验在顾正秋身上。

1989 年中期，顾正秋接到纽约"美华艺术协会"周龙章先生通知，嘱她于 1990 年初赴美接受该协会颁发的"终生艺术成就奖"，得知同去的还有大陆的张君秋先生，她不禁喜极而泣。领奖固然重要，哪能比得上与恩师重逢呢？能与张先生一同登台领奖实属天大的荣誉，她不由得又为此暗生些许惶恐不安，自己哪能与先生相提并论啊？1990 年 1 月 2 日傍晚，顾正秋在女儿任祥的陪同下，双双走进纽约第五大道的"红楼"餐厅。令她没想到的是，张君秋先生竟和师母一起先她一步抵达。阔别四十多年骤然相见，看恩师满头银发，身体略有发福，顾正秋止不住盈眶的泪水。还是她的女儿抢先代母亲向张先生开口说："这么多年来，我妈妈好挂念你们啊！"张君秋紧紧握着顾正秋的手说："今天真高兴，真高兴，几十个春秋，难得重逢啊！"相互寒暄之后，话题自然转到京剧之上，他们一生的钟爱和付出，怎能放得下呢？相互问询和探讨无尽又无边。提起已经离去的梅兰芳、程砚秋、谭富英、荀慧生和黄桂秋，顾正秋倍感伤怀。难得的是张先生神采依旧，带给她一丝抚慰。

2016 年 8 月 21 日下午，中国著名京剧表演艺术家、一代名伶顾正秋女士与世长辞，享年八十七岁。

硬戏与硬角

1955 年，北京民主剧场上演《龙潭鲍骆》，谭元寿饰演剧中风流
倜傥的骆宏勋。他扮相英俊潇洒，唱念做打俱佳，整场演出掌声不
断，给观众留下深刻印象。这时候的谭元寿早已进入观众视野，大家
都知道他是谭门后代。虽说现在谭元寿在国人心中被《沙家浜》一剧
中的郭建光打上了永久烙印，但那是样板戏走上银幕之后。起初的谭
元寿与前辈们一样，依然扎根于传统京剧的沃土。20 世纪五六十年
代，可以说是属于北京京剧团马（连良）、谭（富英）、张（君秋）、

裘（盛戎）、赵（燕侠）的时代，他们是京剧舞台上盛开的鲜花，众多演员无疑是一片片簇拥红花的绿叶。年轻的谭元寿，则是接近枝头顶端那片鲜嫩的小叶。人们在暗中赞叹谭家后继有人，所有的欢呼与掌声，无一不在期盼谭派艺术的发扬光大。

20世纪五六十年代，谭元寿常演《秦香莲》剧中的韩琪、《赵氏孤儿》中的赵武和《杜鹃山》中的李石坚（当时叫石匠李）。即使演这些不是主角的角色，他依然十分认真卖力，不敢心存半分怠惰。在与大师们同台演出时，他也常演一些冒戏，如《三岔口》《白水滩》等。后来，谭元寿渐渐地也开始试演压轴和大轴，一步一步攀登上舞台顶端。在大师们的精心培育和支持下，那次他初演《打金砖》，却一下轰动京城舞台！看了这出戏，观众更加喜欢上了谭元寿，所以，只要一贴上他的戏，便拥来成群的戏迷。有一段时间，谭元寿经常与李世济合作演出《梅妃》《刘三姐》等戏。在这些演出里，他演的都是二路老生，但戏迷们却没有将他当配角看，因为每场演出，他都具有不俗的表现，从来没令观众失望。那时，谭元寿还演过《野猪林》《连环套》，还有猴戏《闹天宫》等。谭元寿较为全面地继承了谭派风格，同时借鉴了李少春的表演特色，是一位文武全能的艺术新星。"文化大革命"开始之前，谭元寿已经逐渐成为京剧舞台上的中坚力量。

谭富英根据自己的经验常对儿子说，演历史剧必须首先熟悉历史，要多看历史书籍，了解历史人物性格，尤其是要善于洞察人物心理，细致分析时代背景和与人物相互依存的政治与文化因素，只有从心里弄懂了，你才会成功地进入角色，才能将剧中人演活。否则，就等于白演了，那不是谭派风格，达不到谭派的艺术要求。1962 年，谭富英因身体原因淡出舞台之后，谭元寿肩上的担子更重了，他似乎在行路中伸手再摸不到那根无形的拐棍。没有父亲的带领，势必要更早地学会独立，他相信自己不会让父亲失望。要演好谭派剧目，并与剧团同人合作演好新编历史剧和现代戏，必须牢记父亲熟读历史的话。从那时开始，谭元寿阅读历史和古典名著的频率骤然提高，在加强艺术修养的同时，不断丰富自己的历史知识，以期更好地塑造舞台艺术形象。比如谭元寿在《失·空·斩》中塑造的诸葛亮，便是遵照父亲谭富英的教诲，认真地阅读了《三国演义》，从而在思想、语言、身段动作等方面，更加形象地表现人物。在《空城计》中，谭元寿着重在"三报"的表演和念白上，充分表现出人物的内心情感，层次分明中细腻传神的表演，发挥了谭派艺术的特点。在《斩马谡》中，谭元寿唱念结合，形象生动地表现出诸葛亮既赏罚分明，痛恨马谡失守街亭，又后悔自己用人不当而出师不利，愧对先皇信任的矛盾与内疚的心情。谭元寿的念白清晰准确，轻重得当，表演生动细腻，唱腔醇厚大方，刻画了诸葛亮作为军事家的老练稳重、临危不乱和足智多谋的立体形象。

《战太平》是谭派的传统戏，谭元寿以纯熟的武功，高亢的唱腔，成功塑造了大将花云的舞台形象。其中，"头戴着紫金盔齐眉盖顶"一段唱腔，谭元寿直唱得气势贯通，韵味醇厚。第二句二黄散板"为大将临阵时哪顾得残生"，唱得简洁严整，不拖不沾，凸显了花云义无反顾的气魄。"撩铠甲且把二堂进"一句，足见声音厚实，语气含蓄凝重，深化了花云心怀思虑边走边思考的表演。末句"有劳夫人点雄兵"中的"雄兵"二字，直是穿鼻而出，刚劲有力。谭元寿的唱腔虽然不多，但唱得语气真挚，感情深沉。《打金砖》是李少春的代表剧目，谭元寿十分喜爱这出戏，曾多次观摩李少春演出，留意学习李少春的表演特点。1950 年，二十二岁的谭元寿，在天津大戏院首演唱、念、做、舞繁重的《打金砖》，得到观众掌声的认可。从 20 世纪 50 年代到 60 年代初，谭元寿经常演出这场戏。《打金砖》一名《蓝逼宫》，又名《二十八宿归天》。姚刚打死郭太师后，姚期绑子上殿请罪，刘秀念姚期父子军功，免除了姚刚的罪。郭氏灌醉了刘秀，传旨斩姚期，并诛劝赦免姚期的邓禹和岑彭等功臣二十余人。马武闯宫谏奏不准，愤而用砖自击死于金殿。刘秀酒醒后悔，亲去太庙哭祭功臣，马武等冤魂出现吓死刘秀。

谭家在谭元寿之前，很少演王帽老生戏。谭鑫培因扮相清癯，所以，不常演王帽戏，后来的谭小培和谭富英亦如此。谭元寿不仅文武并重，且扮相雍容端庄，他的《打金砖》，完全从人物出发，生动刻画了刘秀在特定环境中的不同心态。谭元寿演出《打金砖》一剧，从而丰富了谭派剧目。在"金钟响玉磬鸣王登龙庭"的二黄慢板唱段中，谭元寿准确地唱出了刘秀欣喜舒畅的心情，特别是"王登"二字上的重唱；"姚皇兄保定乾坤"等唱句，显出了刘秀念念不忘姚期的功绩；"姚皇兄休得要告老归林"一段，谭元寿唱得十分诚恳婉转，细致地表达了刘秀竭力挽留姚期的心情。在"叫寡人"的"寡"字上，他用滑音把字挑起来唱，造成唱腔上的一个小跌宕。"孝三年，改三月"的二黄慢板叠字句，他吐字清晰，唱出了刘秀对姚期的君臣之情。"太庙哭祭"这段唱腔，谭元寿则突出地表现了刘秀的悔恨和恐惧心理。"阴风惨惨怕煞人"一句，流露出刘秀的苦涩和惧怕。谭元寿在该剧中的演唱表演，均做到了情动于中而形表于声，形神并兼以声感人。

袁韵宜认为，谭元寿的《打金砖》，深得李少春及其父李桂春的指点，唱得很精彩。他唱的韵味好，感染力强，耐听。尤其见功力的是那几十句唱中的"孝三年，改三月，孝三月，改三日……"唱得声情并茂且层次分明，在强烈的节奏中又浑然一体，足见行腔用字之巧。他的人物造型凝重、文静，喜怒含蓄极具分寸，完全合乎剧中人身份，使人感觉到刘秀具有贤明之长，而忽略他残忍和奸狡的另一面，这正是演员的功力所在。当舞台上锣鼓催打出震人的音律时，谭元寿急促上场，在繁重的唱段中，一正一反接连两个"吊毛"，起得高落得轻，恰如风扫落叶一掠而过。他的"硬僵尸"，更是落地无声。袍巾盖面不偏不倚，干净准确引人入胜，达到了炉火纯青的地步。最后一个"抢背"，衣巾仍然覆盖脸上。动作轻便，难度很大，纯熟、洗练、优美……

《打棍出箱》是谭鑫培的代表作。这个戏看起来似乎并不太起眼，演员如果没有深厚的功力，却很难拿下来。那些精彩有力的身段表演，脚底下、水袖、髯口都极见功夫。舞蹈身段也不是简单的重复，要紧扣剧情来表现人物内心的情感变化。谭元寿在念做表演上均继承了谭派宗法，他那极富情致的演唱，充分展现了一个纯朴、善良、精神状态失常的文弱书生的艺术形象。在"书房""出箱"等重点场次中，谭元寿多次采用四平调曲调演唱，以此来表现人物的复杂感情。如"书房"一场中"叹三更"的四平调唱段，谭元寿对这三段唱腔中头句腔的第一分句"听谯楼""谯楼上""三更"的处理各不相同。叹一更"听谯楼"是高起，叹二更"谯楼上"是平出，叹三更"三更"又是高起。"听谯楼"的高起，与"谯楼上"的平出，形成了高低对比。"谯楼上"的平出，又为"三更"的高起做了铺垫，此起彼伏中准确地表现出人物的不同变化。在最后一段的快四平中，谭元寿的演唱节奏紧凑，充分表达了范仲禹的悲愤和不平。

那时的谭元寿，正值年富力强文武兼备。他特别用功，经常在上班的汽车上背戏。谭元寿对戏的熟悉程度，一般演员难以比拟，他的出场、唱念、身段，均能做到恰到好处。仇志斌认为，和谭先生一起演戏，既感舒服又使人放心。别看他身材并不高大，但从出场几步到台口，嘴里身上都特别引人注目，我们不难从中体察出谭元寿扎实的戏曲基本功和高度的责任感。这不仅感动了观众，同时也教育与感染了同台的演员。演员必须重演技更重戏德，谭元寿经常以父亲的教诲勉励自己，事事处处都不失典范。演员在台上要相互配合，又要各守戏份，且不能喧宾夺主。比如演《甘露寺》中的刘备，谭富英曾提示过谭元寿，第一场"过江"的四句原板，嗓子再好，调门也不能超过后边乔玄唱的"劝千岁"一段，因为前几场的主角是乔玄，直到"相亲"一场才以刘备为主，千万注意角色的转换和所处的位置。谭元寿也曾在与人交流中说："这种地方往往不被观众所理解，误认为你不卖力气，其实这是戏德。艺术讲求整体完美，整出戏绝不同于清唱。尤其青年演员要注意，今后，戏曲界也要适当地向观众作些宣传。"谭元寿最喜欢父亲这几出戏，如《定军山》《战太平》《问樵闹府》《打棍出箱》《失·空·斩》等。后来又有了一出《打金砖》，无论是受家庭影响，还是个人欣赏习惯，演起来总能感到得心应手。《桑园寄子》他也喜欢，还有《连环套》不仅剧情好，这出戏也特别能捧人。如依个性而论，谭元寿对文武并重的戏略有些偏爱。现在有些青年演员爱走捷径，不愿下苦功夫，喜欢演一些华丽讨巧的戏。爱演功夫戏的人，似乎越来越少了，这恰恰是一个演员是否能出成就的关键所在。

谭元寿在《碰碑》《秦琼卖马》《御碑亭》等戏中，亦有精彩唱段，受到行家们赞赏。"叹杨家秉忠心大宋辅保"，这一大段反二黄慢板，是《碰碑》中最有代表性的唱段，谭元寿唱得悲壮、慷慨、苍凉、凄楚，把杨继业身陷绝境的艰难感慨表现得淋漓尽致。第一句唱到"大宋"时，谭元寿以谭派独有"宋"字倚音"i"的下滑，造成唱腔周转，与杨继业此时此地的心潮起伏，起到了同步效应。随后在"辅保"中的"保"字，先向上挑起然后又跌落而下，凸显出杨继业那种坚毅的性格，以及面临绝境不胜感慨的心绪。"到如今……"的下句唱腔，谭元寿则唱得低回悱恻，与上句挺拔激越的行腔形成了鲜明对比。在回忆自己几个儿子战死在金沙滩到"只剩下杨延昭随营征讨"后，在"四子丧了"的重句中，唱出了"丧"字令人回肠荡气的"九连环"行腔。紧接着唱"我的儿啊"一句，使人倍觉凄凉，顿生难止泪流的感伤。从二黄垛板转回二黄原板中有两句唱腔，一是"饥饿了就该把战马撂倒"，"倒"字唱得极富感染力，在凄惨的行腔中，映衬出对困守老兵们的爱怜之意。"宝雕弓、打不着空中飞鸟"的唱腔，字字峭拔、凌空直上，恰似杨继业心灵震颤时所发出的惊呼，深深地牵动着观众的心。

烟雨迷蒙

Yanyu Mimeng

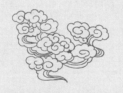

不堪回首

BU KAN HUI SHOU

　　20 世纪中叶，刚刚从三年自然灾害创伤中恢复不久的华夏大地，一场声势浩大的"文化大革命"又如火如荼地展开了。学术权威、政治权威、文化权威、技术权威，几乎成排地被打倒，整场运动势如破竹地向前推进。戏曲和电影都没能避免遭禁的厄运，唯有《南征北战》《地道战》《渡江侦察记》等少数几部战争题材的黑白影片，在各影院或露天剧场播映。后来有了《闪闪的红星》和八部革命样板戏电影。最先上映的是《红灯记》，接着是《智取威虎山》，《沙家浜》上演得稍晚一些。那时，知识分子都被打成臭老九，文艺人士则被贴上反动技术权威的标签。虽说那张"反动技术权威"的标签，如今早已被时光剥落，但记忆的疤痕，永远都难以抹平。

1966 年春节前夕，北京市市长彭真偕夫人回娘家，地点即在李铁拐斜街靠东北面的樱桃斜街内。彭真市长顺便来英秀堂做客，并与谭富英促膝谈心。就在这之后不久，一位不速之客，在一个傍晚突访英秀堂，虽然动静不大但阵势不小。英秀堂大门外的胡同里站了好多警察，辖区派出所所长率队进入英秀堂，当起了临时门房守卫。从大门到院内布满了便衣警卫，同时禁止各屋人员出入或相互走动，必须原地不动，静候指示。这位身着黑衣的神秘人物，带来了一位年轻演员。黑衣人语音虽然不高，语气却掷地有声，根本不予商量地让谭富英将其认作弟子。出于对来者身份的敬畏，谭富英只能点头应允。这位神秘人物以命令的口吻对谭富英说，你们不应该还住在这栋封建破旧的老宅子里了。后来，谭富英好像也没给这个弟子说过戏，只是让他空享了一个谭富英徒弟的名头。收不收徒弟，对谭富英没有多大影响，更何况没有强调要怎样去教他，无非是挂个空名罢了。但对于让他搬出英秀堂的指示，的确让谭富英感到一震。真正要他离开这个从出生到现在，住了六十年的大院，他形容不出当时心里的滋味，只感到隐痛中一阵阵地冒着苦楚。

1966 年 8 月 23 日，一群戴着袖章，手里还握着家伙的红卫兵，突然闯进那座宁静了近百年的英秀堂老宅。他们拿着像扫帚一样粗的排笔，在大门上书写"打倒戏霸"的醒目标语。紧接着，气势汹汹的抄家开始了。首先，他们把谭富英的起居室用红色封条封起来，谭富英被红卫兵们驱赶到北楼下一间狭小的房间内。第二天，谭富英接到单位通知，工资从即日起停发，每月只能领取为数不多的生活费。那时，在谭家子女中凡是上班的人，都主动拿出部分工资交给谭富英。据谭寿昌说，当时，他的月工资还不到四十元，也会按时交给父亲五元钱。因平时他住剧团单身宿舍，抄家当日他并没有亲历这场浩劫。据传，当时在谭家抄出了枪支，还有谭小培收藏的解放前发行的各种纸币。尤其是那些印着蒋介石头像的钞票，引发了更大的波澜，让谭富英遭受了无法说清的反复盘问。更让人不忍提起的是，屋中那些谭鑫培得赐宫廷的珍品物件，如字画、鼻烟壶、玉器、瓷器，近百个蛐蛐罐，特别是慈禧太后亲赐的那个蝴蝶罐，都被红卫兵堆在英秀堂的院子里焚烧了。据有人说，不知是谭家哪一位胆大的年轻人，在浓烟的遮蔽下悄悄地抢出来一对青花瓷小碗，成了谭鑫培众多获赐的宫廷珍品中唯一留存下来的物品。

经评剧院革委会传讯，谭寿昌被几位红卫兵持枪押着，连推带扯地被关进剧院中的一间小屋里。他极力而大声地据理力争，你们凭什么随便抓我？他一拳将小屋的一扇玻璃打碎了，手上的鲜血直往下滴。他根本感觉不到疼痛，只顾冲着外边大声呐喊："叫你们红卫兵队长来！"外面那位趾高气扬的红卫兵则对他说："你要我叫队长来，你知道他是谁吗，我要说出来便吓死你。"看着那位红卫兵咄咄逼人的阵势和口气，也许，他真的被吓着了。当晚，他躺在一个小方桌上，整夜思绪万千难以入眠。第二天，他和早前被抓进牛棚的袁凤霞团长及另外一人，在红卫兵的监督下，将一张硬板床抬进这间禁闭室，这才算有了临时下榻之处。袁团长在与他无声的目光交流中，她对谭寿昌被抓进来也很惊愕。时至 8 月 27 日上午，评剧院的高音喇叭里，传出了不知是什么人的嘶喊，说社会上竟然有人敢杀害红卫兵小将，他们一定要给予有力的回击。于是，评剧院的红卫兵们将当时被关进牛棚中的所谓"走资派、反动学术权威以及牛鬼蛇神"还有谭寿昌，一同拉到院子中间，强迫他们跪在地上。围在身旁的几位红卫兵，手持沾了水的皮带，向跪在地上的人劈头盖脸地抽打。谭寿昌极力地咬牙忍受着疼痛，不知哪个眼毒的红卫兵，伸手指着他大声怒吼，"我看你还敢咬牙切齿，给我使劲地打他！"一阵猛烈的皮带抽打过后，谭寿昌的汗衫全被血水浸透，人也晕厥过去。当他醒来时，眼望着禁闭室窗外的夜空，几颗星星在云层里忽明忽暗地闪烁，微弱之光无法带给这间小室一丝温暖。

在英秀堂附近居住的陈国英（一位具有良知而不怕牵连的红卫兵），得知谭寿昌的情况后，即四处找人为这位邻居说情。不久，谭寿昌果然被评剧院革委会解禁。一出禁闭室，他猛吸了几口清新空气，第一次感觉到自由的珍贵。他连忙去单位浴室洗了个冷水澡，换掉那件血汗衫，虽然洗掉了一身的臭气和霉味，却洗不去心中的伤痛。刚刚穿好衣服的他猛然想起，得赶快回英秀堂看个究竟。一进门，他看到父亲谭富英无声地坐在屋角的小凳上，没有了往日儿子回来的抬头迎接与喜悦，似乎一尊木雕的菩萨似的，谭寿昌的肌肤和心灵之痛骤然加重。他给父亲倒了一杯水之后，静静地退了出去。他知道，此时此刻，什么话都是多余的，让父亲安静地坐着吧。也许，没有人打搅，他还能重回舞台的记忆里，温热一下冰冷的心灵。他走进祖母的屋里，只见她虔诚地跪在观音坐像前喃喃地念叨。好在当时家中除了他之外，还没有人受到肉体上的伤害，这是谭寿昌当时回英秀堂后得到的唯一安慰。他一直为无辜被关感到不解与困惑：在评剧院里我究竟做错了什么？我得罪了谁呢？为何如此对待我？后来革委会垮台，红卫兵组织随之解散。不甘心的谭寿昌找到了曾经是革委会负责人的同事询问情况，这才被告知，原来是他一向看不惯的那几个飞扬跋扈的同事所为。

虽说那段时光好像过得很慢，但冬季还是不误时节地来了。由于受到深度惊吓的谭小培夫人突然腹痛发作，家人速将老人家送进友谊医院。当时医院里正搞斗批改，常日值班的大夫们不是在挨批斗就是靠边站，医院里只有几位刚来报到实习的年轻医生。经过他们检查，谭老夫人被确诊为阑尾炎，即安排推进了手术室。在手术途中，主刀的医生却发现，原来不是阑尾炎而是腹膜炎。年逾古稀的老夫人经不起几番折腾，没几天医生便通知家属，要随时做好老人的后事准备。在医院值守的谭凤云，拿着病危通知书，速速跑回家禀告父亲。当谭富英匆匆赶到友谊医院时，老夫人已来不及等家人送终便溘然辞世。

谭富英静静地站在已然闭上双眼的老夫人身边默默地说："您安心地去找父亲吧，我一定会好好地照顾老兄弟（仲英）。"一回英秀堂，谭富英即对谭凤云交代，你赶紧去告诉二爸爸。谭凤云谨遵父命，很快赶去了龙潭湖的谭静英家，告知她祖母去世的消息。当时，因受娘家被抄家风波的影响，被免去街道和法院双重职务的谭静英正在郁闷之中。听到继母去世的消息，不自觉地对凤云说："红事轮不到我，黑事倒被沾上了。"听了这话的谭凤云颇为尴尬，只想回头赶快离开，却又被含泪的二爸爸叫住："凤云，等我跟你一起回去。"

为谭老夫人早已准备多年的寿材，此时已经派不上用场（不准棺葬）。谭富英按规定买回一个像泡菜坛子似的瓷罐，小心地将老夫人的骨灰装进去，送到永定门外谭家墓地挖坑下葬。当时已经成为村民菜园的坟地，因原有的坟包被铲平，一时无法找到谭小培坟墓的方位。后来经人指认，这才找到准确位置，将老夫人的骨灰坛与老爷子合葬一处。当时同去墓地给老夫人下葬的有谭富英、谭元寿的夫人王振荣、谭世秀的夫人李秀铃和谭凤云几个人。这一年，谭富英恰逢花甲之年，不说60大寿，即便正常生活也跌到了谷底。这一连串的打击，使谭富英遭受了沉重的精神折磨，给他后来患上癌症种下了隐因。那时英秀堂遭受的冲击，真可谓是闭门家中坐，祸从天上来，亦如戏文中的一句念白"这是从哪里说起呀……"

息息相关

谭富英是京剧顶尖的角，却体质较弱。他从小身体不好，常年小病不断，尤其是牙齿早早脱落，这在一般年轻人身上并不常见。为了他的健康，父亲谭小培真是操碎了心。从中医到西医，从保健到镶牙，似乎雇请了一个小小的医疗队。不是请医生上门问诊开方，就是陪同外出看医生，后来连药铺的老板不看方子，就大致知道谭家人要抓哪些药。

谭富英天生不爱运动，平时极少串门，更不会外出闹酒局，即使是去公园散散步都很罕见。虽说他人不爱动，脑筋却运转不停。他不仅爱思考，有时还爱深究，当一件事或一门知识没弄清楚之前，他绝对睡不着觉，即使躺着也是白躺着。谭富英十分注重文化修养，除了每天吊嗓和练功，非常注重学习音韵，力求吐字清晰喷口有力。他的生活一向相当清简，酷爱阅读历史书籍。特别是 20 世纪 60 年代身体欠佳之后，他成天将自己蜷曲在沙发里，手里总捧着一本厚厚的书。困了就打个盹，醒来再接着看，一整天都可以不离开沙发。他把沙发几乎当成了床，真正上床睡觉的时间，并不比躺在沙发里多。谭富英特别喜欢吃油炸食品，比如炸油条、炸油饼、炸卷果（谭富英从不说"喜欢"或喜爱，只用"欢喜"一词）。其实，常吃油炸食品一对肠胃不好，二对身体不利。正因为他食量不大，又偏爱油炸食品，日常营养不足，又没有运动锻炼调节，还不让脑子停歇。于是，他的身体长期处于严重透支和失调状态。问题在于，谭富英不愿改变生活习惯，更有些固执地不接受他人意见。不管是朋友还是医生，连父亲的话都不管用。你说，他听，从不辩驳，却依然我行我素，压根儿就没有改变。能说会算又会享受的谭五爷，却拿他的儿子一点办法都没有。

观音寺街里有个私人诊所，医生叫郑云鹏，常常应邀来英秀堂给谭富英瞧病。在石头胡同北口处的一个诊所里，有一位叫陈思懿的西医大夫，他是个戏迷，也曾经多次来谭家给谭富英看病。还有个叫何森的西医大夫，每次来他都提着药箱，总是西装革履，特别喜欢喝咖啡，据说留过洋。

谭富英跟爱洗澡的父亲不一样，从不勤洗，他认为，天天洗澡会有伤元气。理发对谭富英却至关重要：首先，为了演出前化妆、勒头、戴甩发、戴盔头等需要；其次，为了出门应酬，得注重个人形象。谭家人一般都去小扁担胡同把口那家"天一堂"理发馆，将手艺最好的师傅请来家中给谭富英理发。张英旭，谭富英的药剂师，又是谭富英的朋友，他是观音寺街里中西药方兼能的药剂师，他经常给谭富英注射维他命针剂。虽然他是一名西医，但喜穿中式长衫，瘦瘦的脸庞，下巴微微上翘，尖尖的鼻子，很短的寸头，说起话来柔和低沉，笑起来却没有声音。他也偶尔过来陪谭富英吃夜宵，谭家人都很喜欢他。

由于谭小培的联络安排，儿子谭富英频繁演出，也无暇与外界交往。无论经营联络还是家中大小事务，均由谭小培一人包办代理。所以，谭富英从来不问戏外之事，久而久之，在依赖中疏远交际。凡到谭富英家中来的座上客，除了少数圈内人士外，多为医生。本来体质较差，加上演出多，更如雪上加霜。所以，谭小培给儿子聘了一位名中医，他也姓郑名英甫，专门负责谭富英的治疗和保健。郑大夫宽大的脸庞上戴着一副老花镜，略显花白的头发笔直地朝上立着，身着考究面料的灰色长衫，常用毛笔书写药方。多年来，郑大夫对谭富英的身体，尤其是嗓子保养，起到了至关重要的作用。就连梅兰芳在上海演出时闹嗓子，也用郑大夫打电报发过去的方子，服下药就见好。

谭富英则认为，郑大夫熟知他的体质，所以治疗有方。但郑大夫过于谨慎，每次开方药剂量都偏小，他总是感觉药力较弱，巴不得加重一点药量，早点完全康复，以后不再吃药了。谭富英几乎天天都吃药，确实日久生厌，看着那些药就心烦。

上面提到的医生都是来英秀堂给谭富英看病的，而需谭富英亲自前往看病的，就是镶牙馆了。不知道谭富英什么时候开始牙齿脱落，为了饮食，为了唱戏，为了形象，他必须镶牙。那时的镶牙技术，远不能达到谭富英的要求。于是，就出现了谭富英在演唱中由于口中气流冲击，致使假牙脱落，影响正常演唱的现象。1935 年，谭富英刚刚挑班唱戏，再次到上海演出《捉放曹》。因为他口中戴有假牙，每当唱到慢板发花辙时，嘴巴稍一张大，假牙就脱落下来，场面相当尴尬。如果取下假牙则影响发音，唱腔绝对走板，唱不出谭富英的特质与品牌来。脑中满是智慧的谭五爷，对此也是爱莫能助，一点办法都没有。为此，他急找上海的张古愚，让他赶紧帮忙想个法子。张古愚特意请来上海一位有名的牙医，请他一定要想个办法帮忙解决。那位牙医皱着眉头细思一会说，因假牙必须经常取下来清洗，永久固定不太可能，只能用暂时黏合的办法，但我保证唱完一场戏没有问题。听了牙医的话，谭小培和张古愚没有异议，能保证顺利地唱完一场戏，效果应该很理想了。于是，牙医选用了一种特殊药粉（无毒黏合剂），涂在谭富英的假牙上，戴上以后，一时半会还真不会掉落。一点点白色的药粉帮谭富英解决了一道困惑他多年的难题，他为此非常感激张古愚。张古愚与谭富英同庚，张为农历正月，谭为农历八月，所以张为兄，谭为弟。张古愚在北京学艺时，为英秀堂常客，如是，两人一直交情不错。谭富英每次到上海，都不忘去看望和请教张兄，无论张说什么，他都虚心听取，而且还将他的一些观点应用到表演上。张对谭的谦逊特别有好感，有些大腕成名后就鼻子朝天了，但谭富英永远不会，他打心眼里敬佩这位师弟。

在天津的洋人租界里，有个保隆医院的陈院长，是谭富英的戏迷朋友，为人热情好客，并且家中有个能做中西大餐的厨师。只要谭富英到天津演出，散戏后，一准到陈院长家与这位知音聊戏，并品尝佳肴。梅兰芳到天津演出，经谭富英推荐，也曾慕名前往陈府。陈院长为了迎接这位贵客，连装修带搞卫生，一连忙了好几天。梅兰芳用餐后，十分赞赏他家厨师的厨艺，同时也感谢陈院长的盛情款待。陈院长的千金陈颖小姐，具有执着的戏迷情结，老大不小了非要放弃学业下海学戏。其母执拗不过，便应允她到北京住在英秀堂，将谭富英认作干爹，并拜在李金鸿门下学艺。在英秀堂，谭富英特为她购置了刀枪把子，每天还督促她在院子里练基本功。当时，她的确像走火入魔一样，连走在街上都一路比画着身段，还口中念念有词，根本不顾路人的讥笑与指点。后来，她先后在北京燕鸣京剧团和石家庄剧团担当花旦演员，真还抛弃父业走上了演员之路。

因为体质不太好，谭富英唱戏时总有一个与众不同的习惯，每逢下场间隙，必须舔一次头（即把头上化装时勒的网子解下来，戏班里俗称"舔啦"，其他演员一般都不解头网，那样显得特别麻烦。一解一戴，不仅费时，还得戴上去后重新调整。既让演员自己费力，更给勒头师增加工作量）。不管什么时候，只要时间来得及，他必须"舔头"，有时一场戏，得如此反复多次。演员化装时戴的头网勒得特别紧，谭富英难以忍受那种紧勒中的疼痛，哪怕取下来一两分钟，都会感觉轻松一些。多年的习惯，勒头师也熟悉了，每当谭富英下场的时候，他即赶上前去替谭富英"舔头"，娴熟而麻利的手法，深为谭富英赞赏。虽说他们在后台看不到前台演出的场面，因为都是行家，锣鼓与胡琴拉到那里就该上场，时间把握得比时钟还准。一待时间一到，不用人催，勒头师便及时给谭富英戴上头网并勒紧理好，即便是赶场时也是这样。

1943 年，三十七岁的谭富英影响如日中天，所有的人都对他的未来极为看好。不知是何原因，他却吸上大烟且上了瘾，一时陷得很深。他每天不再坚持练功吊嗓，演出《定军山》时，竟然难得拿起手中那把大刀。虽然外界没有多少人明显地觉察，但他自己却深深地感觉到内在的身体虚弱和精神颓废。前后长达三年之久，他不仅无心唱戏，更谈不上艺术精进，几乎是勉强地凑合着上台。谭小培差点没被这个宝贝儿子急倒，他不知想了多少办法，更不知请了多少人上门，均不见谭富英收心。谭小培并不想追究儿子吸大烟的源头，重要的是必须让他戒掉。否则，长此以往，不仅是儿子毁了，谭家毁了，谭派也毁了。其实，吸大烟对谭家而言并不陌生，谭鑫培老爷子吸了一辈子大烟，谭小培自己也常吸。问题是，他们都能控制其量，并不太影响身体和演戏。但谭富英则不同，他严重缺乏控制能力，大量地吸，深度地吸，如不想办法让他戒掉，势必被彻底地毁掉。得知谭富英抽大烟的事，张古愚特地从上海跑来北京，他不仅劝阻，竟然天天陪在谭富英身边。经过各方努力，谭富英终于答应戒烟，张古愚更不走了，一直监护和帮助他走出困境。戒烟后，谭富英把自己关在家里，坚持练功八个月不出门，终于以全新的面貌走出英秀堂，登上了他心爱的舞台，焕发昔日的神采。1946 年，谭富英成功地戒掉了烟瘾，且终生不再复吸大烟。吸纸烟也是谭富英的一大嗜好，后来他戒了酒，但吸烟一直到去世前都没有断过。他最爱抽外国烟，如"兰炮台""加利科""老刀派""水兵""骆驼"和"555"等英美名牌香烟。

谭富英却是个特别怕冷而格外不怕热的人。每逢冬季到来，他除了演出，几乎连大外廊营的门都不迈出一步。他特地在屋门外安上避风阁，即便屋内生着炉子，他坐在沙发里，还要将一只暖水袋放在腿上，还要不时地换热水。上厕所对他来说是个最麻烦的事，他必须通过东院，走到南跨院影壁墙后，才能抵达厕所的位置。虽说都在自家院内，对他而言却是一段漫长的路程。特别是迎面吹来的风，就像刀一样削着他的脸。即使是戴着帽子，围着大围脖，依然挡不住那股无孔不入的风。每回上厕所，他都得吩咐佣人，先用煤炉子将厕所烘热，他才能如厕。但夏季却是谭富英的福季，那是他一年中最惬意的时节。尽管夏天演出辛苦，但相对全年演出场次而言，稍微要少一些。毕竟怕热的人很多，所以，戏界也有惯常的"歇伏"期。也许是天性，也许是多年来历练，谭富英并非人们常见的不怕热，即使是再热的夏天，他的屋里几乎从来不开电扇。那台进口的西门子电扇，真正是在他的屋里"歇伏"。在没有演出的晚上，他也习惯在散戏后的钟点用晚餐，只是将夜宵放在敞着门的小东屋里。

用完晚餐后，谭富英欢喜在没有蚊蝇的院子里站上一会儿，抬头望一望天井里的星空。如果一时兴起，他就让大家搬着板凳围着他坐在院子里，听他讲历史故事。他确实很会讲故事，不仅是孩子们，即使是夫人和佣人，都成了他忠实的听众。上至夏商周，下至明清时代，谭富英都能详尽地一一道来。

谭富英虽说身体不太好，平常话语不多，有时说话和表达却不失一分诙谐与幽默。北京京剧团里曾经有一位青年演员，生性懒惰练功松懈，什么"吊毛""抢背"的动作都不愿做，谭富英看了直摇头。这个演员却说："我比不得娃娃生，人老了，真的翻不动了！"谭富英一笑说："对！人生三十古来稀，你确实是老了！"他没有正面训斥，只是幽默地说了一句。那个演员听了之后，少有的感到一分羞愧。后来，竟然慢慢地有所改变。还有一年，北京京剧团在哈尔滨演出，谭富英赶上第二天要唱重头戏，早早就上床休息。裘盛戎第二天为"歇工戏"，晚上便约来几个人在屋里吃涮羊肉，猜拳对酒，一直闹到半夜不停。谭富英实在睡不着，又不好去说什么，便站到院子里唱了一句倒板："听谯楼打九更……"听到谭富英如是唱，裘盛戎立马明白。

他即对其他人说，"时间真的不早了，我们的吵嚷声太大，谭团长已给我们发出了信号，咱们小点儿声，小点儿声！"他们相互一笑，索性收了酒瓶，轻手轻脚地各自散去。

施雪怀叙旧

　　1951 年，施雪怀第一次现场观摩谭富英演出。4 月初的北京，还有一些寒意。前门外鲜鱼口内的大众剧场灯火通明，观众大厅里悬挂着毛主席亲笔书写的"中国戏曲研究院"，庆祝建院晚会的节目是一出喜庆戏《龙凤呈祥》。演员阵容颇有特色：梅兰芳饰孙尚香，谭富英饰刘备，萧长华饰乔福，久未露面的贯大元饰乔玄，蓄须歇影的郝寿臣饰张飞，来自延安的阿甲导演出演鲁肃，姜妙香饰周瑜等。全剧演出精彩，特别令人难忘的是《回荆州》"跑车"一场中的三人

"编辫子"，梅兰芳的圆场快板，谭富英的趋步转身，皆干净、利索，与赵云（李紫贵饰）配合得严丝合缝，急急风与全场掌声混在一起。2004 年秋，在泰州纪念梅兰芳诞辰一百一十周年的演出后台，施雪怀曾向九十二岁高龄的王琴生提及，五十多年前，谭富英饰演的刘备为何那样精彩？王老赞叹地说了一句："这是富英师哥的绝活，极少露演，咱学不了！"然后翘起拇指说了一个字："帅！"

十年之后的 1961 年，施雪怀和孙岳、蒋厚礼同拜谭富英为师。当时，团里还特地为他们举行了拜师仪式，场面相当隆重，多位声名显赫的艺术大家到场。事前，他们根本不敢想象。老舍、田汉、王昆仑都来了，而且意气风发，热情高涨。在拜师仪式上，他们告诫几位谭富英的新徒弟"难为名师之徒"，要以"程门立雪"的精神，向前辈艺术家刻苦学习。不然，你们就愧对大家的期望，更愧对艺术。从此，几位徒弟经常结伴一同走进两侧各有一尊小石狮笑脸相迎的谭门。依据谭富英夜间工作吊嗓的习惯，徒弟们往返于东城北池子（剧院集体宿舍）与大外廊营英秀堂之间。或去虎坊桥工人俱乐部，观赏师父的精彩演出。学戏常常到午夜甚至凌晨，那时已无公交车，满载而归地步行回去也很高兴。

施雪怀生于上海，吐字发音不免带有南方口音，口腔总是难以打开。谭富英便一遍又一遍地反复指导、纠正、示范，循循善诱，不厌其烦，还亲自操琴为徒弟伴奏，有时干脆使用当时（20 世纪 60 年代）市场上罕见的小型录音机将现场教学示范录下，再让施雪怀带回去复习。录音学戏对徒弟而言，可算得上特优的待遇，几乎还没有先例，更不用说是谭富英亲自录制。李少春生前曾对施雪怀讲过，余叔岩教他《法场换子》中的二黄三眼"恨薛刚"，只唱三遍，不再重复，完全靠自己硬记、领悟。每次在回家的路上，满脑子都是刚才的唱腔，思想不敢有一点走神或开小差，在认真的复习中温故而知新。以此对比回想，施雪怀是幸运的，师父对他何等关怀备至啊！

阿甲导演，十分赞赏谭富英的天赋条件和演唱艺术。1961 年下半年，一次演出前的排练，他一边听施雪怀吊嗓，一边轻轻地抚摸着他的咽喉部，要其将肌肉放松，要做到自然松弛，切莫憋着气唱。接着他又问施雪怀："谭先生发出的声音为何那样松脆，音色那样甜润？好像富强粉和面用了香油还加了白糖一样。"这个比喻十分形象恰当，施雪怀一下就听进去了。从此以后，施雪怀便认真细致地观察师父吊嗓合腔时的形态。谭富英和王瑞芝（琴师，曾为余叔岩、孟小冬操琴）切磋技艺，大多时间都在晚上。他们关好门窗，还拉上窗帷，这时的英秀堂西院显得格外宁静。谭富英沿用当年余叔岩左手持竹笛，右手握捧子敲击板眼的习惯，首段二黄原板，《马鞍山》的"老眼昏花路难行"或是《双狮图》，而后则是大段成套唱腔或即将上演的剧目，基本是一气呵成。有时偶尔停下来，切磋节奏板眼和吐字或行腔。谭富英与王瑞芝经常提到余叔岩的演唱原则：字与腔的关系，应当腔从字、从韵；先坐字，后行腔；声从情，以情带声，声情并茂，恰到好处。余叔岩的闭嘴音、脑后音特别好。谭富英却擅长张口音，像《桑园寄子》中的二黄三眼"丢下了年幼儿好不伤情"的"伤"字，还有《洪羊洞》中"真可叹焦孟将命丧番营"的"番"字，长音润腔，抑扬顿挫，强弱分明。谭富英演唱时除了腹部、胸腔蓄气之外，他的五官、头部几乎都在发力、振动，声音洪亮、浑厚、圆润、甜美，煞是好听，具有一种特殊的感染力，这就是人们常说的气息共鸣。谭富英经常嘱咐施雪怀，演唱时"铆上"应该适度，千万不要拉"火车笛"，"啃台板"（指过火的表演）。王瑞芝将余叔岩总结的"音断气不断""腔断意不断"等实例经验与成果，一一向谭富英转述。谭富英认真、虚心地倾听，并时常与王琴生相互探讨，不得其神韵绝不罢休。否则，就只能流于形式地接收与翻译，更谈不上传承与发扬。每当谭元寿夜戏结束回到英秀堂，先问候父亲，尔后默默地站在一旁聆听。没有长辈示意不得坐下，更不能随意插话，即使是有自己的徒弟在旁也一样。有时，谭富英让谭元寿为施雪怀作示范演唱。谭元寿一边唱，谭富英一边诠释和指点，效果特别好。

1961 年秋，谭富英患了心血管疾病，医学专家黄宛教授叮嘱，必须立即停止演出，入住阜外医院治疗。得知消息，领导、同事、徒弟们都去医院探望，让他安心休息，祝他早日康复。那天，施雪怀却见师父一个人背靠在病房里的躺椅上，手握半导体收音机，闭目聆听梅兰芳生前最后的杰作——《穆桂英挂帅》的实况录音，关机后他说的第一句话是："梅先生走得太早了……"医生不准他唱和练，却阻不住他聆听和思考。施雪怀知道师父的个性与习惯，虽说他言语不多，但他的思考从不止歇。大凡一件事情，哪怕是一个细节，抑或一字一音，在他没有弄通透之前，绝不会放下。事后，施雪怀才知道，与师父仅隔壁的房间，曾是三个月前梅兰芳大师接受治疗的病房。谭富英深情地回忆谭梅两家同住一条街，相距不过百步之遥，世代相好与合作。五十年前，晚年的谭鑫培和年轻的梅兰芳合作《汾河湾》时的轶事，为剧界人口口相传。一年多以前，他还与梅兰芳和姜妙香，在中山公园音乐堂合作演出《御碑亭》……谭富英的眼睛湿润了，半天默不作声地坐着。施雪怀感受得到师父此刻的心情，他不愿打扰，想让师父在沉静中疗伤，他宁愿就这样一直陪师父坐着，任凭时钟在嘀嘀嗒嗒中行走……

1962 年 8 月，举办梅兰芳逝世一周年纪念演出，那时，谭富英的心血管疾病还处在康复之中。纪念演出初步排列的剧目为《穆天王》（杨秋玲）、《武家坡》（梅葆玥、沈小梅）、《贵妃醉酒》（杜近芳）、《大登殿》（谭富英、梅葆玖、李金泉）。得此消息，谭富英异常欣喜：一是长时间的禁锢，实在渴望外边的世界和舞台；二是梅兰芳的纪念演出，他谭富英怎能不参加呢？磨不过他的黄宛教授，勉强批准谭富英可以登台演出，却再三叮嘱不能过度兴奋与劳累。施雪怀的心情是复杂的，虽说心中期望师父登台，也许活动一下有利于病体康复，又暗自担心他的健康是否允许，千万不能有半点闪失！谭富英因心脏病治疗，已近一年没有正式登台。公演前一周，王瑞芝携琴来到英秀堂，一是帮谭富英吊嗓，二是说腔，三是洞察谭富英的身体状况。他们对《大登殿》全剧中薛平贵的两出主唱段，前后对了两遍，懂行的王瑞芝，拿准了谭富英可以上台。于是，他们便放心地进入艺术探讨之中。问题是全剧中的调门怎么定？梅葆玖正值当年，声音又好，薛平贵与王宝钏的调门基本可以统一。只是李金泉先生饰演的王夫人，一向以高调门著称，上场第一句就是高腔小导板，怎么协调？只要调门统一好了，全场的角色就会相得益彰，反之，也许就会喧宾夺主。略思片刻，谭富英对王瑞芝说（他知道王瑞芝想将他的调子稍稍降低一点）："离演出还有几天，您先把调门再提高一点，让我试试看，我估计没有问题。"王瑞芝关切地抬头朝谭富英看了看，在谭富英会意的点头中他默许了。依照谭富英的意见，王瑞芝调高之后再让谭富英试唱，果然没有问题。谭富英满意地说："就这样吧，四十分钟的戏，调门忽高忽低不好听，相互就着点，对谁都不碍。"疗病中的谭富英，考虑的并非是自己，而是全剧同台合作者的统一效果，不能因他一人而牵动了大家。施雪怀在敬佩师父艺德的同时，更钦佩他的艺术功力！

公演当天，施雪怀下午三点前就赶到了英秀堂。或许因为过于兴奋，谭富英连午饭都没吃好，吞了几颗安眠药，午觉也未睡着。不一会，王瑞芝携琴而至，为谭富英再度试嗓唱了《南阳关》的导板、原板后才一同驱车前去护国寺人民剧场。1400 多张戏票早已售罄，在门外期望等人退票的观众，从平安里一字长蛇地排到剧场门口，长达数百米。为了纪念梅兰芳大师，为了一睹近 300 天未与观众见面的谭富英的风采，戏迷们个个翘首以待。那天，谭富英登台一亮嗓，果然不负众望。"龙凤阁内把衣换，薛平贵也有今日天"和"二梓童搀岳母待王拜见，尊一声老岳母听儿言"，薛平贵两处主唱段逢高必起，落腔雍容宽厚，唱得流畅如溪，让人听来十二分过瘾。观众席上掌声迭起，后台侧幕人头攒动，惊叹这位疗病中的艺术家的高超技艺。站在施雪怀身边的张盛利，伸手拍了一下他的肩膀，竖起大拇指轻声道："嘿！谭大爷这两口——没的说！"那天，梅葆玖、李金泉也发挥了极佳水平。这场《大登殿》真正登上了峰巅，谢幕后，观众齐齐拥向舞台，久久不愿离去……戏后梅葆玖曾说："谭大叔从出场后的碰头好一句导板，几句原板，竟然获得四个'兜四角'的肥彩，剧场气氛热烈至极，也捧足我了。"

回到化装间，施雪怀赶快为师父脱下棉袄，平日演出，即使是伏天，谭富英也内穿棉毛衣袄，扎上大靠也很少出汗。那天，施雪怀伸手一探，师父的内衣有些润了。不由暗叹一声，为了艺术，师父今天真是铆上了。未曾料到的是，这场精彩的纪念演出，竟成了谭富英告别广大观众的最后一场公演。谭富英完全告别京剧舞台演出是在此次登台之后，毛主席亲点谭富英、张君秋、裘盛戎联袂演出了一场《二进宫》，地点在中南海的居仁堂（春藕斋），不过，那是一次范围很小的内部演出。毛主席看后非常高兴，竟破例接见了几位艺术家，并与谭富英畅谈观后感长达两个小时，实属罕见。后来，谭富英曾非常兴奋地对施雪怀谈起过毛主席对京剧的熟识和了解，还有那份深切的关怀与希望。

专家、学者们称谭富英的艺术"返璞归真""具璞玉浑金之质""韵儿有味""爽朗明快";表演风格"如水流花放,妙造自然,看似潦草,实则是适度的潇洒,朴实无华隐于内"。这些评价贴切、中肯。施雪怀自觉自己学识和水平有限,向师父学艺十余年也未学精,愧于未能将师父的艺术发扬光大。谭富英待人真诚、善良、宽厚、谦虚,从不张扬,即为现代人所称的"低调"。他是"大家",但没有一点"大家"的架子,从不摆谱;他不计较小事,顾全大局;他不善言谈,却心知肚明。谭富英在舞台上举重若轻、游刃有余的背后,是艺术家对京剧事业数十年如一日的执着与坚守,还有那份对艺术倾其毕生精力的刻苦磨砺和精益求精。无论施雪怀习得谭派艺术有几分,但师父那句"要演好戏,首先要做好人"的教诲,使他终生受益,从不敢忘。

因《海港》获罪

人生不定，福祸无常，命运常常在玩笑中无情地捉弄一个人。谭富英光荣地加入中国共产党，开创了中国戏曲界的历史。谭元寿有幸担纲《沙家浜》的主演郭建光，为谭家也为谭派争光添色。后来，谭富英却莫名地因《海港》艺术座谈而获罪，党籍被开除。

1959 年，谭富英申请加入了中国共产党，成为戏曲界第一名中国共产党党员。对于平日不善言谈，又与世无争的谭富英而言，入党是他坚定的政治信念，绝无半点光耀前程的考量。谭富英曾为自己制定过一个"三不主义"的终生信条：不娶小，不收徒，不做官。除了收徒一条之外，其余两条他都信守了承诺。其实，他从内心里是想终生不收徒的。但是面对世人和世事，尤其是面对多得理不清的培养后进的理由，更有那些年轻人发自肺腑的艺术追随和崇拜，更何况还有大家们的出面说情和周围那么多热心人劝说，最终他妥协了。

谭家人与江青有着不可分割的关联。因为样板戏，谭家人与江青相识。从此，他们的政治生命，乃至艺术生命，都紧紧地系在江青手上。谭元寿被选定扮演《沙家浜》中的郭建光，因而护佑了"文化大革命"中的谭家人。谭富英因对《海港》的唱腔提出了不同的艺术看法，却被不明不白地开除了党籍。究竟是福还是祸，谭家人无法说得清楚。虽说谭富英被开除了党籍，却没有受到进一步的打压和迫害，江青曾对人说过："谭富英正正派派，老老实实，唱戏是这样，做人也是这样。"江青热爱艺术又懂一些艺术，爱挑剔的她能如此评价谭富英，实属难得。江青对谭富英评价这么高，在那个时代，是很多人梦寐以求的政治待遇。但谭富英却没有半点受宠若惊的感慨，更无一丝阿谀奉承的举动。在"文化大革命"中的一次由江青主持的样板戏讨论会上，江青请大家针对京剧《海港》剧本提出各自的看法。她从骨子里是个争强好胜的人，召集大家开会提意见，多在做做样子，走走过场，以体现民主过程。她衷心期望在一番歌功颂德中，大家不痛不痒地提出几条微议，她再摆出接受群众观点的姿态，在大家鼓掌中宣布会议圆满成功。这是江青事前预想的理想过程，并认为是她完全可以掌控和实现的。

但江青万万没有想到的是，那次有关样板戏的研讨，却让谭富英的一番话几乎给搅黄了。她不曾料想还真有人正儿八经地提意见，更没想到这个人竟然是一向少言寡语的谭富英。江青想，我能召开一次这样面对群众的会议，能让你们这些戏子参加，这是一种特殊的荣耀，你们理该感恩戴德才是，为什么真的就有人向她开火了呢？何况我平日对你谭富英和谭家不薄，为什么恰恰就是你呢？她实在想不通，更接受不了。谭富英当时提出，该剧中的高腔太多，这不仅不利于艺术表现，且对保护演员的嗓子健康有害。会后江青十分恼火，命陪同的谢富治（时任北京市革委会主任）去找谭富英谈一下，要他立即退党。她对谢富治说的是找谭富英谈一谈，其实无异于下了一道命令。什么高腔太多，样板戏本身就需要高声宣扬嘛，假如还一味地那么软柔的话，不就等同于旧戏的陈腐颓靡了吗？谢富治和江青身边的人都了解她的秉性，对于谭富英今天在会议上的发言，她只是一时感觉下不来台，并非从骨子里反感。再说谭富英并非一个别有用心，更非有政治阴谋的人，江青一直对他看法不错，特别钟爱他的艺术才华与修为。所以，他们根本不打算迎合江青的一时气话，却在一旁尽力地替她消气，"跟谭富英计较犯得着吗？"虽说当时组织上真的开除了谭富英的党籍，那也只是顾及江青的面子而已，实质上并未对谭富英进行政治清算和打压。在后来拟定批斗戏剧界中对象时，也有人提到过谭富英。江青当时却说，谭富英一个十足的书呆子，他就是一个老老实实唱戏的。她大手一挥，等同于对谭富英的一次政治大赦。虽说江青是一个爱斗的人，但那也得看对象，她知道谭富英，更了解谭富英，他是一个与政治争斗无关的人，就像她的同僚所说，跟谭富英计较，实在犯不着。所以，她不存在原谅了谭富英，而是根本上就不愿意去与一个对她无关紧要的人费力用心而已。谈起《海港》，江青感触太深了，她为此大费心血却无人知道，谭富英更不知道。历经那么多次修改，换了那么多人，好不容易完成，特邀你们这些京剧艺术家来交流一下，为什么你们就不能发现其中的高明之处呢？她真的感到有些委屈。要知道其中的原委，真有必要简要地回顾一下《海港》诞生的前前后后。

1964 年 7 月 22 日晚，热闹非凡的上海艺术剧场里，迎来了一批特别的贵宾：中华人民共和国主席刘少奇和夫人王光美，国务院副总理兼外交部部长陈毅，还有中共中央华东局和中共上海市委、市政府的领导人陈丕显、魏文伯等人。当时坐在台下看戏的人，并非常日的普通观众，全是组织派来的上海市局级以上干部。他们聚集在上海艺术剧场，集中观看上海淮剧团上演的淮剧新戏《海港的早晨》。看完戏之后，领导和嘉宾们对此齐声盛赞，刘少奇等领导还登台与剧团全体人员合影。事因几个月前，周恩来总理在上海黄埔剧场看过这出戏后大加赞扬，于是，引起了刘少奇的关注。刘少奇和周恩来颂赞淮剧《海港的早晨》的消息，飞快地传入江青耳中。刚刚结束北京京剧现代戏观摩后，她即匆匆赶往上海，下榻锦江饭店。江青不动声色地混迹于普通观众中，连看了三次淮剧《海港的早晨》！正忙于"京剧革命"和创树"样板"的她，看中了《海港的早晨》。要想让工农兵占领舞台，她手中现在正缺乏"工"这块的戏剧，而《海港的早晨》，恰恰是一部码头工人题材的戏。

根据淮剧《海港的早晨》编剧李晓明回忆：突然有一天他接到团里通知，下午速到锦江饭店小礼堂参加座谈会。当时已是 8 月，上海的气候相当炎热，他走进小礼堂即选择坐在靠边的一个位子上。不一会，江青在几个人的陪同下走了进来。当时，他简直不敢相信自己的眼睛。江青同与会者逐一认识后，一坐下来便轻轻地咧嘴笑了笑，张口就出惊人之语："我十分高兴，这次来上海发现了一个很好的题材，淮剧《海港的早晨》，这是一个国际主义的题材嘛。"听了江青的话，他感到十分惊诧。江青接着说："在剧场里，我同工人们一起看了三遍，工人们哭了，我也哭了。"说罢，她还真用手揉了揉眼睛，接下去的话更让李晓明惊讶不已。江青说，我是抓革命的，跑了全国许多地方，任务就是看戏，挑选书写工农兵的优秀剧目，将其改编成京剧。写农民的已选定《龙江颂》，写解放军的已选定《智取威虎山》，而写工人的选了好久，直到最近才在上海选定淮剧《海港的早晨》。

江青立即指定中共上海市委第二书记陈丕显挂帅，由上海市委书记处书记石西民、上海市文化局党委书记李太成负责组成领导班子，把淮剧《海港的早晨》改编为京剧，编剧为郭炎生、何慢、杨村彬（兼导演）。领导如此重视，编剧们焉敢不卖力？才两个月，京剧

《海港的早晨》剧本便问世，紧接着进入排演。1965 年 3 月，京剧《海港的早晨》在上海大舞台试演，石西民请江青到场审看。江青看罢竟大为不满说："你们怎么搞的，写了个'中间人物'，为什么不去写英雄人物？这出戏改坏了，必须重编！"江青的一句话，就把京剧《海港的早晨》全盘否了。

第二天，江青便调来"京剧书记"张春桥，指定由他挂帅，另组班子，重起炉灶。于是调来了淮剧原剧编剧李晓明，导演也换了人。江青认为"主角童芷苓动作太软，演得一点都不像码头工人"，于是从宁夏京剧团调来了李丽芳演女主角。张春桥这个"京剧书记"也不好当，怎么改，全要听从江青的意思。张春桥注意绕开"中间人物论"的误区，请江青于 1965 年 6 月 7 日，重新审看改编后的第二版，剧名也直接改成了《海港》。6 月 11 日，江青在上海锦江小礼堂跟《海港》剧组谈话时，又是一番摇头说，这一回犯了"无冲突论"的错误！由于江青泼了一瓢冷水，张春桥也被弄得晕头转向，甚至吓得连汗毛都竖了起来。江青继续着前面的话："这戏改了之后，却走了弯路，音乐我听了四段，觉得喧宾夺主。细看下来，距离淮剧太远。我很纳闷，同志们都说尊重我的意见，可实际上却又不照我的意见做。其实，我的意见很明确，曾和张春桥同志谈过……"听到这里，张春桥的脑袋竟嗡嗡地作响。她的话已经再明白不过了，我曾跟你"春桥同志谈过"，你"却又不照我的意见做"！当时打开话匣子的江青就像扫机关枪似的，一连串的批评使全场变得鸦雀无声。

　　江青走后，张春桥面对《海港》谈起来也是头头是道，这与此前他对该剧的精心打磨是分不开的。他早就企望利用这部戏紧紧地把江青抓住，为自己将来的官运亨通铺平道路。"文化大革命"开始后，为了使《海港》适应江青提倡的所谓"阶级斗争新动向"，他与徐景贤等几个市委领导一起亲自为《海港》划定人物，编写台词、唱词，将剧中的戏剧冲突也由人民内部矛盾改为以敌我矛盾为主，把钱守维改为隐藏的"三朝元老"式（美国佬、日本强盗、国民党反动派）的阶级敌人。原剧中"散包和错包事件"也由韩小强造成的责任事故，改为钱守维利用韩小强思想问题用心制造的政治事故。这样一来，全剧围绕抢运援非稻种这一中心事件而展开的戏剧冲突就起了质的变化，即由人民内部矛盾变成了敌我矛盾。江青对于张春桥对《海港》此番所作的"大手术"也是欣赏有加，并亲自操刀助阵，将主角方海珍变成一个"高大全"式的英雄人物。

　　原剧第六场中，原本只让韩母对韩小强进行家史教育，方海珍并没有戏。江青则指示剧组要勇于"割爱"，把韩母这个人物去掉，以便集中笔墨描写方海珍。家史教育改由马洪亮担任，而让方海珍对小韩进行港史教育和革命传统教育，并设计了两段成套唱腔"忠于人民忠于党"和"毛泽东思想东风传送"，使方海珍的国际主义精神"更上一层楼"。在唱腔方面，江青为了体现方海珍的英雄气概，要创作人员改用高腔。尽管创作人员认为这个改动并不合适，因为音乐艺术中的高与低、快与慢、整与散、强与弱都是对立统一的。不能片面地认为只有音调越高，才能表现英雄形象。如果不根据人物表情达意的需要，处处在高音区行腔，那反而会使唱腔流于单调。如果方海珍核心唱段的音调都在高音区进行，那么当唱到"忠于人民忠于党"这一句时，该高就再也高不上去了。但由于江青的坚持，大家也不敢违反。结果，演出时方海珍一味高腔的唱法遭到了许多非议，连毛主席也对此提出了批评，江青这才将剧中部分高腔降了调。原来，谭富英的提法与毛泽东主席高度一致，因为这是艺术，来不得半点自以为是。1971 年 11 月，革命现代京剧《海港》在张春桥和上海市委的亲自领导下（无数次的修改，历尽曲折和风浪，更不知挨了江青多少次的严厉呵斥），经过全剧组人员的共同努力，终于进京在首都剧场公演。11 月 25 日晚，江青在姚文元的陪同下来到剧场审看该剧。看完之后说："今天看了演出才松了一口气，戏改得很好，很动人，我感动得流泪了。"

谭富英，偌大的谭门中的第一个中共党员，他一直对这份荣誉看得很重。虽说其对入党不具任何政治奢望，他却是真心申请加入的。所以，谭富英把开除了他的党籍，当作了一件天大的事，内心的委屈与想不通是他无法解开的一个结。谭富英生性平和恬淡，遇事宠辱不惊，但开除党籍的打击，却使他变得更加沉默寡言，整天闷闷不乐地无精打采，几年里都没能缓过神来。

病房对话

谭富英从小体弱多病，一直都在父亲的安排下，将医生请来家里看病号脉，开单抓药；或请医生来家里打几针就好了。面对父亲的威严和慈爱，谭富英从不反对。1976年5月中旬，谭富英常常感到腹部不适，且愈来愈重，他经常捂着肚子在屋里走来走去，且频率在不断提高，脸色蜡黄加上额头紧皱，儿子谭元寿体察到父亲的难受，他决定送父亲去医院作一次深度检查，不能把小病拖成大病，更不能使大病误了治疗。经过家人一番劝说，从不轻言去医院的谭富英这才在儿孙们的搀扶下入院检查。经过一系列检查之后，医生告知谭元寿一个不好的消息，谭富英的病情已经确定为肠癌。此消息如同一声晴天霹雳，使谭家人遭受巨大打击。根据医生意见，一是尽快手术，二是保守治疗。谭元寿与家人商议，选择了保守治疗方案，同时对病人严格保守秘密，大家都不允许流露半点震惊的表情，更不准泄露实情。

谭元寿请医生配合告诉父亲是肠部溃疡，一家人都装着若无其事的样子，真还瞒过了精明的谭富英。因为他压根就没往癌症上面想，更不相信一个肚子痛会是那么大的病。但是让父亲住院治疗，费了谭元寿好多口舌，还得感谢医生的紧密配合。医生告诉谭富英，虽说这种病本身并不严重，却是一种慢性病，并非一两天能好，更是一种极易引起病变的一种，必须住院治疗，以便严密观察。只有这样，才有利于稳定病情，缩短治疗期。为了便于照顾和肠癌的治疗，在病情稍稍稳定后，谭元寿将父亲从协和医院转到了友谊医院。

经过两个多月的治疗，谭富英的病情没有好转，且日益加重，后来真的就躺下了，基本起不了床，大家都为此担心，谭家人也感到迷茫。主治医生对谭元寿说，你不要急，谭先生的病虽说没有好转反而在加重，但我们要看到积极的一面。依常规分析，肠癌不好治且恶化较快，但谭先生的病情却加重得比较慢，更没有恶化的现象出现。我们可以乐观地分析，我院的治疗方案还是有效的。一是推迟了病情加重的进度；二是至今还没有恶化，更没有转移，这就是希望。只是治疗时间要久一点，你们必须和我们紧密配合，更要增强信心，我们相信，谭先生的病情应该会好起来。按一般情况论，两个多月的肠癌治疗，能控制到不恶化的地步，已经是很成功了。虽说谭家人不懂医学，但他们相信医生的话，便默默地为病人祈祷！

平心而论，医生对谭家人说的都是实话，但对谭先生本人而言，真话也不能真说，天天都得编故事，还得逼真，要让谭先生相信他们。谭家人对谭先生说，你的肠部溃疡，属于一种罕见性的病例，前后治疗不会少于半年，你必须要有长期配合治疗的准备。他们经常给谭先生报告好消息说，你的病情至今一直在沿着医生预定的轨道前行，首先要让其溃疡加快扩大面积，催生所有的病菌活跃起来，在蔓延到没有地盘的最终边缘，再一并杀之，从而达到彻底干净的歼灭。这像打仗一样，不把所有的敌人引出来，就达不到彻底歼灭的效果。幸好，谭先生基本相信了他们的话，一直较为积极地配合。

病中的谭富英喜爱听收音机，那是他在病中与外界交流最基本的方式，大多时候他都在收听两方面的内容，一是新闻，二是戏曲，特别是他一生放不下的京剧。1976 年 7 月 28 日凌晨 3 点 42 分，中国唐山市发生里氏 7.8 级大地震，造成 242769 人死亡，435556 人受伤。那天清晨，当谭先生听到这一震惊中外的灾难降临在唐山人民身上的消息传来的时候，他硬撑着双手从床上坐了起来，止不住的泪水夺眶而出。面对唐山的自然灾害，他不能亲自前往慰问，感到心中有愧。于是，谭富英提出回家服药打针的要求，他说，我虽然不能亲赴现场为救灾出力，但我也要为国家节省一点治疗费，好给灾区多一点救助。他的要求，不仅家人不同意，医院也不同意。谭富英是个很坚持自己观念的人，旁人很难去改变他。那几天，大家的嘴皮都快磨破了，在终于说服他继续住院下来之后，谭家人都忍不住流泪了。

医生对谭富英说，您的病正在按既定方案治疗之中，一切都还顺利，但离痊愈还有一段距离，一天都不能中断治疗。现在病情好不容易稳定下来，假如治疗中断，后果不堪设想。如果那样的话，前面的努力就都白费了，那不是替国家节约，反而是浪费了所有为此付出的医疗费。

谭富英说，我并非说中断治疗，只是想更换一种方式，你们把药开好给我带回去，在家里一样可以吃药打针，起码节约了护理费和住院费嘛。

医生说，医院的条件肯定比家里好，设备齐全，药也多，一有什么情况，我们就可以紧急处置，谁担保您在家里病情不起变化呢？

谭富英说，我的病我知道，好也好不到那里去，但一时坏也坏不到那里去，长期住院治疗耗费较大，花费了国家那么多钱，我于心不忍心哪！

医生继续劝说，您必须坚持在院治疗，痊愈的希望就在眼前，为了治病，花费是必要的。更何况像您这样的大艺术家，大家都期待您早日康复，我们还等着看您的戏呢？

谭富英轻轻地摇摇头叹口气，不无感慨地说，我哪能称得上大艺术家啊，最多就是一个演员而已，能被观众爱戴就是我最大的荣誉。像我爷爷那样的人，才称得上真正的艺术家。

其实，那天主要负责与谭富英交流的是那个年轻的管床护士。她年轻、漂亮，护理可说是无微不至，打针从来没有扎过两次。谭富英很喜欢她，几乎把她当作孙女了。她笑得很灿烂地说，"像您这样的人都不能称为艺术家，那还哪来的艺术家了呢？虽然我们不是天天看戏，更没有机会常看您的戏，但我们早就知道，您的名气大得全国人民都知道。"

谭富英微笑着说，"丫头，你的话说得真甜，我也爱听。并不是谦虚，我真的只是一个唱戏的人，拥有一些喜欢我的观众罢了，比我唱得好的人多了去了。"

那个女护士接着说，"如果您说您这不是谦虚，那我就真不知道哪叫谦虚了。我爸爸妈妈就常看您的戏，他们还告诉我，您是新谭派的创始人，像山峰一样高！"

谭富英真的被那女护士给说笑了："哎哟哟，看你这越说越神了，我真成了高高在上的人了。你的话让人听来真舒服，甚至比一剂良药还有效，听了你的赞赏，我都感觉病情轻松了好多。如果天天用你的话当药来给我治疗，也许，我的病早就好了。

那位女护士倒被谭富英的一番话说红了脸，她说，"您反倒夸起我来了，其实，我并非是想宽您的心，我说的都是真心话。大家都知道，我在医院里是一个并不擅长言语的人，今天只是被您想回家的要求给激出来这些实话的。"

谭富英开玩笑地说，"还说不会说话，简直比我们演员在台上唱得还好听，人们常说，说的比唱的好听，今天我才真正地体验到了。"

其实，除了戏曲之外，谭富英一生是个不爱多言语的人，今天真还被那年轻的女护士给激活了，不仅一反常态的语言丰富起来，而且是那样的动听悦耳，让在一旁侍候的谭孝曾，如同在听戏文一样，受到感动。平时在谭家，当着长辈的面，尤其在听他们说话的时候，儿孙们只有听的份，根本不准也从来没有人敢插话。今天，谭孝曾倒是一时没忍住，竟情不自禁地插起话："爷爷，你们今天的对话真比戏中的台词还好听，而且还不是编的，真情、真性、真心，简直听得我心中的花儿都开了。等你好了以后，我找人将今天的场面编成一部短剧，一定会有看头。"

从谭富英住院以来，这位管床护士一直没有更换，她甚至都没有休息，天天细心地给谭富英治疗和观察记录，再及时向主治医生汇报，以利制订下一步治疗方案。这位护士不仅谭富英喜欢，谭家人都喜欢她、感激她。无论什么时候，只要她一走进病房，大家都感觉到屋里敞亮了一般。医院开始派她来担任谭先生的管床护士的时候，她心中确实有些忐忑，这样的大艺术家，我护理不好怎么办？她当面向院长提出了婉拒，但院长的意见十分坚决：派谁担任谭先生的护士，院方提前就进行了认真的研究，组织上相信你，才委你以重任，你必须出色完成护理任务。你还不知道，为谭先生治病，是上级给我院布置的一项艰巨而光荣的任务，我们成立了一个治疗小组，安排最好的医生和护士，制订最好的方案，给予最好的条件，以达到最好的治疗效果。你只要把谭先生护理好了，你就立了功，就为我院争得了荣誉，院方也会嘉奖你。小护士听了院长的一番话忙说：院长，你什么都不用说了，护士是我热爱与选择的职业，这次护理任务特殊，是一种挑战和考验，我决不辜负组织与领导的希望。一定会把谭先生护理好。

其实，那个年轻的护士平日真的话并不太多，除了询问病情和悉心护理之外，最多的就是她那份没有任何装饰的微笑。当然，她与谭先生和谭家人交流的都是一些与病情有关的事，从来没有提及病情之外的戏曲。今天听起她与谭先生的一番对话，这才感觉她并不简单，怪不得院方挑选了她担当谭富英的主管护士。

其实，医生和家人不说谭富英也知道，医院为他使用的不是一般的药，不仅昂贵，而且医院的存量很少，指标十分困难。于是，谭富英说，既然你们都说我的病正在好转之中，就不必要再用那种顶极的药了。把那些药用在一些危重病人身上，价值不是更大吗？假如，你们跟我说的是假话，我的病好不了，那就更没有必要再为我用那种药了。

护士笑得更甜了，"看来您是不相信我了。您的病确实是在好转，当然我不是您的主治医生，我只是照本宣科而已。"说完话，她笑着直视谭富英先生，两只眼睛好似在等着他回话一样。

　　谭富英反倒被她说得有几分不好意思了，便忙着摆手说，"丫头，我相信你，哪能怀疑你说的话呢！"

　　护士笑着说，"不怀疑我就好，那您还不肯用药，还提出要回家吗？如果真那样，弄得不好，医院领导还责怪我没有尽职呢？"

　　谭富英忙解释说，"我只是说不再给我用那种紧俏药，准我回家治疗罢了，那有责难你们的意思呢！"

　　"没有就好，没有就得服从医院的治疗方案，就得听医生的话，治病千万不能摆艺术家的架子啊！"小护士反激了谭富英一句，使得谭富英不好再往下说了。见收到了效果，小护士将嘴巴一嘟头一扬，有点暗中得意的样子。谭富英提出回家治疗和不用好药的话题，暂时被小护士给平息了，但还没有从根本上解决问题。为了打消谭富英再度提出回家的想法，北京京剧院的几位领导都来了，他们以组织名义与谭富英交流，在安慰和鼓励之外，还给他下达了继续住院治疗的决定，这才勉强打消了谭富英回家的念头。

　　1976 年 9 月 9 日，毛泽东主席逝世的消息传来，国人一片哀痛。那天，在全国人民给毛主席默哀时，谭富英出人意料地一骨碌从床上爬起来站在地上，面对播放的收音机低头默哀。大家都惊着了，真不知道是怎样的一股力量，让他独自下得床来给毛主席默哀。谭富英说得很简单也很坚定：我是共产党员，必须站起来！

静静地离别

　　"文化大革命"结束后的 1977 年，重病中的谭富英，突然接到一个令他长久期盼与特别惊喜的消息，他曾经被强劝退出的党籍得到恢复，而且党龄可以连续计算没有中断。当时退党的所有文本记录，已从他的档案中完全清除，清洗了曾经被强加于他身上的政治污垢。这算是谭富英人生中一段意外的插曲，曾经的不快和长久的压抑，现在都已经过去了。谭富英可以不计名利，但他永远放不下政治荣誉和组织对他的政治评价。在被强劝退党的那些年月里，他常为此事而纠结，他始终想不通，为什么会这样？无论对事或对人，更不用说对党了，他一生都无愧于心。他相信终究有一天会云开日出，这回他终于盼到了。幸好还来得及，他知道自己这次病得很重，早已读懂生老病死的自然规律，他能说服自己从留恋人生的苦痛中走出来，怕就怕在自己临走的那一刻，还背着退党的阴影。人生不可能追求完美，他也从不奢求，什么都可以放下，惟有强劝退党这件事，他无法释怀。除了家人之外，虽说他从来没对外人说起过，但心中始终压着那砣铅块。得知党籍恢复那几天，他的情绪特别好，时不时还轻哼几句京剧，话也多了起来，精神焕发中食量也增加了。谭家人都为此而高兴，但愿恢复党籍的批复能成为一剂良药，让老爷子尽快地康复起来，谭家人十分感激组织及时送来了这份关爱。

当躺在病床上的谭富英得知家人给他送来组织恢复党籍决定时，他拼着体内残存的余力，双手撑着床板颤抖着坐起。他的举动让所有人都没有想到，平日他连翻身的力量都没有，真不知道哪来的力量让他独自撑起靠在床头上。他伸手接过谭元寿恭敬呈上的那份红头文件，紧握的双手有些颤抖，两只眼睛却睁得大大的，他认真地阅读其间的每一个字，生怕有所遗漏。一时间，只见他脸上泛起稍纵即逝的一抹红润，浅笑中露出近来极少见的安谧；他微微抖动的嘴唇却连一个字都没送出口。也许他根本不必说，知道了，得到了，这就足够了。谢了，我敬爱的党组织；谢了，我亲爱的人民；谢了，我崇高的艺术。谭富英就是谭富英，宠辱不惊的性格，让他在面对惊喜和打击时，静得如大山一样。清者自清，浊者自浊。这就是谭富英为人立世的内心读白，更是他自我强大的力量源泉。

只因为在京剧《海港》艺术讨论会上，没有顾及相关领导的面子，谭富英发言直接冲撞了样板戏改革的领导，1973年被组织派人"劝其"退党。此前，江青曾说过，谭富英正正派派，老老实实的一个人，唱戏是这样，做人也是这样。时不过两月，却派人找他谈话，让他写交待，当初是怎么学戏和唱戏的，怀有什么目的？为此，谭富英那段时间心情很低落，王则昭去京城看望他的时候，两人相对落泪。谭富英说："现在，我比以前更少说话了，更别提在别人面前掉眼泪，不敢啊。"王则昭听得出师哥心中的痛有多重，她苦于无力帮助，只能陪他在心中落泪。她不敢过多地表示伤感，只想带给师兄多一分阳光和快乐，她知道只有在谈戏的时候，谭富英才会别有兴致，能暂时忘却烦恼。所以，王则昭便将话题引入戏中，她向谭富英提到戏曲中的一些难点和疑问。谭富英便一字一句地与她讨论，也不时提出自己的论点和看法。他们师兄妹共同探讨，共同分析，直至找出共同的解答来。

即便在样板戏时代，政治上受到打压的谭富英，这位善良、耿直、诚实的老人，想出了独特而巧妙的生存方式。在闲聊《智取威虎山》时，谭富英说："你们都听过'小冰棍儿'（系童祥苓在梨园界的雅号）的'待等那百鸡宴痛歼顽匪凯歌扬'吗？谁知道最后三字的腔儿从哪里来的？"无人回答。谭富英则自问自答地说："那是从《武家

坡》里'连来带去十八年'中化来的！"谭富英还问过孙子谭孝曾："你
爹（谭元寿）在《沙家浜》奔袭里的 ×× 身段，那是哪儿来的？……
你当然不知道，在座的谁知道？怎么，都不知道？你们想想杨（小楼）
老板的《×××》……"谭富英分别在杨子荣与薛平贵、郭建光与杨
小楼之间找出了京剧发展的承递关系，他在暗中强调传统戏曲艺术的
重要，艺术不是无根之水，永远不能断源哪！要继承，要发展！他不
能明示，只能是旁敲侧击地暗示，只要能将自己的观点陈述出来，对
他而言既是一种释然，更是一种不容推卸的责任。

这种斗争方式是巧妙的，更是勇敢的，也是他能想到和能做到
的惟一的形式。借古论今，人人都知道的道理，为什么要摒弃呢？谭
富英也想过，他的想法与目的，万一被有心人泄露出去，对谭家满门
而言，也许就是一场灾祸。后来，江青要搞传统戏录像，想让谭富英
演《捉放曹》，谭富英以有病在身和嗓子不行为理由，默默地抵制了。
得知"四人帮"倒台的消息，谭富英特别高兴，他为艺术的天空扫除
了阴霾而庆幸，为艺术春天的到来而雀跃。可惜的是，这时，他的病
已经无法好转，再也不能登上心爱的舞台一展身手了。1977 年，任
桂林代表上级党组织，在北京京剧团全体党员大会上郑重宣布："谭
富英是合格的中国共产党党员！"谭富英的内心是滚烫的，他无愧于
党培养出来的京剧艺术家的称号。

恢复党籍后的谭富英，同仁们盼望他能奇迹般康复起来，精神
振作地重返舞台，为京剧艺术发挥余热。但令人遗憾的是，谭富英的

病没能好转，且迅速加重。院方为此多次召集专家紧急会诊，前后更换了几套治疗方案，均不见效果。后来，由于他的心脏病引起了并发症，医院向家属几下病危通知书。谭富英知道近几天给他吃的都是一些紧俏的进口药，不仅稀缺且价格特别高昂，他对医生说："请把这些药留给别人用吧！我已经用不着了！"这种重人之生、轻己之死的品德，试问当今能有几人。无论医生怎样淡定地对他说，你的病并非你想象的那样重，而且这种药医院早有储备，你用不着担心，只要安心治疗，康复在等着你，大家在等着你！谭富英依然带着微笑摇摇头说："去年的肠癌，大家都瞒着我，后来奇迹般地好转了，这次可就再不会那么幸运了。人说一关可闯，二关难过哟，命运之神不可能永远眷顾着你嘛。"谭孝曾心酸地说："爷爷您放心，去年的肠癌都好了，还有什么病比癌症还重呢？现在的医疗技术好得很，您就安心治疗吧，我还等着您康复后给我说戏呢。"谭富英说："孩子，你们的孝心我都知道，爷爷这回恐怕真要归天了。假如我实在不行了，千万不要抢救，就让我安安静静地走吧。"听罢爷爷的一番话，谭孝曾悄悄地背过身去擦拭眼泪，他不忍让爷爷看见。那天，谭富英与医生和家人一翻对话后，便微微地闭上眼睛，再也没有睁开。一代名伶，深受人民爱戴的京剧艺术家——谭富英，于 1977 年 3 月 22 日与世长辞。谭富英是一个特别安静的人，出世时，母亲就说他跟其他孩子不一样，没有哭闹，安静地躺在母亲怀里，让人不忍惊扰。离世时，他更加安静，比睡着还自然。

他走的时候很安详，风平浪静得像一尊雕塑，让人在沉痛中景仰。知道他的性格和生前交待，家人们都强忍着让无声的泪水一直往下淌。有几个实在忍不住的，一下子冲出病房，躲在走廊的角落里痛哭几声，一抹鼻子再回到他的身边。谭富英一生与世无争，从不计较得失，惟有被强劝退党的伤害，令他一直无法释怀，好在他临终前亲眼看到自己党籍恢复的文件，他带着恢复党籍的抚慰而安然地离去，这才使他睡得如泰山一样安静无声。

谭富英生前早有交待，对于他的后事一切从简。令他不能放下的只有三件事，一是良好的家风传承和正直为人的品质，二是对京剧艺术的坚守，三是祖辈嘱咐寻找谭家祖籍至今没有着落的遗憾。虽说谭家人对谭富英逝世几乎保持缄默，但消息依然不胫而走。凡熟悉与认识他的人，还有那些不曾与他谋面的人，都怀着对谭富英京剧艺术与人格的钦佩和留念，为他的逝世而祈祷。北京文艺界择日为他举行了隆重的追悼大会，他的遗体火化后，骨灰被安放在八宝山革命公墓。2002 年，他的子女们特将他的骨灰移请到北京门头沟区风景秀丽的万佛陵园安葬，并树立了半身汉白玉雕像和墓碑，以供世人瞻仰。站在谭富英洁白的半身雕像前，让人感到一尘不染的清明与洒脱，一个高大的灵魂令人肃然起敬！

谭富英的一生，将谭派艺术推向了一个崭新的高峰。他的品德大约可以用这几个词来概括：忠孝双馨，恭谦礼让，宽厚仁义，不计名利。他即使是身患绝症住进了医院，还在坚持为张学津续说《游龙戏凤》，这种对京剧艺术鞠躬尽瘁的精神永远值得后辈们学习。谭富英逝世不久，随着祖国文化艺术事业的复兴，京剧迎来了"百花齐放，百家争鸣"的春天，谭元寿、谭孝曾又相继活跃在京剧舞台上。第七代传人谭正岩近几年亦以文武并重的戏路崭露头角。应该说，谭富英虽然没有达到其祖父谭鑫培那样高的艺术地位，但同样是中国京剧艺术史上一位优秀的老生艺术家。更重要的是，谭富英在谭门七代的艺术生涯中，起到了承上启下的重要作用。他在弘扬谭氏家族的家风和做人的品质上，对谭门后代产生了深刻的影响。从这个意义上说，谭富英是谭派京剧艺术的接力者和传承人，他对中国京剧艺术的传承、发展与创新，作出了杰出的贡献。

谭富英的一生是独特而光辉的，再浓的笔墨也无法表达万一。王则昭的一句话可为谭富英的一生做结语："我师哥是一个'近天近地又近人的三近君子'，老天对他不公啊！"

参考文献

吴江、周传家主编:《一代宗师——谭鑫培先生诞辰150周年纪念文集》,京华出版社1998年版。

《说谭鑫培》京剧卷,剧人部,评论篇,中国戏剧出版社2010年版。

董维贤著:《京剧流派》,中国戏曲出版社2006年版。

翁思再著:《两口二黄》,山东画报出版社2008年版。

徐城北著:《京剧下午茶》,浙江大学出版社2009年版。

程建国著：《戏外看京剧》，东方出版社 2007 年版。

师永刚、张凡著：《样板戏史记》，作家出版社 2009 年版。

刘嵩昆著：《京师梨园轶事》，江西美术出版社 2007 年版。

苏海坡主著：《梨园那人那事》，青岛出版社 2007 年版。

常人春著：《老北京的风俗》，北京燕山出版社 1996 年版。

刘桂英著：《谭门艺术漫议》，长江出版社 2013 年版。

崔伟著：《粉墨王侯谭鑫培》，人民音乐出版社 2002 年版。

吴大徵著：《谭富英艺术浅谈》，南开大学出版社 1996 年版。

中国人民政治协商会议北京市委员会文史资料研究委员会编：《京剧谈往录续编》，北京出版社 1988 年版。

王则昭著：《谭余门下女须生》，中国戏曲出版社 2002 年版。

中华人民共和国文化部、文化部文化艺术人才中心：《中国京剧——纪念谭富英先生诞辰专刊》，中国京剧杂志社 2003 年版。

么书仪著：《程长庚、谭鑫培、梅兰芳》，北京大学出版社 2009 年版。

周传家著：《谭鑫培传》，河北教育出版社 1996 年版。

刘强、杨宏英著：《程长庚传》，河北教育出版社 1998 年版。

翁思再著：《余叔岩传》，河北教育出版社 2002 年版。

刘彦君著：《梅兰芳传》，河北教育出版社 1996 年版。

吴同宾著：《杨小楼传》，河北教育出版社 2002 年版。

李仲明著：《百年家族：谭鑫培、谭小培、谭富英》，河北教育出版社 2006 年版。

中华人民共和国文化部、文化部文化艺术人才中心：《中国京剧——纪念谭富英先生百年诞辰专刊》，中国京剧杂志社 2006 年版。

王文玉著：《梨园骄子谭富英》，天津古籍出版社 2013 年版。

谭寿昌著：《谭鑫培故居：英秀堂旧事》，学苑出版社 2014 年版。

万如泉、万凤姝、万如海编著：《谭门五代：老生唱腔赏析》，人民音乐出版社 1996 年版。

谢美生著：《一代名旦尚小云》，花山文艺出版社 2007 年版。

谢美生著：《光艳惊艳尚小云》，东方出版社 2010 年版。

齐如山著：《齐如山回忆录》，上海文艺出版社 2014 年版。

程砚秋著：《程砚秋日记》，程永江整理，时代文艺出版社 2010 年版。

杨秀玲主编：《大公报：戏剧资料选集：1902—1949》，天津社会科学院出版社 2013 年版。

《中国戏曲志天津卷资料汇编》编纂委员会主编：《中国戏曲志天津卷资料汇编》（第二辑、第六辑、第七辑），1984 年 10 月、11 月、12 月。

傅谨主编：《梅兰芳全集》（一至八卷），中国戏剧出版社 2016 年版。

王文章主编、秦华生副主编：《梅兰芳演出戏单集》（一至三卷），文化艺术出版社 2016 年版。

顾正秋著：《休恋逝水——顾正秋回忆录》，上海文艺出版社 1999 年版。

责任编辑：陈　登
装帧设计：林芝玉
封面图片：谭富英剧照

图书在版编目（CIP）数据

京剧谭门.卷二，须生泰斗谭富英/陈本豪 著.— 北京：人民出版社，2021.12
ISBN 978－7－01－019483－7

I.①京⋯　II.①陈⋯　III.①谭富英（1906—1977）-生平事迹　IV.① K825.78

中国版本图书馆 CIP 数据核字（2018）第 137117 号

京剧谭门（卷二）：须生泰斗谭富英
JINGJU TANMEN JUANER XUSHENG TAIDOU TANFUYING

陈本豪　著

人 民 出 版 社 出版发行
（100706　北京市东城区隆福寺街 99 号）

北京中科印刷有限公司印刷　新华书店经销

2021 年 12 月第 1 版　2021 年 12 月北京第 1 次印刷
开本：710 毫米 ×1000 毫米 1/16　印张：26.75
字数：268 千字

ISBN 978－7－01－019483－7　定价：120.00 元

邮购地址 100706　北京市东城区隆福寺街 99 号

人民东方图书销售中心　电话（010）65250042　65289539